西南政法大学新

微信与
媒介生态环境

李林容　陈　成　赵红勋———— 著

知识产权出版社

全国百佳图书出版单位

—北京—

图书在版编目（CIP）数据

微信与媒介生态环境/李林容，陈成，赵红勋著 . —北京：知识产权出版社，2020.10
（西南政法大学新闻传播学系列丛书）
ISBN 978-7-5130-7165-9

Ⅰ.①微… Ⅱ.①李… ②陈… ③赵… Ⅲ.①传播媒介—研究 Ⅳ.①G206.2

中国版本图书馆 CIP 数据核字（2020）第 174071 号

内容提要

本书详细阐述在诸种媒介力量博弈中如何建构良性发展的媒介生态，微信作为新兴媒体和社交工具的重要代表，它如何与媒介生态深层互动并建构关系，以及如何打造一个绿色健康、和谐共生的媒介生态环境。

责任编辑：栾晓航   **责任校对**：谷 洋
封面设计：博华创意·张冀   **责任印制**：刘译文

微信与媒介生态环境

李林容 陈 成 赵红勋 著

出版发行：	知识产权出版社有限责任公司	网　址：	http://www.ipph.cn
社　址：	北京市海淀区气象路 50 号院	邮　编：	100081
责编电话：	010-82000860 转 8382	责编邮箱：	luanxiaohang@cnipr.com
发行电话：	010-82000860 转 8101/8102	发行传真：	010-82000893/82005070/82000270
印　刷：	天津嘉恒印务有限公司	经　销：	各大网上书店、新华书店及相关专业书店
开　本：	720mm×1000mm　1/16	印　张：	18
版　次：	2020 年 10 月第 1 版	印　次：	2020 年 10 月第 1 次印刷
字　数：	280 千字	定　价：	78.00 元

ISBN 978-7-5130-7165-9

序　言

内嵌的圈子与融合的想象

——互联网逻辑下微信传播的内在关联与生态再造

这是一个充斥着科技文明的信息世界，更是一个被媒介所裹挟的社交时代。自 1994 年 4 月 20 日，互联网接入我国以来，其快速性、开放性、交互性、平等性等特征逐渐显现，并在信息传递与大众传播方面发挥了无可替代的作用，很快成为继报刊、广播、电视之后的新兴媒体。二十多年来，中国的互联网经历了由弱变强、由边缘到主流的迭变过程。这一过程既反映和见证了当代社会媒介格局的变动和重组，又实现了信息媒体向社会媒体的成功转型。如今的互联网，已远远超越了最初的技术属性和信息传播的指涉范围，衍生到人类社会发展的不同层面和不同领域，经济提速、政治建构、思维转换、人际交往、文化转型以及社会变革等都深深地打上了互联网的烙印。

在以互联网为基点构筑的叙事框架下，手机、iPad 等移动终端以其便捷性、灵活性、快速性等特点受到了微传播时代人们的青睐，成为人们日常生活的重要伴随。被冠以"手机控""拇指控""低头族"等不同称谓的"移动网民"这个特殊的媒介消费群体的力量正在日益壮大。腾讯公司抢抓机遇，把移动网民作为自己的消费群众不断挖掘其潜在的消费价值，于 2011 年推出一款为智能终端量身定制的即时通信服务产品——微信。"微信以近乎免费的方式实现跨运营商、跨系统平台的语音、文字、图片等信息的传递功能，并支持单人、多人语音对讲，超越了以往手机只能打电话，发短信、彩信的单一传统模式，使手机摇身一变，成为一部既复古又时尚的对讲机。"❶ 微信一经问世，就掀起了一股玩转微信的热潮。两年内微信用户超过 3 亿人；2014 年年底达到 5 亿人，每月的活跃用户超过 4 亿人；2015 年 3 月底超过 5.5 亿人，2015 年 6 月底超过 6 亿人……用户的激增从根本上变革了微信作为传统意义的通信属性，成为社会转型时期线上与线下人际生态观照的交往途径和传播渠道。

以智能手机和移动终端为载体的微信传播，整合了现实交际的强关系和虚拟交往的弱关联，把散落在各个角落的碎片化、原子式的信息连接在一起，形成一个具有超级功能的"交际圈"和"文化圈"，改变着人们的社会行为、支付习惯等，重塑着整个媒介生态环境。负载着媒介属性的微信，在其传递信息的过程中，与传统意义上的报刊、广播、电视等进行着全方位的渗透与融合，丰富和扩展了媒介融合的渠道资源与生成意义，成为透视媒介文化及传播意义的重要样本。

一、圈子结构：微信传播的关系维度与功能指涉

费孝通认为，中国社会的结构就"好像把一块石头丢在水面上所发生的一圈圈推出去的波纹。每个人都是他影响社会所推出去的圈子的中心。被圈子的波纹所推及的就发生关系"。❷ 作为现实意义上的个体，我们并不是孤立的，而是处于一个基于关系网络而构筑的世界，血缘关系、亲戚关系、朋友关系、同学关系、同事关系等不同关系图谱成为我们生活中不可或缺的重要资源和主要内容。作为新兴社交媒体，微信与传统媒体的最大区别就在于通过不断强化关系网络，打造新型社交圈子，满足用户的精神交往和现实需求。

作为移动社交应用软件，微信以强关系网络为主，以弱关系网络为辅，二者

---

❶ 王瑶. 微信与微传播 [J]. 传媒观察，2013 (2).
❷ 费孝通. 乡土中国 [M]. 上海：观察社，1949：15.

交织互联，推进人际关系的圈子化进程。

首先，微信打造了基于熟人关系的交际圈和社区文化。从传播学的角度来讲，微信传播以点对点为主，呈现出个人化和私密性的鲜明特征。微信添加好友的渠道主要包括手机通讯录、QQ好友和陌生人。其中，手机通讯录是三种渠道中的最主要渠道。每当微信用户在手机通讯录中添加一个开通了微信功能的电话号码时，他就会收到一个新好友提醒。手机通讯录与微信通讯录进行了捆绑与黏合，为熟人关系搭建了进一步沟通的渠道。在交往过程中，手机通讯录有别于QQ好友，它不是虚拟的，而是具有典型的实名制特征，而实名制意味着交往的真实性和私密性。此外，微信朋友圈的信息分享也具有私密性，只是好友可见、仅限于好友点赞或评论等。在这个以强关系为主导的熟人圈子中，父母、兄弟姐妹、同学、同事、朋友等关联因子连成一张巨大的社交网络。在这个社交网络中，点对点的信息传递与情感沟通，成了人际交往的有效润滑剂。

以熟人关系为基础的微信传播架构了具有社区属性的熟人圈子。德国社会学家滕尼斯在其代表作《社区与社会》一书中，对"社区"一次做出了明确解释，将其定义为生活共同体，"以地域、意识、行为以及利益为特征，是一种由具有共同价值观念的同质人口所组成的关系亲密、守望相助、存在一种富有人情味的社会关系的社区团体"。❶微信之所以能够成功，很人程度上源于其对熟人社区的不断强化。一方面，微信通讯录的好友在地缘、价值观念、生活习惯或文化传统等方面有着天然的接近性和较强的价值认同感，这种关系才会更可靠、更牢固。另一方面，微信把具有物理意义的现实社区进行情景化再现，以适应新媒体时代人际交往的新需求。随着经济的高速运转，人们的生活节奏日趋加快，娱乐和消费时间被割裂成若干碎片。在没有相对集中的时间交流信息、倾诉情感的今天，微信的出现弥补了这个缺憾，拓展了人际交往的时间维度与空间范围，对熟人社区圈子的人进行了虚拟性替代，并进行情景化模拟，以此满足用户需求，增强群体归宿感。

---

❶ 余秀才，童石石. 微信的发展现状与传播问题 [J]. 新闻与写作，2015 (9).

其次，微信搭建了陌生人之间的关系平台。微信虽以强关系为主导，但它的弱关系功能扩大了社交范围。登录微信界面，共有"微信""通讯录""发现"和"我"四大版块供用户使用。其中，在"发现"这个重要版块内，"附近的人""摇一摇"与"漂流瓶"等功能是接触陌生用户的主要方法与重要手段。任何一个功能都可能把手机一端的"我"与另外一端的陌生人联系起来。这种联系没有社区共同体的关联依据，或许相隔万里，或许性格迥异，或许职业不同，或许年龄悬殊，或许观念对峙，但就是那一刻的微信添加把两个毫无关联的陌生人连接在了一起。

使用此功能的用户一般具有三种不同心态。第一，好奇心驱使。随着互联网和手机的应用与普及，SNS、QQ、陌陌等社交软件备受人们青睐，尤其是年轻人，而微信的功能比之前的社交软件更方便、更有吸引力。也许在某一刻，微信用户会特别好奇，谁和自己在同时使用微信，在同时使用摇一摇。摇出来陌生人之后，又特别好奇这个人究竟长什么样、性格怎么样。一连串的好奇，就促成了与陌生人的接触与对话。第二，娱乐的需求。工作压力太大、学业任务繁重或寂寞无聊等都可能成为微信用户寻求娱乐来释放压力、缓解情绪的原因。于是，他们利用微信软件寻找陌生人聊天、交友等，以此来打发时间、填补空虚。第三，寻求自我认同。当微信用户在现实生活中获得了某种成就时，为了避免身边朋友说自己骄傲，但又为了实现自我价值认同，就需要找陌生人来倾诉。这时候，微信就发挥了重要作用。当然，在现实生活中遭遇种种不快时，也往往希望通过与陌生人的沟通，寻求一种心灵上的互动与共振，产生情感共鸣，达到驱除烦闷、愉悦心情的目的。

二、拟态交往：微信传播的文化狂欢与精神衰微

在信息占据我们大量时间和空间的今天，社会巨大而复杂的环境已远远超出了人们可感知的经验范围。人们不再凭着主观经验和生活感知来认识客观环境，而是通过媒介的符号化来重构人们的日常生活体验。媒介的符号化行为被李普曼称作拟态环境（Pseudo-Environment），但其"并不是对现实环境镜子式的再现，

而是传播媒介通过象征性事件或信息进行选择和加工、重新加以结构化以后向人们提示的环境"。❶ 拟态环境作为真实环境的一种类象，从表面上来看，它亦真亦幻，立体、逼真的形象近乎真实。而实质上，它与真实环境有着很大差异。当下甚为流行的微信传播，正是通过其符号化转述与再现，建构了真实与虚拟相互内爆的"拟态环境"。在这个虚拟现实的想象空间中，用户不受时间和地点甚至身份限制，进行信息传播、交流互动与在线狂欢。但与此同时，接近完美的虚拟体验，让用户很容易陷入"微信依存症"的泥沼，厚重的历史感与真实的立体感逐渐消失，人的主体性和深邃性被逐步削平，导致价值虚无与精神断裂。

（一）赛博空间的情境建构

在以计算机、手机为终端的传播媒介时代，李普曼的"拟态环境"演绎成了连接技术、信息、互动于一体的"赛博空间"。赛博空间最早是由加拿大科幻小说家威廉·吉布森在其作品《神经浪游者》中提出。他描写了一个计算机网络化把全球的人、机器、信息源都联结起来的新时代，昭示了一种社会生活和交往的新型空间的到来，这个空间就是赛博空间。赛博空间是"在计算机技术、通信网络技术和虚拟现实技术的基础上，以信息传播为媒介而形成的一种崭新的社会生活和交流空间。这是一种虚拟空间、精神生活空间和文化空间"。❷ 在微信铸造的信息世界里，跨越界限、消隔差异、即时互动的虚拟交往日渐内爆为一种新的赛博空间。

首先，微信是由诸多符号元素构成的信息文本。美籍语言学家罗曼·雅各布森说过："每一个信息都是由符号构成的。"符号是传播信息的一种代号或符码，它由"能指"和"所指"构成。"能指"通常表现为声音或图像，能够引发人们对特定对象事物的概念联想。"所指"是指代或表述对象在特定环境中表现出的意义。

在微信的符号化过程中，视觉图像是其最为典型的符号之一。无论是信息发布者，还是信息接收者，图片或视频是最受微信用户青睐的。打开朋友圈，满眼

❶ 郭庆光. 传播学教程［M］. 北京：中国人民大学出版社，2011：113.
❷ 曾国屏，等. 赛博空间的哲学探索［M］. 北京：清华大学出版社，2002：93.

都是风格多样、色彩斑斓的图片或视频。打开微信信息发布界面，就显示一个灰色照相机的视觉符号，点击会出现"拍摄照片或视频""从手机相册选择"和"取消"三项内容可供选择。如果继续发布信息，就需要选择图片或视频。对于发布信息的用户而言，用视觉符号图片或视频来传递信息，不仅可以节约编辑信息的时间，还能够确保信息的真实性，增强可信度和说服力。在接收信息的用户看来，图片或视频等视觉符号，传递信息直观、清晰，迎合了碎片化时代人们的阅读习惯和生活方式。微信的语言符号主要应用于对话型交流。在与朋友圈中的人进行对话过程中，语音交流方便、直接，扫除了因打字麻烦和信息隐晦而带来的障碍，有效畅通了人际关系，加速了信息文本的流动。

除微信传达符号的"能指"功能之外，还通过象征性互动完成符号对意义的阐释，实现符号的"所指"。当前，人们购买手机不再以通话质量为标准，而是把上网速度、游戏功能、音视频质量等作为重要参考指标。对于人们而言，负载于智能手机上的微信符号，成为一种体验消费和精神消费。作为交际符号的微信，正在向具有娱乐意义方面转向。微信本身的实用价值在意义的阐释中，成为一种精神符号和价值象征。当然，微信的符号意义依靠用户在互动和解释中完成。用户在朋友圈、群聊等具有社区意义的结构性圈子中，进行信息分享和娱乐表达，既是社会互动的体现，又是解释逻辑得到彰显的过程。解释是互动双方或多方进行符号编码和解码的过程，只有具备相似的生活经历、情感体验和文化背景，才能够准确地完成对意义的理解，产生交流的共鸣。倘若微信用户在文化背景、性格特征等方面存在较大差异，极其容易产生符号"暧昧性"，甚至导致信息被误读。

其次，微信制造了虚拟场景的存在感。赛博空间在为信息编码提供感知环境的同时，打造了一个亦真亦幻的虚拟场景。虚拟场景是微信用户进入的智能手机仿真场景，即由智能手机生成的多维图像和立体声所展现的与人进行全方位互动的仿像世界。在这个虚拟场景中，人的真实身份被遮蔽。微信虽然使用了实名制，对微信用户进行身份验证，但是一旦注册成功，真实身份就不再起主导性作用。用户登录注册所生成的账号就可以进入微信空间，进行信息传递和交往互动。而这个账号并不是实名制的，它可以是汉字，也可以是数字、字母或二者的组合。这个账号本身意味着真实和虚拟的界限不再明晰，而是日趋交杂和混合，让人真假难辨。对于熟悉的人而言，账号身份具有一定真实性，而对于查找添加的关系群体而言，账号身份是一个虚无缥缈的代码与符号，难以形成真正意义上的熟人社区交往。

微信所建构的赛博空间具有较强的游戏性和娱乐性。无论在朋友圈，还是在群聊中，我们经常都会看到一些略带调侃、戏谑意味的图像或视频，这些内容与我们的真实生活并无多大关联。正如威廉·吉布森所言："媒体不断融合并最终淹没人类的一个阈值点。赛博空间意味着把日常生活排斥在外的一种极端的延伸状况。有了这样一个我所描述的赛博空间，你可以从理论上完全把自己包裹在媒体中，可以不必再去关心周围实际上在发生着什么。"❶ 虚拟空间与现实生活似乎已不具有联系，而是两条没有交集的平行线，沿着各自的轨迹进行着自我独唱。

不过，微信之所以备受人们青睐，很大程度上归因于微信空间的仿真性。一方面，微信朋友圈模拟了熟人关系，是对现实朋友关系的一种媒介反映。微信朋友圈是对手机通讯录的一种拓展和延伸，所以很多人认为微信是一种真实性较强的媒介渠道。殊不知，这种真实只是一个表象。另一方面，由于微信具有多种多样的功能，丰富了人们的生活体验，带给人们一种超越真实的感觉。"超真实"抹去了真实和想象的矛盾，比现实还要真实。微信作为"不在场"的人际交流模式，它的出现似乎让人更容易流露真实情感，不必伪装、没有尴尬，比现实意义上的面对面交流更容易表达真实信息。人们可以轻松地在微信上换个活法，可以在微信上寻找比真实生活中还要"真实"的自己，使压抑的情感得以自由释放。

（二）真实主体的精神迷失

在微信这个仿真的世界里，用户根据使用微信行为不断地调整自我感觉和经验，"个人放弃了现实的沙漠而转向超级现实中的狂喜以及由电脑、媒体和技术

---

❶ 熊澄宇. 新媒介与创新思维［M］. 北京：清华大学出版社，2001：300.

经验所构成的新领域"。❶ 微信用户在新领域内其主体身份价值被弱化，成为智能手机平台上的一种享受于虚拟互动的"共存"符号，内在的精神价值遭到了解构和颠覆。

第一，身患"微信依存症"，用户倍感孤独。随着媒介的不断入侵，媒介依存症成为一种新的社会病理现象。所谓媒介依存症，主要表现为"过度沉湎于媒介接触而不能自拔；价值和行为选择必须从媒介中寻找依据；满足于与媒介中的虚拟社会互动而回避现实的社会互动；孤独、自闭的社会性格等"。❷ 微信用户由于长时间沉浸于微信的媒介体验中，很容易患上"微信依存症"，主要表现在以下几个方面：使用微信的时间长；使用微信的频次高；使用微信具有无意识性；在微信中寻求生活依据；沉浸于微聊，回避现实交往等。身患"微信依存症"之后，由于不分场合使用微信，会遭到公共空间的排挤。比如，在街道、电影院、图书馆等公共场所，微信提示音的响起和振动，无形之中打破了公共空间的礼俗和规约，破坏了原本平静抑或喧闹的公共空间的合理性建构。此时，处于公共空间的大多数人把目光聚焦于微信用户，会产生一种心理抵抗，排挤破坏公共秩序的微信用户，产生一种隔膜，让处于被挤压空间的微信用户感到沮丧与孤独。此外，由于长时间使用微信，并且一切都在微信中寻找生活依据，一旦出现手机不在身边，或者电量、流量不足的情况，便会出现不知所措之感，留在心底的只有孤独和惆怅。

第二，用户的思维碎片化，社会的深度意义被削平。在后现代主义的强力渗透下，"去中心化""去深度化"等话语模式日益消解了传统社会的结构框架和中心模式。尤其在电视、互联网、手机等媒体的影响下，社会的各种领域都呈现出"碎片化"特征。碎片化作为与整体意义相对立的概念，它是一种零散、碎片的事物状态。微信作为一种典型的碎片化媒介，控制了用户的行为和思想。

正如美国社会学者尼古拉斯·卡尔所言："每一项技术都是人类意愿的一种

---

❶ 道格拉斯·凯尔纳. 媒体文化：介于现代与后现代之间的文化研究、认同性与政治 [M]. 丁宁，译. 北京：商务印书馆，2013：505.

❷ 郭庆光. 传播学教程 [M]. 北京：中国人民大学出版社，2011：122.

表达，我们通过工具扩展我们的力量，控制周围的环境——控制自然，控制时间，控制彼此。"❶ 在控制的范畴之内，微信本身具有的碎片化特征就体现在了用户身上。一方面，微信把用户的时间分割成若干片段。吃饭时使用微信、上课或上班过程中偶尔打开微信、路上行走时常常刷屏、躺在床上不是微聊就是摇一摇。微信就像一个幻觉符号与用户如影随形，而且它拆碎了用户的结构性生活，成为被微信包裹的碎片化形态。如此，用户在吃饭、上班、走路时的注意力被微信分散，容易产生不良情绪或失范行为。比如，在走路的过程中，如果一直关注微信动态，眼睛盯着手机屏幕，很容易发生交通事故，或让别有用心的人有机可乘。另一方面，微信的叙事碎片化，导致深度意义被消解。每个微信用户都既是信息发布者，又是信息接收者，叙事主体的权威性被削弱，话语方式呈现出扁平化。此外，微信叙事语言大多是无规则的、零散的，不再具有厚重感和深邃性，久而久之，平面化的语言表达对我国传统语言及其文化会造成一定冲击和挑战。与此同时，用户的思维逐渐碎片化，也破坏了人的主体性建构。

第三，拟态交往产生了认同危机和精神焦虑。在微信这个虚拟社区中，"精神层面的媾和打破了现实社会中的由血缘和亲缘构架的传统社会关系，性别、民族、阶级等文化身份的标识被不断颠覆"。❷ 用户的身份被隐藏了起来，这种看不见、摸不着的虚拟交往，容易让人产生一种认同危机和精神焦虑。一方面，微信用户人格逐步虚拟化。在微信的虚拟空间中，用户之间的交往是一种符号化的互动，这种互动满足了主体对交际的幻象，在很大程度上体现的是用户精神上的一种自慰。长期处于想象的交往之中，用户的主体人格将会虚拟化。不管微信虚拟社区的交流与互动是多么美好，用户还是要回归现实生活，"线上"与"线下"的生活之间就会形成一种矛盾。这种矛盾会让用户倍感压抑，产生情感空虚和精神焦虑。另一方面，微信用户交往行为渐次"异化"。在社会交往过程中，人们对自我行为和价值观念的判断与确定往往通过他人来反映。微信作为一种生

❶ 尼古拉斯·卡尔. 浅薄：互联网如何毒化了我们的大脑 [M]. 刘纯毅，译. 北京：中信出版社，2010：48.

❷ 吴文瀚. 新媒体艺术的技术本源、文化身份和价值表达考量 [J]. 现代传播，2015 (5).

产机制，"只能在其运转中再生产出它想要超越的生产关系。它的目的是生产关切性，却必定要同时生产和再生产距离感、交流障碍、昏暗和严峻"。❶ 在微信中，用户之间的交流是戴着"面具"的狂欢与假象，难以通过他人的反映来判别自我行为，将导致认同感缺失，增加交流距离感和生产交往障碍。长期处在真空中，微信用户就会与现实生活脱节，产生诸多心理问题，无奈茫然、离经叛道、文化隔离、自我隔离、抑郁孤独等心理症候将会异化人的主体性，使人产生自我危机和社会危机。

三、融合与平衡：微信传播的发展路径与生态重构

微信自 2011 年 1 月问世以来，不断地刷新社交媒体的用户使用纪录，并以几何式递增速度快速成为当今社会最耀眼的媒介景观。拥有接近 6.8 亿用户的微信，已深深根植于人们日常生活中，人际交往、工作沟通、消闲娱乐以及消费流通等各种需求均在微信空间得到相应的满足。微信之所以能够满足人们的各种需求，源于微信的融合特性。微信的生存与发展既离不开人自身的基础需求，也离不开报纸、广播、电视等其他媒介元素的相互支撑，更离不开当代社会存续发展的政治、文化、经济等生态语境。本书将循着媒介融合的战略思路，运用媒介生态的理论视角对微信生存的样态和发展路径进行观照与解读，以期为微信研究提供一个新的维度。

（一）平台融合：微信与其他媒介类型的交合

作为一个平台的交互与融合，微信与其他设备、渠道进行了构连与渗透，微信公众号就是其鲜明的体现。微信公众号是开发者或商家在微信公众平台上申请的应用账号，开发者或商家可在微信平台上实现与特定群体的文字、图片、语音、视频的全方位沟通、互动。微信公众号是自媒体时代的一种主流的线上线下互动营销方式。

腾讯微信产品部副总经理张颖曾说："微信公众平台开放以来的 15 个月内，

---

❶ 让·鲍德里亚. 消费社会 [M]. 刘成富，全志钢，译. 南京：南京大学出版社，2006：183.

已经有 200 多万的注册账号，每天保持 8000 个的增长速度，每天有超过亿次信息交互。"❶ 传统媒体借力微信公众号对新闻内容进行全面渗透，扩大媒体影响力。《人民日报》、《中国新闻出版报》、央视新闻、第一财经等微信公众号吸引了大批微信拥趸，这与它们与时俱进的传播理念有关。例如，人民日报微信公众号打破了传统的新闻生产和编辑流程，顺应"互联网+新闻"大趋势，推送了一大批贴近性强、观点新颖、有情感有温度的新闻"干货"，满足用户的信息需求和情感需要。在电视节目微信公众号传播方面，央视新闻的微信公众号备受用户喜爱。一方面，央视新闻微信公众号发布权高于普通传统媒体。"传统媒体公众平台在推送消息时，不同类型平台每天推送消息的数量是不同的，一般的微信公众平台每天最多只能推送 1 条消息。"❷ 而央视新闻的推送信息条数没有限制，可以根据实际情况发布多条信息。在重大突发事件或重要节日的选题上，央视新闻微信公众号推送新闻数量要比平时多。例如，2014 年马航 MH370 失联当天，央视新闻推送了 5 条相关新闻。雅安地震时，央视新闻一天推送了 7 条新闻，让微信用户第一时间了解重大新闻现场，强化了电视媒体的时效性。另一方面，央视新闻公众号与电视节目可以展开有效互动。相对于传统媒体，新媒体最大的特点就是互动。例如，"两会"期间，央视新闻公众号与晚间新闻《24 小时》节目进行合作，在微信平台上征集意见，每天的评论、回复、互动达到 2 万~3 万次，这充分说明了互动在信息传播过程中的重要性。

（二）政治融合：作为意识形态的话语实践

作为媒介生态最为活跃的显性因子，微信的技术与当代社会的政治意义进行了巧妙的衔接与深入的融合。如今，大部分政府部门都通过政务微信来传播政府决策、政务信息，并在微信建构的媒介长宇中实现多维互动，促成当代社会政治的符号化，最终实现政治传播最大化。

微信与政治传播得以深度融合主要归因于两个方面：第一，社会的民主程度日益提高。在社会不断进步发展的今天，物质文明、精神文明齐头并进取得显著

❶ 陈燕霞. 传统媒体试水微信的原因与现状 [J]. 新闻爱好者，2014 (9).
❷ 陈燕霞. 传统媒体试水微信的原因与现状 [J]. 新闻爱好者，2014 (9).

成绩，整个社会的民主程度也在不断增强。"根据善治理论，现代社会管理的本质特征在于政府与公民对公共生活的合作管理，政府与公民之间积极而有成效的合作即为善治。其透明性的要素要求政治信息充分公开，要求政治信息能够及时通过各种传媒为公民所知，以便公民能够有效地参与公共决策过程。"❶ 在民主力量的驱动下，信息的透明度不断增强，不断增强的信息透明度又反过来增强了民主程度的黏性，促进了社会和谐稳定。第二，公众的知晓欲不断提升。在信息时代，公众对政府信息的需求程度日益迫切，知晓政府的决策、了解政府的动态、掌握政府的政策，成为公众生活的重要议程之一。公众对政务信息知晓欲的提升，是行使公共领域权利的一种积极表现。诚如政治哲学家汉娜·阿伦特所言："公共领域是作为行动（Action）实现的场所，是人们平等对话、参与行动的政治空间。"❷ 公众知晓政府信息，积极参与社会公共事务，能够有效推进"官方"与"民间"两个话语场进行最大限度的交融。

微信与政治的融合主要表现为政务微信。政务微信是由政府官方注册的微信公共账号，用于发布政务信息、解读最新政策、阐释重大法规等，与民众互动沟通，从而更好地引导舆论。根据政务微信的功能，可以把政务微信分为三类，即"信息发布型、服务功能型和互动沟通型"❸。不论是哪一种类型的政务微信，都具有以下几个共同的特征：其一，主体权威性。注册微信公众账号首先必须具有真实性，有了真实身份才能注册成功。政务微信的账号主体一般是政府及其相关部门，具有权威性和真实性。政务微信是政府机构在手机平台上的形象展示，它主要发布国家方针政策、引导社会主流舆论。例如，用影响较大的苏州发布、无锡发布、阜阳发布、青岛发布等微信公众号作为当地政府的信息传播平台，由它们代表政府发布权威信息。其二，参与难度低、受众年轻化。只需要一部手机、一台 iPad 或一台电脑即可登录微信界面，使用政务微信了解政府动态、与官方组织进行信息互动。有些政务微信还可以提供日常生活的信息查询、业务办理等

---

❶ 何志武. 电视访谈的民主政治传播价值——以"高官访谈"为例 [J]. 现代传播，2008（1）.

❷ 汪波. 中国网络公共空间：镜像、异化与理性建构 [J]. 南京农业大学学报（社会科学版），2011（4）.

❸ 吕律. 中国政务微信运行的现状、问题与对策研究 [D]. 保定：河北大学，2014.

相关服务。而且政务微信的主要用户偏年轻化。作为具有社会责任感的当代青年，政务微信用户利用机会创造和再造媒体，并积极参与到微信与政治融合中，他们不是政务微信的旁观者，而是积极建构者。在政务微信的信息生产与传播过程中，青年群体消费微传播内容的同时，也在不断塑造一种新的表达模式。其三，信息的精准性。政务微信的信息并不是漫无目的，而是具有很强的目的性。准确定位受众群体之后，采取精准性分类，这样可以满足不同用户的需求，实现信息传播的最优化。

（三）文化融合：群体认同与商业逻辑

媒介融合不局限于技术变革，并"代表了一种文化变迁，因为它鼓励消费者获取新信息，并把分散的媒体内容联系起来"。[1] 微信作为微传播时代的一种传媒意指和文化符号，借助于零碎的、从媒体信息流中获得的信息来建构传媒神话，完成用户的消费想象，并把碎片化信息转换成人们改变行为习惯和消费模式的资源，从而强化行为趋同与凝聚观念认同。

首先，微信传播打造微文化。微信以一种崭新的姿态影响和改变着当代社会的文化构成，塑造了一种新的文化样态，即微文化。微文化是在微传播时代，由社会流行趋势生产，被公众普遍接受的一种新的文化形式，这种文化形式有益于提供同一性的源泉、社会交往的途径和共同体的意识。它具有零碎化、模糊性、超链接等鲜明特点。其一，微文化的零碎化特征。微信传播的诸多内容大都是拼贴、复制的，具有后现代社会的鲜明特征。内容的整体意义在微信传播过程中被瓦解，朋友圈俨然成为一个多次复制、不断重复的符号王国。此外，微信用户的行为被技术所控制，行为和时间都被割裂成为若干片段，消解了人的主体性意义。其二，微文化的模糊性。根据拉斯韦尔的"5W"传播模式，传播者和受众是信息两端的主体，他们各司其职，完成自我使命。而在微信传播过程中，信息传播者和信息接收者之间的边界已被模糊、融化，二者融合为一体。其三，微文化的超链接。在微信的信息世界里，超链接无处不在。转载网站内容到自己朋友

---

[1]　亨利·詹金斯. 融合文化：新媒体和旧媒体的冲突地带 [M]. 杜永明，译. 北京：商务印书馆，2012：31.

圈是超链接，转发朋友圈内容也是超链接。超链接一方面有助于微信用户了解信息传播的背景，另一方面有助于其丰富知识体量，提升信息的价值。

其次，微信传播诠释集体智慧。智慧不仅是反映一个人综合素质的一种体现，还是创造生产力的源泉。人们的日常交往主要经由信息的符号互动而实现。在信息的符号互动过程中，集体智慧所起的作用至关重要。集体智慧是法国数字文化理论家埃尔·莱维创造的一个术语。在空间距离不断拉大的今天，我们对所处的生活环境有所知，也有所不知，这就需要发挥集体智慧的作用。我们当中没有人无所不知，把各自的资源集中在一起，把分散于个体的技能结合在一起，整个社会的力量将会得到巨大发挥。微信朋友圈、微信群聊等形式就充分运用了集体智慧，例如，在朋友圈发布某一个话题之后，看看好友给出的建议，结合大家的意见促使行为发生，这个过程中好友给出的意见或建议是多种声音的集合，这就体现了朋友圈的集体智慧。

最后，微信传播重塑商业模式。微信融合了技术、资本、关系等因素，开创性地整合了多边用户的商业资源和利益，成为平台生态圈的主导者，具体表现在三个方面：一是社交关系的商业价值。微信是一个多维度的关系网络，熟人的强关系和陌生人的弱关系编织成一个庞大的社交网。在微信建构的社群关系网络里，线上和线下的壁垒被打破。微商就是善于经营关系商业的行家，它整合并运用了熟人关系的强关联和陌生人关系的弱关联，通过在微信平台上展示人际关系、商业产品、销售理念等，获得朋友圈好友的认同，最后达到其商业性目的。二是公共平台的商业价值。2012 年 8 月，微信发布了针对企业用户的平台功能，为政府机构、媒体、广告主、公司等提供信息发布、营销宣传、交流互动等服务。对于政府组织、公益平台的公众账号而言，信息宣传具有很强的导向性。对于商业性公众账号而言，公众平台的商业价值在信息的订阅与推送中得以突显。三是电子商务平台的商业价值。微信集购物、理财、O2O 和生活服务于一体，成为高效、快捷的电子商务平台。打开"支付"这个界面，收付款、手机充值、理财通、微信红包、滴滴出行、火车票机票、酒店等功能应有尽有。这些功能依托微信支付的实现，盘活了微信平台的资金流。在微信交往和商业实践中，微信红包的作用不可小觑。一方面，微信红包契合传统文化。赠红包是中国人礼尚往来的一种重要形式，尤其在春节期间，红包被赋予各种意义。微信红包是电子商务与传统文化的整合交融，能够增添节日喜庆、活跃交际氛围。另一方面，微信红包吻合市场经济。在小件物品购买、朋友之间借钱等方面，发微信红包成为很多人的首选。

四、生态视角：微信环境的解构与建构

在微传播语境下，以微信为代表的新兴媒介发挥了越来越重要的作用，消解了传统主流媒体的绝对优势，导致媒介坐标上的百分比重不断发生变化。众生喧嚣的新媒介环境，打破了媒介生态的结构性状态，无序、杂乱的媒介存在样态，让我们对媒介的未来产生担忧。因此，在基于微信的传播逻辑下，我们不得不提出媒介生态重构的路径。媒介动态元素的良性循环与互动能力不足，破坏了媒介生态环境，具体表现在三个方面：一是融合实效不够好。为了提高传统媒体与新兴媒体的嵌入度，国家出台了《关于推动传统媒体和新兴媒体融合发展的指导意见》，这对媒介融合具有指导性意义。有了政策的指引，传统主流媒体纷纷试水媒介融合，打造以传统媒体命名的微信公众号，如《湖北日报》、武汉电视台、佛山电视台等大批传统媒体公众号纷纷登场。但是这些公众号在运作的过程中存在诸多问题，例如，追求形式融合，忽略了理念融合；以传统媒体为主，新媒体只是一个外壳；强制性把市场效益好、发展空间大的新媒体纳入体制内，阻碍新媒体发展；等等。这些问题充分暴露了当前媒介融合存在的弊病，有损于媒介元素的良性循环。二是信息失衡。衡量媒介生态是否良好的一个重要指标，就是要看系统中的信息流、能量流、物质流的数量和规模在一定环境中是否保持相对平衡。如果各项指标都能处于一种相对平衡和稳定的状态，就证明媒介生态处于良性运转中。在当前的微信传播中，信息数量和传播能量出现明显失衡。依托传统媒体的微信公众号在订阅方面呈现出用户数量差异过大的问题，中央主流媒体的微信公众号订阅人数远远多于地方媒体，导致信息的覆盖面出现较大差异，影响传播效果。此外，现实生活中人际关系活跃的用户在信息传播方面的能力远远高于一般用户，他们传递的信息也会成为一

般用户关注和转发的对象，由此产生信息失衡极化现象。微信传播的生态失衡现象，既与资源禀赋、话语权力有关，也与用户的从众心理紧密相连。三是符号污染。符号是能指和所指的意义结合体。在这个充斥着消费意味的后现代社会，符号的娱乐化和过剩性粉碎信息成为主流，以图像、视频为底色的视觉幻想在微信传播过程中扮演着十分重要的角色。"有图有真相"的微信信息生成心理，给信息传播增强了娱乐化色彩。娱乐化打破了固有的符号结构，严肃而深沉的符号被娱乐踏平，意义的深度性被削减，符号的主体价值丧失。在大容量的新媒体环境中，信息被无限制地复制和克隆，信息爆炸、信息臃肿导致符号过剩，给人造成一种视觉错乱感，"符号信息的负荷和承载意义的过程生产远远超出了主体的阐释、理解、接受能力，使受众被活埋在臃肿的信息底下"❶，失去辨别信息的能力，降低人的思考能力和生存能力。

在媒介生态系统遭到重创的同时，阐释和建构微信的生态运转路径势在必行。一是加强政策引导。在生态系统中，每个角色、功能都有其不可替代的生态位。在媒介生态系统中，政府作为媒介管理、政策导向的主导力量，发挥着不可替代的作用。例如，近年来，广电总局针对电视传媒领域出现的不良现象，实施了"限广令""限娱令"等新政策，对净化电视空间起到了积极的推进作用。政府要确立其在生态位的作用，就必须发挥其宏观管理职能，"在支持、指导媒介发展的同时，加强对媒介的宏观管理，形成合理有序平稳的媒介布局，形成统一规范的媒介系统运行规则，加强对媒介生态环境的监测，及时化解媒介发展中的矛盾和冲突"❷。与此同时，政府要制定切实可行、合理有序的媒介传播规则，对媒介进行客观公正的量化测评，使之成为符合传播生态的政策调控点和经济增长点。二是打造有机融合。媒介融合，既有宏观指向，也有战略实践，它更多地关注媒介与媒介，媒介与社会环境的多维度、立体式渗透与交合。媒介的有机融合是全方位的，它涵盖各个层面的交融，包括媒介与媒介、媒介与政治、媒介与经济、媒介与文化。在融合过程中，各类传播媒介协调互助，发挥 1+1>2 的作

---

❶ 邵培仁. 媒介生态学：媒介作为绿色生态的研究［M］. 北京：中国传媒大学出版社，2008：191.

❷ 颜春龙，刘远军. 媒介生态失衡的调适与重建［J］. 新闻爱好者，2017（10）.

用。微信与报刊、广播、电视、互联网进行融合互动，推出有影响力的微信公众号，才能激活传媒因子，激活传媒动力。当然，微信还要与政治、经济、文化等融合，让微信成为一个具有政治影响力、掌握经济话语权、激活文化活力的融媒介平台，从而更好地发挥媒介作为社会公器的作用。三是开展媒介批评。任何一个不良因素都可能对媒介生态链条造成极大的破坏，腐蚀传媒肌体。针对传统理念、传播实践等方面存在的问题，要敢于开展媒介批评，充分运用哲学思维、艺术批判、实证分析等方法，直指媒介生态系统中存在的弊端，提出符合生态逻辑的存续路径。在开展媒介批判的过程中，挖掘微信传播过程中的问题根源才能击中问题要害。多数情况下，媒介生态出现问题与信息识别素养低下、信息传播素养不高等有很大关系，因此，媒介素养的提升至关重要。提高媒介素养要从打造优质内容、推进素养教育、强化道德教育、提升法律观念等几个方面着手，进而提高整个社会的素质。

Contents
目录

目录 Contents

导　论

导　论

一、研究价值和意义

在移动互联网语境下，微信作为新媒体中特点鲜明的传播媒介，其用户量大、强烈的社交性和交互性、碎片化传播、圈层化传播方式等特点深刻影响着我国的媒介生态环境，微信在发展过程中除了受外部媒介生态环境的影响，引发生态位重叠的负价值外，自身也逐渐呈现出独特的媒介生态特征。显而易见，微信的迅猛发展重塑了一个新的媒介生态格局，创造出崭新的文化范式和传播形态。微信激活了新媒介变局，改变了人际交往模式，对整个媒介生态的重构具有举足轻重的作用。但同时，微信网络的交往异化，网络媒介资源枯竭，微信信息传播的碎片化、低俗化，微信产品的良莠不齐等问题，改变着信息场域的博弈结构，破坏、污染与重构着媒介生态文化。而目前，对微信的学术研究不多，且多停留在微观、零散的分析，缺乏宏观、系统和全面的阐释；更少有从媒介生态视域剖析微信如何形塑媒介生态格局与构筑多元、绿色、和谐的媒介生态环境。而媒介生态学作为一个新的领域，其研究思路和学科框架还很模糊、零碎，缺乏深入分析与系统思考。因此，如何在诸种媒介力量博弈中建构良性发展的媒介生态？微信作为新兴媒体和社交工具的重要代表，它与媒介生态的深层互动与建构关系如何？如何建构一个绿色健康、和谐共生的媒介生态环境成为重要课题。

首先，本研究以媒介生态学为理论基础，结合大量文献与数据，在准确认识微信的生存现状和价值体现的基础上，探索微信对媒介生态环境建构的独特性，期望能促进微信在多变的媒介生态环境中的可持续发展。其次,本研究力图从微信传播与发展的视角来系统观照我国媒介生态环境,并且把对微信的研究放入一个大的媒介生态环境中去,再以一种"均衡的"、基于较长历史时期的视角对其评估,而不是片面夸大或贬低微信对媒介生态环境的"左右"力。这一在结构和互动关系中考察媒介的视野不仅能够深化学界对微信媒介的理解,也为新媒体与媒介生态的研究提供了新的思路与视角,具有一定的方法论意义。再次,鉴于微信在传播及受众交往过程中出现的诸种偏差和失衡,如信息污染、交往行为异化、精神危机、媒介生态异化等问题,总结我国微信传播内容、符号规律、受众交往行为等特点,规范微信网络交往行为,发挥其传播的正能量,抑制其负面效应,推进微信社交媒体在人际传播与受众社会交往中的和谐发展。最后,在微传播时代的媒介生态环境中,发挥微信作为"新新媒体"的作用,揭示微信发展、变迁与媒介生态环境协调发展的本质和规律,探索微信与人、媒介、社会的交互影响与生态关系,形成新媒体与政治、经济、文化、技术等环境的交互关系及良性循环状态,建构我国媒体生态的新传播范式。

二、文献综述

当今社会,媒介技术的日益更迭与频繁演进,为新媒体传播提供了强大的技术支撑和变革动力。互联网、短视频、直播、微博以及微信等新媒介形态层出不穷。尤其是 2011 年 1 月 21 日,在强人际关系链条上实现快速发送文字、图片、视频以及音频的微信的问世,开启了"数字化社交"的新时代。截至 2019 年 3 月,微信的月活跃用户已经突破 11 亿大关,该规模还呈现继续增长之态势。微信成为我国迄今为止增长最快的即时社交通信工具,引起了学者的广泛关注。

(一) 微信相关研究现状

1. 微信相关研究量化比较

笔者选取期刊收录较为全面与时效性强的中国知网(CNKI)检索平台为样本库,采用计量统计与文献分析的方式,以微信为主题展开一级搜索,得到了 2012—2017 年六年之内的文献数量趋势(见图 0-1)。

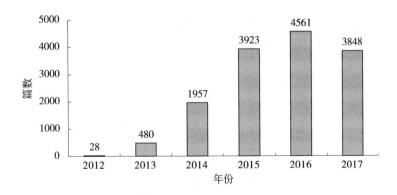

图 0-1 2012—2017 年微信研究文献计量

　　根据统计我们可以发现，自 2011 年诞生至今，微信相关研究的文献数量十分可观。2012—2016 年研究热度持续上升，并在 2016 年达到了顶峰 4561篇。但在 2017 年，微信相关研究的文献数量首次出现了下降趋势，到 2018年，文献数量继续下降至 3096 篇。这一趋势表明新闻传播学界对微信研究热度有一定的放缓趋势，学者们的研究心态走向了理性、冷静。

　　2. 微信研究热点关注

　　以 2017 年 1 月至 2018 年 7 月为时间阈限，以"微信"为题名检索到 4073 篇新闻与传媒类期刊文献。笔者从首页起对微信研究 4073 篇实施关键词分析，得到微信公众号、新媒体、媒介（体）融合、高校大学生、微信群、自媒体、微信运营、微博、传统媒体、政务微信、朋友圈、舆论引导层面 12 类观照主题（见图 0-2）。

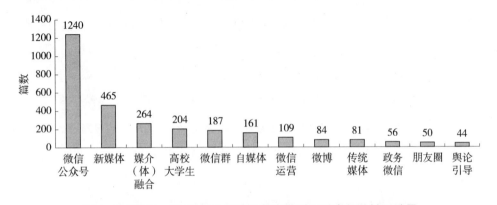

图 0-2 2017—2018 年 7 月微信研究期刊文献高频关键词计量

以这 4073 篇文章为研究资料，笔者继续通过文章摘要判断文章主题相关性，排除重复，细致分析有效文献的下载量、引用率等关注度标识以及主题内容表现，总结整理出了近两年来微信相关研究的五大热点与研究走向。

（1）微信公众号研究

有关微信公众号的研究超过了样本的四分之一，是学者关注最多的主题。对公众号的研究又主要集中于微信公众号的个案分析上，其中对"人民日报"微信公众号的建设与运营情况的相关研究数量较大。"人民日报"公众号成立于 2013 年 1 月 1 日，在同年 4 月开始推送文章，在这 5 年运营时间里，保持着很高的活跃度，产生的影响力也是传统媒体中最引人瞩目的。截至 2018 年 3 月，"人民日报"公众号用户数已经超过 1800 万，成为我国传统媒体全媒体建设的领跑者。"周蕾的实证分析证实了'人民日报''带头大哥'的地位，以算法筛选的方式对影响力靠前的 100 个传统媒体微信公众号进行了分析，发现'人民日报'（rmrbwx）得分为 28.004 分，这一成绩不仅在传统媒体微信公众号中排名第一，也是全部媒体类微信公众号中影响力得分最高的，在影响力前 2 万的微信公众号中位居第四。"❶

"人民日报"公众号取得的优异成绩引发了学者们对其编辑策略及传播运营方式的进一步探索。编辑策略方面集中于对公众号新闻写作方式嬗变的探索，涵盖标题、文本语言与文章结构特征等维度，例如刘笑冰《传统媒体微信公众号编辑特色研究——以人民日报微信公众号为例》、陈勇等《人民日报微信公众号的编辑策略》、宋翌《微信时代的新闻写作嬗变——以人民日报官方微信公众号为例》，等等。传播运营方面，学者们对"人民日报"公众号的推送时间、内容风格与互动形式等皆做了较为详尽的分析。张永恒等以人民日报海外版旗下的微信公众号"学习小组"为例，对其推送数量和具体推送内容等"供给侧"结构改革的分析，发现了其先天优势是依托网络媒体为受众提供多元化的内容，与此同时，发现它内容建设方面的不足之处，这一研究为新媒体发展的提升以及传统媒

---

❶ 周蕾. 传统媒体微信公号影响力测评——以前 100 名为分析样本 [J]. 新闻记者，2017（2）.

体向新媒体融合转型提供一定的借鉴。❶ 传播效果层面，岳淼等着眼于用户研究，结合定量和质性研究的方法深入挖掘用户的使用体验和主观认知，考察了影响用户行为的因素，最终构建了"人民日报"微信公众平台用户行为的动因模型并得以证实。❷

　　除了对"人民日报"公众号为代表的传统媒体公众号的探析，对高校微信公众号、政府微信公众号与"咪蒙""罗辑思维""十点读书"等自媒体公众号的研究也着墨甚多，如"咪蒙"公众号传播策略研究（毛艳青，2017）、"咪蒙"公众号写作策略分析（彭心怡，2017）、"罗辑思维"公众号的运营策略及发展问题（陈杰，2017）、"十点读书"公众号阅读平台用户关系网络研究（张兴刚等，2017），等等。这些丰富的案例分析可以帮助我们探索微信公众号平台的运行规律，发现公众号传播的逻辑机制等。实证研究与理论研究是不可分割、相互牵连的。大量公众号相关的案例实证研究是否能形成较为完整的知识架构呢？在所定时间阈值内笔者以"公众号"为主题展开一级检索，得到 1693 篇新闻传播类学术期刊，通过对其中运用的研究理论做概括性的分析，呈现出了两大特征。

　　第一，跨学科研究的盛行。传播学本身就是在跨学科的社会背景下建立起来，在之后的发展中，一直保持着与相关社会科学领域的紧密联系。统计发现，社会学、人类学及心理学理论也深度介入了公众号研究之中，形成了一种共融式的研究格局。"樊茗玥等结合具有心理学特征的 MAIN 模型，提出了社会化媒体信息可信度体系，并借助实证数据，从信息内容角度对公众号信息可信度的影响因素进行了深入研究，发现信息内容的实用性、客观性、可靠性和相关性与社会化媒体信息的可信度呈正相关，会对其产生积极的影响，但是信息内容的一致性则不会产生直接影响。"❸ 史凡则从心理学"社会认同"理论的视角出发解析了微信公众号"咪蒙"的内容传播。❹ 社会学、心理学等研究理论及范式的引入，

---

❶ 张永恒，何鹏德. "学习小组"内容生产"供给侧"结构改革研究 [J]. 现代传播，2017（5）.
❷ 岳淼，黄琬丽.《人民日报》微信公众平台的传播与用户行为研究 [J]. 现代传播，2017（5）.
❸ 樊茗玥，王若楠，覃睿，等. 基于 MAIN 模型的社会化媒体信息可信度影响因素研究——以微信公众号为例 [J]. 情报科学，2017（7）.
❹ 史凡. 社会认同视野下微信公众号"咪蒙"内容传播研究 [J]. 新媒体研究，2017（24）.

给微信研究带来了多样的研究方法、解读方式与分析视野，丰富了社交媒体研究的内涵，进而深化了我们对微信及整个媒介生态的理解。

第二，公众号研究与新闻传播学理论的结合较为匮乏，几乎没有原创理论，多是对传统理论的再利用。作为"无所不包"的"使用与满足"，社会资本等理论被学者广泛运用到各种学术探讨中，常被当作研究的理论支撑，在一定程度上出现了"为了使用而使用"的泛滥情况。

笔者认为，微信公众平台已经逐渐成为我国公众，尤其是年青一代信息获取的主要阵地，学术界对微信公众平台的研究热情是极具合理性的。但是，整体研究中暴露出来的问题及局限也同样值得我们关注与反思。面对未来的研究，学者们应在案例分析的深度、案例的多样性与案例间的关系连接上下功夫。在实证研究过程中避免先有结论后补意义与假设的本末倒置逻辑，注重样本的采集与解读方式的科学性。在实证研究的佐证下，对公众平台传播运营的理论探索也应该及时更新，重视理论建设与理论的指导意义。"理论性、前瞻性如树之根、树之干；经验性、实用性如树之枝、树之叶，两者互为依存，缺一不可。"❶需要与时俱进地革新传统新闻传播学理论，保持交叉式学科研究方式，构建恰适公众平台的理论框架与知识体系，推动新闻传播学科理论的进一步跨越。

（2）微信与其他媒介形态的创生交融

保罗·莱文森说过，新媒介的出现是对前一种媒介的补救。与此同时，新媒介在演进的过程中不断整合多种媒体功能，从而使媒介特性达到空前的高度融合。微信的出现在改变信息传播结构和人类行为习惯的同时，加速了媒介融合的进程。在媒介融合时代，各类媒体何以与微信联姻并结合？自微信创立，对这方面问题的探索研究一直是学术界的重中之重，也是近几年新闻传播研究中西结合、理论与实践相结合的典范，文献成果丰富，出现了一些具有洞察性的研究视角、观点与建议。

2017—2018年的时间阈值内以"微信融合"为主题展开一级检索，得到518

---

❶ 罗杰斯. 传播学史：一种传记研究方法［M］. 殷晓蓉，译. 上海：译文出版社，2002：2.

篇新闻传播类学术期刊，通过对这 518 篇文献展开关键词的计量分析（见图 0-3），我们对整个研究趋势有了一个总体性的理解。

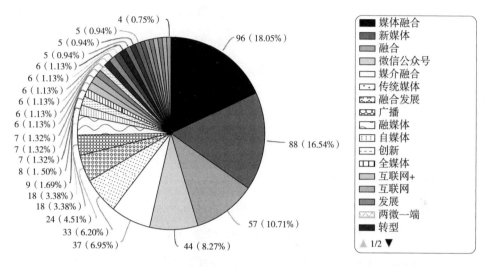

图 0-3　2017—2018 年 7 月 "微信融合" 相关文献关键词计量

首先，传统媒体与微信的融合路径最受学者们观照。与前几年类似，对报纸与电视融合之路的探索研究依旧占比最大。学者们以个案的形式对不同类型、不同级别的报纸与电视栏目的融合发展之路进行了细致探究，包括地方党报《长寿日报》（陈小平，2017）、行业报《中国人口报》（崔立新，2017）、中央电视台《英语新闻频道》（张梓轩等，2017）、地方电视台绍兴的《全媒体时空》（吴颖，2017），等等。除了延续对电视与报纸的研究热情外，一个新的趋势逐渐显现出来，那就是对广播媒体融合路径的研究数量激增。

在电视与报纸的 "双重夹击" 下，广播媒体在很长时间内被学者们一定程度地忽视，关于广播与新媒体的融合研究相对匮乏。但是，近两年来随着融合实践进入 "深水区"，学者们的研究心态也更趋冷静与理性，越来越多研究者开始重新审视广播媒体独特的融合优势，发表了一些颇具启发性的研究成果。宫静以青岛交通广播为例对广播媒体进行融合实践，对融合的新特征、新思维以及全流程变革进行深入探讨，发现广播节目在微信公众号、微博、客户端多渠道传播、评论的基础上形成了新的事件信息传播和节目互动，这使新闻传播更广泛，多媒体新闻传播更深入。通过融合共享，原本单一线索的广播节目成了最能吸纳即时信息的收储和分发中心。● 类似研究思路的还有季志良以绍兴新闻广播为例对城市台广播新闻创新供给路径的探析，● 陈韵强等以扬州广播电视台打造的手机App "扬帆" 为例，● 左力以中央电台中国之声的融合实践为例的研究●，等等。

赵凡与林慧则从整个广播生态业务体系的构建思路上提出了一些新思考，他们认为很多电台已经在开展其中的部分业务，但是整体来看这些新媒体业务仍然是各自独立的。它们之间在内容、数据上并没有打通，微信归微信，客户端归客户端，合力并没有形成，这并不是真正意义上的多元传播。因此，他们建议电台建立自己的新媒体业务发布平台，通过微信矩阵和其他通道接口将微信等第三方平台变成自己的用户入口，借用这些入口，将用户引流到属于电台自己的平台上，并将用户所有的数据自动沉淀在电台 CRM 系统中，进而形成电台自己的大数据。● 曾凡斌等则对传统广播微信公众号平台的内容生产进行了研究，通过对现状及问题的分析，建议广播微信公众号积极打造微信矩阵，进行技术革新，实现界面友好以及精准定位，满足受众需求。●

虽然从整体质量与数量上来看，有关广播媒体与微信的融合研究都暂时不能与报纸与电视媒体相提并论，但是，学界对广播媒体的重视与研究的转向是一个积极信号，其结果值得进一步关注。

其次，对"两微一端""互联网+""中央厨房""媒介矩阵"或"全媒体"等较为成熟的融合格局的文献研究数量较多。经过多年的融合实践与探索，"两微一端""互联网+""中央厨房"等模式已经成为传统媒体积极适应互联网与移

● 宫静. 融合中提升：广播的多渠道交融、分发与变革——以青岛交通广播融媒体探索为例 [J]. 中国广播, 2018 (2).
● 季志良. 新时期城市台广播新闻创新供给路径探析——以绍兴新闻广播为例 [J]. 新闻战线, 2017 (4).
● 陈韵强，赵亚光. 电视大屏与手机小屏的融合与共振——以扬州广播电视台手机 App "扬帆" 建设为例 [J]. 中国广播电视学刊, 2017 (1).
● 左力. 媒体融合时代广播与新媒体融合的路径探析——以中央电台中国之声的融合实践为例 [J]. 中国广播, 2017 (1).
● 赵凡，林慧. 融媒体广播生态业务体系的建设思路 [J]. 中国广播电视学刊, 2017 (2).
● 曾凡斌，卢煜璇. 传统广播微信公众号平台的内容生产研究 [J]. 中国广播, 2017 (4).

动互联网趋势、大刀阔斧转型的主要手段。学者们对这些多平台间融合机制的研究较为全面，涵盖了微观、中观与宏观三个层次。

从微观角度，学者们一方面聚焦于融媒体环境下新闻内容生产者（记者、编辑、编导等）的观念、角色与技能转型。例如，陈晨对广播记者转型定位及策略的探究，他建议广播记者培养全媒体思维，提高新闻敏感度，借助信息化手段丰富、创新现阶段的广播节目形式，熟练运用各种新媒体工具，用通俗易懂的语言文字、音频及音效，从而为受众提供更多样化、更精彩的全新广播内容。[1] 另一方面，冯韶丹从单一新闻事件——里约奥运会出发，详述了在"两微一端"联动优势下实现的里约奥运会全方位、多角度的报道。[2] 郭红斌与江德能则聚焦于全媒体时代大型会议报道的对台传播策略，以海峡之声 2018 年全国"两会"报道为例展开了分析。[3]

中观层面的研究十分丰富，包括对单一媒体融合路径的分析，例如《广西日报》（蒋立宏等，2017）、央视新闻（杨继红，2017）、重庆之声《阳光重庆》（高霞，2017）等。除此之外，有学者对某一媒介形态的融合实践进行了探究，如卢剑锋针对整个报业集团"两微一端"如何更好地协同传播展开了研究，他仔细梳理了当今报业集团"两微一端"协同传播的现状，并针对出现的问题提出了具体的调整措施，包括构建新型的协同性采编发流程、成立技术团队，以技术加强协同，加强对技术团队的考核、激励，建立奖惩和退出机制，对"两微一端"的发展和运用有所侧重，以客户端为主，微信、微博为辅等。[4] 朱烨的研究面向则朝向盈利模式，他阐述了融媒时代盈利模式由单一渠道向融合渠道转型的过程与表现，认为新媒体内容生产平台具有跨渠道、多元化、受众广等特征，在这一背景下，多种盈利模式可以交织融合，为新媒体内容平台经营开拓广阔的空间。[5]

[1] 陈晨. 新媒体环境下广播记者的转型分析 [J]. 新媒体研究，2018（10）.
[2] 冯韶丹. 从两微一端角度审视媒介联动的报道优势——以里约奥运会为例 [J]. 新闻战线，2018（2）.
[3] 郭红斌，江德能. 全媒体时代大型会议报道的对台传播策略——以海峡之声 2018 年全国两会报道为例 [J]. 中国广播电视学刊，2018（6）.
[4] 卢剑锋. 报业集团两微一端协同传播初探 [J]. 编辑之友，2017（10）.
[5] 朱烨. 新媒体背景下内容生产平台盈利模式探析——以两微一端为例 [J]. 中国报业，2018（6）.

宏观层面的研究则更多关注对整个融媒局势的分析、反思与建议。胡翼青与沈伟民的《艰难的嵌入：反思"两微一端"的当代社会实践》一文运用了布尔迪厄的资本转换理论，分析了"两微一端"在嵌入不同的社会组织时所遭遇的不同境遇，传统媒体"两微一端"、政务"两微一端"与企业"两微一端"皆被纳入讨论之中。❶ 黄良奇也从宏观角度对媒体融合的实践范式进行了细致的检视，他认为"技术进步将驱动媒体向全息、全知、全能方向进化和发展，现实世界和虚拟世界无缝对接，生成混合现实（MR）的创意传播，既跨界整合各媒体的长处——内容为王，又联动规避各媒体的短处——渠道梗阻，各场域在生命体终端最后融合，焕发媒体融合新的生机"。❷

值得欣喜的是，从顶层设计的层面，周勇与赵璇基于 VAR 模型的大数据计算及分析建构了融媒体传播环境下视听传播效果评估的指标体系。❸ 赵彤也做了这方面的探索，运用大数据研究的方法建立了传统媒体融合传播效果评价的指标体系和理论模型，进而形成了融合传播效果量化评价的计算公式。❹ 他们的探索在一定程度上补充了学界有关媒介融合效果方面研究的匮乏，今后在这方面值得进一步深入研究。

其中还显露出了一些较有新意的研究视角。张放与杨颖从符号叙述学的视角透视"两微一端"融合策略，发现"'两微一端'不仅在内容层面通过分层叙述和全文本实现了平台间内容统筹与表达共享，还通过'条块结合'的部门设置和沟通高效的组织架构实现了底本的宽幅聚合，为内容融合提供了有力支撑"；然而，在叙述文本类型配比、文本读者主动性激发以及底本聚合轴扩幅等方面，他们认为"两微一端"的融合仍有进步空间。❺ 陈昌凤、霍婕从社交平台和媒体之间的权力结构与关系的变迁角度出发，探讨了新闻媒体如何与社交平台合作才

❶ 胡翼青，沈伟民. 艰难的嵌入：反思两微一端的当代社会实践 [J]. 编辑之友，2018（6）.
❷ 黄良奇. 从平台经场域到生命体：媒体融合的实践范式与路径 [J]. 西南民族大学学报（人文社会科学版），2018（3）.
❸ 周勇，赵璇. 融媒体传播环境下视听传播效果评估的指标体系建构——基于 VAR 模型的大数据计算及分析 [J]. 国际新闻界，2017（10）.
❹ 赵彤. 媒体融合传播效果评估的路径、模型与验证 [J]. 新闻记者，2018（3）.
❺ 张放，杨颖. 分层与聚合：符号叙述学透视下的两微一端融合策略 [J]. 编辑之友，2018（6）.

能获取利益的最大化问题。❶ 张辉刚和朱亚希则引入社会嵌入理论，"尝试打破过去以业态融合为主的路径依赖，从关系的视角重新观照了传媒、用户与社会三者之间的关系结构互动，探索性地构建起了一套适用于媒体融合转型的行动框架"。❷ 这类研究从方法论与理论层面给媒介融合研究注入新的活力，极大地开阔了学者们的研究视野，应被进一步探讨。

（3）大学生的微信使用研究

大学生是所有研究中最受关注的社会群体。近两年的研究主要集中在四个方面：一是大学生的微信使用情况研究。申琦运用保护动机理论，实证分析了上海大学生在使用微信时的利益评估、风险评估、自我效能感与隐私保护行为成本评估四个方面对他们的隐私关注度以及相应的隐私保护行为的影响。❸ 同样是实证研究，李静和谢耕耘通过上海十所高校 1065 位大学生的问卷调查数据对社会热点事件的传播现状、传播渠道、传播形式和传播目的进行了调研，揭示了大学生在社会热点事件中的社交媒体传播行为中的规律。❹ 匡文波、邱水梅则着眼于微信表情的使用，以高校学生为研究对象，以问卷法和半结构化访谈研究发现学生群体使用微信表情主要基于软化聊天语气，形象、生动地表达当下的情绪、情感、活跃聊天氛围、使对话更有意思等三项心理动机，并且通过对各种因素的梳理，形成了微信表情符号使用与满足关系模型。❺

二是大学生微信使用问题及心理分析。吴海婷以问卷调查的形式对大学生在微信朋友圈中自我表露的内容、对象以及心理学动机进行了考察，发现大学生在微信朋友圈中自我表露的主要心理动机依次为价值认同动机、社会交往动机以及自我倾诉动机。❻ 曲欣欣等通过抽样调查获知社交媒体在大学生中的渗透数据，利用 SPSS 软件工具，对大学生社交媒体沉迷进行分析，获得了自控能力、情绪

❶ 陈昌凤，霍婕. 权力迁移与关系重构：新闻媒体与社交平台的合作转型 [J]. 新闻写作，2018 (4).

❷ 张辉刚，朱亚希. 社会嵌入理论视角下媒体融合的行动框架构建 [J]. 新闻与传播研究，2018 (1).

❸ 申琦. 风险与成本的权衡：社交网络中的"隐私悖论" [J]. 新闻与传播研究，2018 (8).

❹ 李静，谢耕耘. 大学生在社会热点事件中的社交媒体传播行为研究 [J]. 新闻记者，2018 (1).

❺ 匡文波，邱水梅. 大学生的微信表情使用行为研究 [J]. 国际新闻界，2017 (12).

❻ 吴海婷. 大学生在微信"朋友圈"的自我表露及其动机研究 [J]. 思想理论教育，2017 (3).

发泄、生活失轨等 3 个沉迷因子，并将大学生社交自媒体使用综合指数与大学生自媒体进行逐步回归，进而总结出了大学生沉迷社交媒体的基本情况。❶

三是大学生与其他社会群体微信使用的数字鸿沟研究。这个层面的研究多与社会学相交融。林枫等通过实证方式考察了大学生及父母两个不同年龄层群体之间的数字代沟，"分析发现亲代教育程度、子代教育程度、子代年龄、亲代年龄、家庭所在城市发达程度五个层面对数字代沟的有显著影响"。❷ 刘谦、陈香茗则聚焦于大学生和新生代农民工两个群体，以"生命时间"作为理论视角，发现在不同生命时间与社会资本交互的作用下，"大学生群体在处理现在与未来的关系中体现出'枝权形'模式，即存在多种增长点和发展可能性，且各种方向和发展点之间没有必然的相关性和连续性，实践主体需要通过选择与行动承担风险与机遇；新生代农民工群体更体现为'线性'模式，并指向更具现实意义的行动与期待，进而得到两个社会群体之间数字鸿沟形成的现实逻辑"。❸

四是大学生微信使用效果及思政问题研究。布超通过对社交媒体环境下大学生网络参与新动向的解析，梳理出了影响大学生网络参与的深层次问题，从而为新形势下引导大学生理性网络参与提供了相关对策。❹ 同样，李悦对网络传播社会思潮与高校意识形态安全问题进行了考察，他发现网络传播对大学生意识形态安全造成了一定程度的挑战，在此背景下，高校应当加强定向引导与全面管控，努力构建中国特色学科体系、话语体系，深入进行理论学术研究和教育教学，进一步取得学科攻关、高地攻坚的标志性成果，坚决打好网络阵地战。❺

除了对大学生群体的考察外，高校对微信的使用研究也着墨甚多。梅月平等从新媒体矩阵建设的视角分析了高校微信、微博等社交媒体平台思想宣传工作的开展，提出了高校主流思想舆论传播的新媒体矩阵建设思路："在架构设置上，

───────────────────

❶ 曲欣欣，姚江龙. 大学生社交媒体沉迷现象的实证分析 [J]. 安徽科技学院学报，2017（3）.

❷ 林枫，周裕琼，李博. 同一个家庭不同的微信：大学生 VS 父母的数字代沟研究 [J]. 新闻大学，2017（3）.

❸ 刘谦，陈香茗. 微信中的生命时间——对大学生和新生代农民工群体数字鸿沟研究的一个维度 [J]. 社会学评论，2017（2）.

❹ 布超. 社交媒体环境下大学生网络参与的新动向及引导策略 [J]. 思想理论教育，2018（6）.

❺ 李悦. 网络传播社会思潮与高校意识形态安全研究 [J]. 思想理论教育导刊，2017（10）.

要层层扩散、全面覆盖；在内在关系上，要辐射联动、形成合力；在具体运营上，要以学校文化为纽带，'抱团'发展，整体策划；在内涵上，要加强高校新媒体矩阵平台的文化产品建设；在机制上，要加强高校新媒体矩阵平台的长效机制建设；在效能上，要加强高校新媒体矩阵平台的舆论引导能力建设。"❶

　　同时，较多的研究还致力于对高校微信公众号思想与舆情引导方面的探索，以及高校官方、非官方微信公众号建设情况的调研等。例如，张卫良与张平基于对91个高校共青团微信公众号推文的分析，发现相对端庄的、精英式的传播形态与青年大学生新媒体接受心理存在着一定的矛盾，进而分析得出这是主流意识形态类等类型推文影响力弱的原因，针对这一问题，他们提出了高校共青团微信公众号内容生产的问题及运营建议。❷

　　可以看到，大学生与高校相关的微信研究大多以实证调研作为研究方法，丰富的调研数据与信息为我们绘制了一幅相对全面的大学生微信使用图景。图景中所揭示出的规律对高校在新媒体语境下利用微信平台提高大学生群体思想政治水平，培养他们的核心价值观意义重大，此类研究应该得到持续关注与重视。

　　（4）微信与微博渗透研究

　　作为碎片化传播时代的特有产物，微博与微信的渗透融合也是学界探讨的热点话题。与前期微博与微信基本属性（关系链、功能设置、用户量、传播特点等）的比对分析相比，近两年相关研究在之前的基础上有了一定程度的延展与深化。

　　刘虹等对高校微博、微信平台的信息传播特征与效率展开对比研究，发现高校在两个平台的运营方面存在着差异。具体来说，在传播特征指标方面，高校微博的发文数、粉丝数高于微信，但高校微信的传播效率则优于微博；另外，高校在两个平台的发文主题具有互补性，不同发文主题在两个平台的信息传播效果均

---

❶ 梅月平，李久戈. 提升高校主流思想舆论传播力探究——基于高校新媒体矩阵建设的视角 ［J］. 思想理论教育，2017（3）.

❷ 张卫良，张平. 大学生对学校微信公众号的信息接受、认同差异及成因探讨——基于对91个高校共青团微信公众号推文的分析 ［J］. 现代传播，2017（12）.

存在显著差异。❶ 同样采用对比视角，李琪等基于隐私计算理论和社会资本理论，构建了移动社交平台隐私披露意愿的影响因素模型并对比分析了微信与微博的数据，发现在微信和微博环境下，隐私计算和社会资本对用户自我披露意愿的影响路径，感知风险和收益对用户在社交平台中的信任、互惠感和社区认同感的影响路径，用户的信任正向影响互惠感和社区认同感皆有所差异。❷ 类似视角的研究还有谌涛等对微信和微博用户隐私保护方面的措施与两个群体隐私保护方面的行为习惯的对比分析。❸

辜晓进等则以量化研究方法对国内 104 家代表性报纸"两微"的表现进行数据挖掘，研究发现报纸微博开通数已进入零增长期；母报影响力、开通历史和发博频数与微博粉丝数呈正相关关系；微博原创率较高而微信公众号原创率很低；低更新频次和发布时间滞后较大影响公众号传播效果；公众号较微博更爱追逐潮流，同质化现象突出。对此，他们提出报业应该续强化社交媒体战略的主观意愿和能动作用，坚持"数字优先"，积极开发并充分利用"两微"的各种功能以及重视深度新闻传播。❹

张传香从社会事件切入，将着眼点放在"社群组织"上，以山东于欢刺死辱母者案为例，对新媒体下的社群组织类型进行了分类，并对社群组织的社会动员特点及事件发展不同阶段舆论引导的规律进行了解析，发现了微博、微信等不同社群组织在社会动员和舆论引导的不同阶段中作用的差异性。基于此，他总结出舆论引导的规律：公共空间里的任何政治干预只有在各种传播媒介中进行多样化的信息呈现才有可能发挥出应有的效力。❺

---

❶ 刘虹，李煜，孙建军. 基于微博微信的高校社交网络信息传播特征与效率对比分析 [J]. 现代情报，2018（4）.

❷ 李琪，王璐瑶，乔志林. 隐私计算与社会资本对移动社交用户自我披露意愿的影响研究——基于微信与微博的比较分析 [J]. 情报杂志，2018（5）.

❸ 谌涛，郝于越. 社会化媒体的隐私保护研究：用户在社会化媒体中自我表露的隐私保护意识——以微博和微信的对比研究为例 [J]. 新闻传播，2017（2）.

❹ 辜晓进，徐蔓，张鑫瑶. 作为报业转型突破口的社交媒体战略——基于国内 104 家代表性报纸"两微"的表现 [J]. 新闻与传播研究，2017（7）.

❺ 张传香. 新媒体下的社群组织类型、社会动员及舆论引导——以山东于欢刺死辱母者案为例 [J]. 现代传播，2017（8）.

从微信与微博渗透分析的角度切入社会化媒体研究，一直是新闻传播学领域的研究重心之一，学者们的持续探索不仅为我们描绘了一个更为全面的微信媒介形态，更为重要是，微博、微信作为当今主导我国网民网络实践与社会交往的主要媒介，对二者的差异化分析可以拓展对人们网络行为、心理状态以及社会舆论扩展等问题的视野与理解，进而为各类网络失范现象建立恰适有效的应对机制。

（5）舆论监管与政务微信的建设

目前，微信作为我国使用人数最多的社交媒体，已成为舆论事件发酵、传播的主要阵地，在这一背景下，学界对微信与舆情管理的相关研究也数量颇丰。

微信舆论监督作为互联网时代一种新型的舆论监督形态，靖鸣等从微信信息传播模式出发建立了多元聚合的微信舆论监督模式，在这一过程中发现，微信舆论监督点对点的传播模式有助于舆论发酵；强关系的社交行为亦可增强舆论监督实施的有效性，但它较强的私密性使空间出现传播失范现象的可能性和概率明显增加；微信舆论监督存在舆论场扩展缓慢、舆论监督反馈机制缺乏、舆论监督主体行为失范等问题。❶ 韩运荣等则以具体的案例验证了新媒体舆情的瞬息万变。以"罗尔事件"所引发的慈善舆情为研判对象，他们对微博、微信相关文章进行文本分析，发现了该事件反转频仍、长尾绵延和社交媒体平台分化显著等舆情特点，并基于此对短期网络舆情的整体态势进行了总结。❷

另外一些学者通过建立模型的方式对舆情的发展情况进行监测。胡祖平等"基于元胞自动机理论，将元胞观点坚守力与观点影响系数引入元胞交互规则中，提出了新的舆论演化机制，并以微信平台为例，探究了影响舆论演化的关键因素。研究结果表明：用户观点坚守力随着舆论演化的进行而逐渐下降，群体观点坚守力的大小对于舆论传播的最终结果影响不大，但对于演化过程却具有一定的干预效果；另外，舆论观点的初始比例直接关系舆论事件的态度倾向，观点影响

---

❶ 靖鸣，朱燕丹. 模式、特征与问题：微信舆论监督研究［J］. 现代传播，2017（7）.
❷ 韩运荣，张欢. 当前网络慈善舆情的特点、解析与前瞻——以"罗尔事件"为例［J］. 现代传播，2018（4）.

系数可以作为不同观点初始比例下影响舆论最终演化结果的调控因子"。❶

　　吴尤可则尝试针对微信舆情"涌现"机制构建仿真模型，在分析了五种场景对微信舆情的"涌现"机制后，对控制方法提出了建议。❷ 赵鹏飞等展示了基于 SIR 模型的微信舆情传播的研究，分析了微信交互式圈群传播特性及其强关系传播基础，研究说服率、净迁入率、醒悟率对微信舆情传播的影响。❸ 这些计算机科学与信息科学领域的成果在新闻传播学研究中的应用延伸了微信舆情研究，开阔了学界的视野，使研究成果更加多元与丰富。

　　对于政务微信的建设亦是传播学领域的研究重心之一，2017 年至今的相关研究也在这个方向上延续与深化。其中，个案研究在整个研究中占比大，"上海发布"（王玲宁等，2017）、"重庆环保"（王星，2017）、"幸福松山湖"（谭婷婷，2018）、"中国政府网"（秦勃等，2017）、"台州教育"（肖飞生，2018）等从地方到中央多个领域的微信公众号建设皆受到了研究者们的关注。从更为宏观的视角，基于整个省市政务微信建设的调研也不少，如李明德等对陕西省政务微信发展现状的实证考察；❹ 朱小妮对辽宁省五个主要职能领域地方"双微"政务传播体系构建的调研❺；等等。

　　即使是政务微信公众号建设情况的研究，也在研究视角与理论框架运用方面有了一些新突破。闫奕文等从用户认知、情感和态度、用户行为、社会影响和政务微信公众号平台五个维度，选取 17 个政务微信公众号信息传播效果评价指标，并基于 BP 神经网络提出了政务微信公众号信息传播效果的评价方法，并且用吉林省各消防大队的微信公众号的数据验证了其方法的有效性和实用性。❻ 吴朝彦

❶ 胡祖平，何建佳. 基于元胞自动机的网络舆论演化建模及仿真［J］. 信息系统，2018（5）.
❷ 吴尤可. 微信舆情"涌现"机制及控制方法研究［J］. 情报理论与实践，2017（3）.
❸ 赵鹏飞，马民，谈依箴. 基于 SIR 模型的微信舆情传播研究［J］. 情报探索，2017（10）.
❹ 李明德，柴海鹏，龙晓，等. "互联网+政务微信"实践特征的探究——基于 2016 陕西政务微信发展的考察［J］. 汕头大学学报（人文社会科学版），网络空间研究，2017（5）.
❺ 朱小妮. 地方"双微"政务传播体系的构建——基于辽宁省五个主要职能领域的观察［J］. 传媒，2017（12）.
❻ 闫奕文，张海涛，孙思阳，等. 基于 BP 神经网络的政务微信公众号信息传播效果评价研究［J］. 图书情报工作，2017（20）.

则依照我国城市政务微信公众号影响力的排名，选取了七个地级以上城市的微信公众号作为分析样本，采用内容分析法对特定时段内的信息传播主题进行了解析，解释和讨论了不同主题信息发布数量存在差异的原因，为我国城市政府机构开通和运营政务微信公众号提供借鉴和参考。❶ 张志安等追本溯源，对政务机构媒体的兴起动因与社会功能做了细致分析，提出了"政务机构媒体将政务信息作为消息源和内容源，更主动地掌控在自己、而非新闻媒体这个中介平台上，客观上增加了对用户的吸引力，这也在某种程度上加速了传统专业媒体的衰落"的新主张。❷

综上，通过对近几年来微信研究五大趋势的细致分析，我们可以看到，微信研究整体更趋向多元化，新闻传播学与其他学科相互交融，心理学、社会学，甚至计算机与信息科学的成果在微信研究中运用都越来越多，这一趋势值得欣喜。然而，通过对研究成果进行梳理和比较分析，我们也发现了一些微信研究的传统弊病：第一，研究方法的科学性问题，部分文献的研究方法科学性不足，出现了一些数据堆积与样本随意的现象。第二，在对现状分析的过程中缺乏严谨的定性分析与规律性探索，微信相关理论的建构性研究不足。第三，在整体研究中依旧存在一部分缺乏与理论结合及分析不科学的所谓"现状或发展分析"，这类文献缺乏研究的规范性，多是停留于事物表面的泛泛而谈等。

只有解决了这些问题，我们才可能真正将微信研究推向一个新的阶段，实现真正的学术繁荣。基于这些反思，本研究将摒弃单一的研究模式，而从一种复杂衔接式的角度归因当前的微信现象。复杂衔接式研究范式将通过联系背景与综观全景来把握与认识对象。研究方法方面，本研究将结合文献研究法、内容分析法、案例研究法等多种方法，既从量化数据的客观视角解读微信的生命历程，又结合新闻传播学、社会学、心理学等多学科理论对微信媒介生态作出透过现象看本质的解读。研究理念方面，"所有的事物都既是原因也是结果，既是受到作用者又是施加作用者，

---

❶ 吴朝彦，饶阳泓. 基于内容分析法的城市政务微信公众号信息传播主题研究［J］. 现代情报，2017（2）.

❷ 张志安，章震. 政务机构媒体的兴起动因与社会功能［J］. 新闻与写作，2018（7）.

既是通过中介而存在又是直接存在的"（帕斯卡，1670）。作为媒介生态环境的重要部分，不认识微信就不可能认识我国的媒介生态环境，同样地，不了解微信难以了解和把握我国整体媒介生态环境。因此，本研究将从多个"入口"考察微信在整个媒介生态环境中的独特角色，揭开它与媒介政治生态、社会生态、文化生态、经济生态与法律生态五个面向的关系纠葛样态，进而为我国媒介生态环境的建构提供一些有价值的启示。

（二）媒介生态环境研究现状

1. 国外研究现状

媒介生态学起源于北美，主要分为美国的纽约学派和加拿大的多伦多学派。纽约学派的刘易斯·芒福德（Lewis Mumford）通常被认为是媒介生态学的奠基人。他在1934 年出版的代表作《技术与文明》中论述了"技术与文化"的关系，关注了科学技术与环境的关系，最早提出了"媒介生态"（Media Ecology）的思想，也为后来克里斯琴·尼斯特洛姆（Christine L. Nystrom，1973）的博士论文《媒介生态理论：人类传播系统研究理论集成典范的规范化》奠定了媒介生态学基础，该论文是最早关于媒介生态学的研究文献。波兹曼（Postman）也是纽约学派的代表人之一，其著作《童年的消逝》（1982）、《娱乐至死》（1985）指出电视媒介对社会生态产生的负面影响；1970 年，他在纽约大学创立媒介生态学课程，为社会培养了大批相关人才，推动了媒介生态学的理论深入研究。

马歇尔·麦克卢汉（Marshall Mcluhan）是多伦多学派的代表人物，致力于传播和媒介研究，最早提出"媒介生态学"术语（2000），并创立了"媒介决定论"思想，其代表作《理解媒介：论人的延伸》（1964）系统地论述了媒介生态概念与理论；多伦多派的另一代表人物哈罗德·伊尼斯（Harold Innis，1950），他关注媒介与时空的关系，提出"媒介时空论"观点，在著作《传播的偏向》中指出媒介技术拥有改变社会环境的力量，他认为媒介具有时间偏倚和空间偏倚的特性，时间偏倚的媒介是指特权媒介，即传播者对媒介的垄断；空间偏倚的媒介偏向大众，强调传播的平等。

到了 20 世纪末，纽约学派和多伦多学派融合为媒介环境学派，克里斯琴·

尼斯特洛姆（Christine L. Nystrom）和兰斯·斯特雷特（Lance A. Strate）推动了媒介环境学科点与媒体环境学会的成立，尼斯特洛姆（1973）将媒介环境学概括为把复杂传播系统作为环境的研究。波兹曼（1970）对媒介生态学作出了明确定义："生态学"这个词就意味着对环境的研究，研究环境的结构、内容和它对人类施加的影响。进入 20 世纪 80 年代，研究者们开始关注媒介与环境之间的关系，梅罗维茨（Meyrowitz）（2002）在《消失的地域》中指出，人们往往因为媒介这种看不见的环境而拒绝承认其存在。在他们看来，"媒介生态"的理念实际上就是将"媒介本身视为一种环境结构"，即，"Media Ecology"等同于"媒介环境"。

保罗·莱文森（Paul Levinson）是美国传播学学者，北美媒介环境学的第三代代表人物，他继承和发扬了波兹曼、麦克卢汉等思想内核，被称为"数字时代的麦克卢汉"，作为媒介技术乐观主义者，他扬弃了麦克卢汉的"技术决定论"，提出了"媒介进化论"思想。莱文森在整体观视域下考察人类媒介进化史，提出了媒介进化论的三个关键观点：媒介演化的"人性化趋势""补救媒介"理论、媒介演进三阶段（玩具—镜子—艺术），这些理论也成为其核心思想的基石。

2. 国内研究现状

我国对于媒介生态学的研究与西方相比较晚，但却起步于我国传播学学者的主体自觉，因而受国外研究影响较小，代表人物是邵培仁和崔保国。邵培仁的《传播生态规律与媒介生存策略》《论媒介生态的五大观念》等是国内关于媒介生态研究的开山之作。崔保国教授指出："中国学者的媒介生态研究意识是原发的，而不是引进的，从一开始学者的关系就侧重在媒介的发展生存环境方面。"

通过对我国知网近年来相关文献资料的整理分析，我国的媒介生态学研究主要集中于以下几个方面：

（1）早期概念提出与理论建构

在我国，最早提出"媒介生态"一词的是清华大学尹鸿教授，他在 1996 年发表的《电视媒介：被忽略的生态环境——谈文化生态媒介意识》中指出："媒介生态学关注的是与人的生存相关的动态的变化的媒介环境，媒介对于人的作用，作用过程、方式，特别是人类如何限制、控制、修正对媒介的使用，以维护、保持一种健康的平衡的媒介环境，使人与媒介、媒介与人之间保持一种和谐互动的良性关系。"然而这篇文章在当时并没有引起学界的反响。

掀起我国媒介生态研究热潮的是学者邵培仁教授，他在《传播生态规律与媒介生存策略》（2001）中综合运用生态学和传播学理论知识，对大众传播中各个系统之间的生态关系进行探索，并梳理出媒介生存策略；在《论媒介生态的五大观念》（2001）中提出媒介生态整体观、媒介生态互动观、媒介生态平衡观、媒介生态循环观和媒介生态资源观这五大观念是媒介可持续发展的重要前提，如果没有树立这些正确的媒介生态观念，"就会破坏媒介的生态资源，进而危害人类的精神家园和社会的文明进步，最终使媒介失去自身的奋斗目标和用来与社会进行交换的资源"。可以说，邵培仁教授的早期探索为我国媒介生态学研究奠定了理论基础。2004 年，支庭荣的《大众传播生态学》成为国内第一本传播生态学著作，他将传播生态分为传播原生态、传播内生态、传播外生态三个层次进行剖析。2008 年，邵培仁进一步丰富了我国媒介生态学方面的理论，他提出了媒介生态学研究需要遵循整体优化、互动共进、差异多样、平衡协调、良性循环、适度调控的六大基本原则❶。

（2）研究框架的梳理

这一类研究成果主要是通过对北美媒介环境学者著作的译介和研究的梳理，将北美媒介生态学的研究范式引入中国，为我国学者提供有益的参考。研究者林文刚是美国媒介环境学会的创始人之一，他撰写的《媒介环境学：思想沿革与多维视野》（2007）一书系统地介绍了北美媒介生态学的基本理论和主题，用纪传体的方式描绘并评价了十多位媒介生态学的先驱和代表人物，为我国学者对媒介环境学的研究提供了有益的借鉴。

崔保国（2003）在《媒介是条鱼——关于媒介生态学的若干思考》一文中，

---

❶ 邵培仁. 媒介生态学研究的基本原则 [J]. 新闻写作与研究，2008（1）.

通过对国内外著名学者研究的详细梳理，探讨了国内外媒介生态学的起源与发展，是对媒介生态学的专题研究；单波、王冰（2006）的《西方媒介生态理论的发展及其理论价值与问题》系统地为我们展示了西方媒介生态学的理论起源与发展，并指出其理论研究的不足"思想根源的矛盾和逻辑推导的漏洞，带来了理论的迷途；科技话语的过多呈现掩盖了社会政治经济因素的分析，缺乏对本土特殊因素的考虑，使理论出现失衡，并导致了其诠释现实时的乌托邦色彩"。杨婷婷（2005）的《论中西媒介生态学研究的差异》对中西方在媒介生态学上的研究兴起、研究视角、研究内容、研究方法的不同进行了详细的比较分析。

（3）以理论为研究背景的实证研究

随着信息化社会的迅猛发展，各种新型媒介不断诞生，互联网技术的快速发展促使媒介生态环境格局发生转变，并在一定程度上造成媒介生态环境的失衡问题，相关学者开始以理论为支撑展开实证研究，将理论和实际相结合，在案例分析中总结发展规律，拓宽研究维度。如张国良（2012）的《社会转型与媒介生态实证研究》采用定性与定量相结合的研究方法，从媒介、传播活动、传播理论等角度出发，在对比分析中探讨社会转型对媒介生态的影响；姜岩（2018）的《论新媒体环境下的媒介生态演变与发展》主要研究新时代背景下新媒体环境发生的一系列变化以及它对媒介环境产生的影响。

闫伟娜（2017）的《基于媒介生态学视野的新媒体内容低俗化问题研究》以媒介生态学为理论基础，分析新媒体内容低俗化的成因与解决路径，提出"新媒体内容低俗化问题的解决需要从受众、媒介自身和社会监管三方面入手，分别构建公民媒介生态免疫系统、新媒体行业社会责任体系和新媒体生态化监测预警与管理机制"。阳海峰、赵平喜（2009）的《媒介生态学：中国新闻史研究的新路径》将焦点落在了中国新闻史的研究上，"以媒介与其生存环境关系为烛照中心，把新闻媒介发展历程看作对其生存环境适应的自然过程"，为我国的新闻史研究提供了新的研究方法和观察视角。

（4）媒介发展与管理研究

这类研究旨在提出媒介生态环境发生剧变的背景下各种媒介可以遵循的创新

规律，促进媒体持续发展，其中以电视、广播、报纸等传统媒体的发展研究居多。如刘旸（2017）的《基于 IP 的媒介生态演化：传统媒体转型的冷思考》引入经济学理论，在迪士尼基于 IP 的生态环境建构的案例分析中，对传统媒体在互联网时代的转型提出相关建议，他认为"技术的冲击带来新的媒介生态环境，传统媒体必须突破自我，树立与新媒介生态环境互利共存的理念，才能在时代洪流中站稳脚跟"。

电视在媒介生态环境中占有重要地位，它的发展路径关系到整个媒介生态环境的健康稳定，其主体地位引发学者们对它在新时代背景下的发展路径的探索。如张卓、赵红勋（2016）《打破引进僵局　创造中国模式——媒介生态环境下电视媒体的发展进路》，孙宜君、王建磊（2018）《论融媒时代电视传播生态的嬗变与建构》；张杰、颉宇星（2017）《融合背景下传统电视媒体转型发展之道——基于媒介生态位视角的分析》等。

总之，目前学界对于微信与媒介生态环境之间的互动关联的研究很少，杨燕玲（2014）的《媒介生态环境视角下的微信公众平台传播》主要探究依靠微信公众平台发展起来的自媒体如何在生态环境中良性发展；苏运生（2018）在《论建构基于微信的德育媒介生态》中致力于高校德育的发展与实践创新，大多只考察微信的某一方面，而媒介生态环境是一个动态的系统，本研究从媒介生态跨学科角度，对微信进行宏观和微观的系统研究，从整体上对微信进行观照，力图在新媒体语境下对媒介生态环境建构方面提供一些参考。

三、研究方法

本课题综合运用文献分析和个案研究、微观论证和宏观叙述、定性与定量分析的结合来完成课题研究，并运用跨学科知识和视野、系统论和整体论理念来系统构建整个媒介生态，详细阐释微信媒介与政治、社会、文化、技术、法律生态环境之间的关系及其建构路径，以期为实现我国整个媒介生态的有序、平衡、和谐发展寻找优化路径和启示。

四、研究重点、难点及创新点

（一）重点

（1）梳理微信传播及其发展的基本特性、表征形式、运行机制，阐释微信与当代中国媒介格局的同构和创生关系以及对当今大众社会、文化、生活的深远影响。

（2）探讨微信传播与媒介生态环境塑造之间的交互影响及关系，提炼一套具有中国特色的媒介生态研究范式，它包括微信与媒介生态学的历史与现状，微信与媒介生态、微信生态，微信与网络媒体生态的特点与规律。

（3）面对媒介生态"异化"失衡带来的隐忧，从人的主体性角度、媒介"场域"角度，以及从政治生态、社会生态、经济生态、文化生态几个方面来解析微信与媒介生态环境的重塑关系及整个媒介生态发生的变化。

（4）本研究将微信置于宏观、动态、发展的过程中，系统考察微信的传播功能、特点、结构、规律等，阐述微信与生态内外媒介之间的竞争融合关系，剖析微信当前的生态危机和生存困境，力图寻找以微信为表征的社交媒体与媒介生态建构之间的互动关系及模式，为实现微信与整个媒体生态环境的良性循环与互动发展提供路径。

（二）难点

本研究对微信媒介的研究是整体性的，将微信与政治、社会、文化与法律生态等紧密相连。同时，本研究也是历史性的，密切地关注了不同行为主体、微信、传统媒体以及整个媒介生态环境的长期变迁。然而，作为新媒体的核心代表，微信还生成了新的文化生产模式与大量独特的文化产品。因此，在解析微信生态的过程中，对文化产品生产者以及文化本身的研究也颇为重要。但是由于多种原因限制与基于全局的考量，本研究对此的关注与探讨较为有限。

（三）创新点

（1）视角创新。本研究摒弃了单一的研究视角，从一种复杂衔接式的角度归因了当前我国社交媒体的典型代表——微信。通过从多个"入口"考察微信在整个媒介生态环境中的独特角色，揭示了其与媒介政治生态、社会生态、文化生态、经济生态与法律生态五个面向的关系纠葛样态，深入系统地考察了微信对网络媒体、传统媒体、后现代文化以及对整个媒介生态环境及其文化的深层影响与相互建构。这一通过联系背景与综观全景来把握与认识对象的形式，为我国媒介生态环境的建设提供了颇具价值的参考。

（2）方法创新。立足于新媒体，本研究结合例如文献研究法、内容分析法、案例研究法等多种方法。既从量化数据的客观视角解读了微信的生命历程，又采用了对比的视角，将微信与微博、微信与传统媒体的异同纳入了分析范畴，同时还结合了新闻传播学、社会学、经济学、心理学等多学科的理论对微信生态做出了透过现象看本质的解读。

（3）理论创新。本研究形成了我国微信传播的文化特点、交往规范及其内在机制，打造了理性互动的公共领域、绿色的舆论环境和媒介生态环境，丰富和完善了我国媒介生态理论体系，设想了新媒体与政治、经济、文化、法律等环境的交互关系及良性循环状态，为相关政策提供了理论支持和实证支持。

第一章
微信与媒介生态环境
概述

第一章
微信与媒介生态环境概述

第一节　研究对象概念界定

一、微信、媒介生态、媒介生态环境概念

（一）什么是微信

作为互联网时代的必然产物和社交媒体工具，微信从 2011 年推出到如今，从满足社交需求到集商业、娱乐等服务于一体的平台，已经成为广大受众生活的必需品，也成为学界研究的热点。目前学界并没有对微信的统一定义，但我们还是可以从一些描述中对微信的界定窥探一二。方兴东等（2013）认为：微信类移动通信软件以智能手机终端为主要平台甚至唯一平台，提供语音短信、视频、图片等多样化的聊天方式，创新多元社交方式[1]。党昊祺（2012）则从另一个角度出发，指出微信是介于手机 QQ 与微博之间的第三种社交关系，形成一个三维沟通矩阵：X 坐标是语音、文字、图片、视频；Y 坐标是手机通讯录、智能手机客户端、QQ 微博、邮箱；Z 坐标是 LBS 定位、漂流瓶，摇一摇，二维码识别[2]，它将微信的社交链立体化。

总体来看，即使角度各异，但研究者对微信的定义都建立在即时通信、多元

---

[1] 方兴东，石现升，张笑容，等. 微信传播机制与治理问题研究 [J]. 现代传播，2013（6）.
[2] 党昊祺. 从传播学角度解构微信的信息传播模式 [J]. 东南传播，2012（7）.

社交、以智能手机客户端为平台等显著特点基础上。但微信的特点远不止此，微信的出现使媒介整合度达到了新高度，微信订阅号把公众传媒集合起来，为受众节约了时间也提升了信息传播效率；微信中的"通讯录"与"摇一摇"功能使得强弱关系在微信中并存，极大地提高了用户的使用黏度。因此笔者看来，微信是以智能终端为平台，具有高度媒介整合度，能够实现文字、语音、图片、视频四维信息传输的即时交互通信平台和信息传播媒介。

（二）什么是媒介生态、媒介生态环境

"生态"原本是自然科学研究的概念，将生态学引入媒介研究就是把媒介及其生存的环境看作一个具有"生命"的生态系统。媒介及其生存环境本并非一成不变，技术、受众和媒介自身的特点都会较大地影响媒介生态的建构。西方的媒介生态研究认为，传播技术和媒介的变迁对社会文化以及人的思维、意识、语言、行为等造成影响。❶ 我国学者对媒介生态的研究着重关注媒介与所处环境的联动，从生物系统的角度对其进行阐释。邵培仁（2008）对媒介生态的定义是："在一定社会环境中媒介各构成要素之间、媒介之间、媒介与外部环境之间关联互动而达到一种相对平衡的和谐的结构状态。"❷

西方学者关于媒介生态研究的关注点在于媒介技术对社会环境产生的影响。正如媒介生态学学者沃尔特·翁（Walter Ong）（2003）所指出的那样："我们对宇宙的整体联系和演化史有了深刻而精细的知识，我们的确生活在名副其实的生态的时代。我们时代的特征是事物的相互联系，至少就人类的感知能力而言是这样的。"❸ 北美学者将媒介生态学定义为："从生态想象介入传播研究，在复杂的社会生态体系内，透视人、媒介和社会各种力量的共栖关系，以期望达到生态平衡，具有批判的意义和反思的力量。"❹ 波兹曼（1970）在《革新的英语课程》中将媒介生态学定义为："媒介作为环境的研究。"

相较而言，西方的媒介生态研究倾向于"技术决定论"，我国的媒介生态学研

---

❶ 黄仁忠. 论我国媒介生态变迁的三个阶段 [J]. 今传媒，2013（1）.
❷ 邵培仁. 媒介生态学研究的基本原则 [J]. 新闻与写作，2008（1）.
❸ 林文刚. 媒介生态学在北美之学术起源简史 [J]. 中国传媒报告，2003（2）.
❹ 单波，王冰. 西方媒介生态理论的发展及其理论价值与问题 [J]. 新闻与传播研究，2006（3）.

究更关注媒介生态系统的互动交织。笔者认为，媒介生态学既要探讨传播生态系统运作机制的宏观层面，也要关注媒介、人与媒介环境之间相互关系的微观层面；立足于媒介所运行的外部环境时，也要考察媒介自身内部生态环境的建构。从整体出发，以系统论的思维方式探索多层次的结构分析，以寻求媒介在一定时间和空间上的最佳生态位，进而实现整个媒介生态系统的和谐、平衡发展。

媒介生态环境是以媒介生态学为理论基础，是指大众传媒生存和发展的环境总和，主要包括媒介的内部生态环境和外部生态环境，如图 1-1 所示。

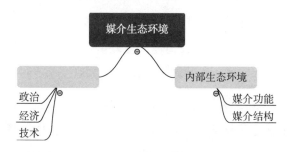

图 1-1　媒介生态环境

可见，媒介生态环境主要包含媒介外部的政治环境、经济环境、技术环境和内部的媒介功能、媒介结构环境。外部生态环境是媒介赖以生存的首要条件，反过来，媒介自身的发展会衍生新的内部生态环境，外部环境与内部环境共同推动了社会大环境下媒介生态的建构。

二、微信的本体研究

众所周知，"2011 年 1 月 21 日腾讯公司推出了微信（WeChat），它是一个为智能终端提供即时通信服务的免费应用程序"❶，通过微信，人们可以免费、快捷地传播文字、图片，进行语音、视频直播，发送红包等，也能够充分享受"朋友圈""公众平台""小程序""摇一摇""附近的人""漂流瓶"等各种服务插件。"截至 2018 年第一季度，微信和 WeChat 的合并月活跃账户数达到 10.40 亿，

---

❶ 百度百科，https://baike.baidu.com/item/%E5%BE%AE%E4%BF%A1/3905974?fr=aladdin.

同比增长 10.9%"❶，也让微信一跃成为除 Facebook 以外拥有最大用户群体的移动即时通信软件。如今，微信已经成为人们不可或缺的一种生活方式，它已慢慢渗透出行服务、生活缴费、电子商务、微信购物、微信医疗、微信酒店等传统行业，一个全新的"智慧型"生活方式逐渐成形。由于微信独特的动态演变特征，学术界也在具体实践中不断修正其定义。基于这种思考，下文将主要从微信传播的技术支撑与社交依存的环境——互联网开始展开对其本体形态的研究。

"1987 年，北京市计算机应用技术研究所向德国发出了意为'越过长城，走向世界'的电子邮件，这是出自中国的第二封互联网电子邮件。"❷ 时隔七年之后，"NCFC 工程通过美国 Sprint 公司连入互联网的 64K 国际专线开通，实现了与互联网的全功能连接。从此中国被国际上正式承认为第 77 个真正拥有全功能互联网的国家"❸。二十多年来，互联网一路高歌，发展势头尤为迅猛，很快成为日常生活不可或缺的平台资源，课堂教学的课件展示、日常办公的软件应用以及统计规划的数据平台等都是互联网技术的直接体现或间接转化。互联网作为一种基础设施、一个支撑社会发展的全新技术形态，它促使当代社会的运行机构、传播方式、文化样态以及思维观念发生着更迭与改变，并逐步演变为一种新的表述逻辑与思维逻辑——互联网逻辑。互联网逻辑就是以互联网平台为构架，以互联网特征为依托的行为规则与阐释规律。学者喻国明认为，理解和把握互联网逻辑的两个关键是"连接"和"开放"。❹微信作为互联网时代的技术产物，是互联网逻辑在社会交往中的直接体现，具备互联网逻辑的"连接"与"开放"这两个重要属性。

首先，微信是一种基于关系网络的社交软件，它把整个世界"连接"在一起。微信把 QQ 好友、手机通讯录和"附近的人"三种平台资源整合在一起，连接现实社交与虚拟社交，打造了一个立体化、全方位的人脉社交圈子。在这个社

❶ 快科技. 腾讯 2018 年第一季度未经审核的综合业绩报告 ［EB/OL］. http://news.mydrivers.com/1/577/577172.htm.

❷ 彭兰. 连接与跨越 ［J］. 新闻与写作，2014 (3).

❸ 方兴东，潘可武，李志敏，等. 中国互联网 20 年：三次浪潮和三大创新 ［J］. 新闻记者，2014 (4).

❹ 喻国明. 互联网逻辑与传媒产业发展关键 ［J］. 南方电视学刊，2014 (3).

交圈子中，作为社群意义上的个体被相互添加和连接在一起，"自我"的属性意义在"他者"的指涉范围中通过直接或间接地"连接"，被确认在具有社区意义的朋友圈之中。朋友的关系属性以叠加的形式进行扩容，通过一个朋友可以找到 N 个人，朋友圈的"连接"意义得以体现。此外，基于朋友之间的关系，微信公众号的阅读也嵌入"连接"的意义。例如，当一个微信用户在接收到某一微信公众号推送的深度好文、经典语录等内容时，会在朋友圈内转发，没有添加该公众号的好友看到之后，如果产生兴趣，就会关注公众号。此公众号就成了附着朋友连接关系的扩展物或衍生品。

其次，微信是一个开放的网络系统。在移动互联网时代，社会结构的各个零部件、各个元素之间呈现出了一种"网络化生存"状态，任何人、任何事都是网络空间的一个坐标，各坐标不是孤立存在的，而是依托某种关系相互粘连的。网络化生存相互关联的首要前提是开放，开放就是打破原有的组织结构，在全媒体信息中寻求相互关联。在微信建构的交往空间中，人们的交际理念与沟通观念发生了改变，他们不再局限于现实的面对面交流、不再囿于电话的声音沟通，而以一种更为开放的姿态全方位融入现实交际和虚拟交往，扩展现实交际的范围，打造新的社交圈子。在此基础之上，充分整合情感资源和关系资源，进一步增进朋友情感、制造商业机遇、创造财富价值。例如，微信用户在传播商业信息的过程中，通过朋友圈资源，进行"口碑营销"，扩大信息传播群体，提高广告覆盖面，从而实现精准营销。

除了上述的"连接""开放"之外，互联网逻辑还有一个关键因素，那就是"用户中心"。在传统的传播生态链条上，受众作用不被重视，曾一度被认为是媒体信息的"靶子"。步入互联网时代，受众的价值不断凸显，他们是传播过程的积极参与者和建构者，"受众"的概念开始向"用户"转变。对于微信而言，"用户至上"的传播理念贯穿信息传播的整个过程。以用户思维来想问题，根据用户群生产出具有针对性的不同形态的产品。比如，微信在延伸文字交流、语言对话、视频聊天的基础上，增加了微信红包、微信购物、微信游戏等功能，这些功能充分考虑了用户的需求，既带来娱乐体验，又方便日常消费，节省了时间。

此外，微信用户的分享和体验是"自我意识"觉醒的一种体现与展示。朋友圈是分享旅游体验、逛街购物、心灵感悟、成长顿悟等信息的有效渠道，不受时间、空间限制，这种分享很大程度上能让用户释放情感，获得心灵慰藉。而摇一摇、红包、游戏等功能是用户使用微信的良好体验，这种体验既方便又轻松，实现了线上与线下的交互融合，满足了用户的现实需求与虚拟欲望。

除此之外，"平台思维"也是互联网逻辑的重要组成部分。经过9年的发展，微信已经从最初的即时通信软件升级为一个平台化的"生态王国"。多年来，微信通过近百个版本的更新，打通了社交、自媒体、金融、生活服务、游戏等多个通道，发展成为一个平台型的网络空间，将用户牢牢地吸引到平台上。平台化的产业组织形式带来的是平台经济的利益生成模式。微信本身并不是产品，而是一个自愿的聚集地与关系的转换器。通过将良好的社交体验、优质的内容与完善的服务汇集在平台上，微信创造了一种独特的生产运营机制。以微信"小游戏"为例，微信本身并不制作游戏，而是邀请广大的游戏开发者设计游戏在微信上线，通过平台提成的方式实现游戏设计者与平台的共赢。

综上所述，在互联网逻辑的指引下，我们可以看到，虽然微信的本质是基于智能终端应用的即时通信软件，到今天它不再仅仅是社交工具，而是已发展成为具有搜索功能、电子商务、个体创业、公司服务用户的综合性平台。但是在互联网"连接""开放""用户中心""平台思维"等基因浸泡中成长的微信带有互联网的灵活性与动态性，对它的研究应该以一个"变迁"与"延续"的模型作为基础，"变迁"与"延续"的交织作用共同塑造了一个动态的微信生态。一方面，我们应该认识到，微信是不断变迁的，但其本质的互联网基因是不会改变的；另一方面，微信的诞生确实给十几亿人的日常生活带来了巨大改变。不过，微信是否真正地改变了媒介生态和促进了整个媒介生态环境的形成，我们首先需要来理解媒介生态环境。

三、媒介生态环境的本体研究

在媒介生态学中，环境通常是指人生活在其中的并给人直接或间接影响的一切景况或条件❶。而媒介生态环境是指大众传播机构生存和发展的环境，包括政策环境、资源环境和竞争环境等❷。要理解我国当前的媒介生态环境，就需要提到另外一个概念：媒介生态系统，它亦是媒介生态学研究中的关键概念。在学者邵培仁眼中，"媒介生态系统是指在一定的时间和空间内，人←→媒介←→社会←→自然四者之间通过物质交换、能量流动和信息交流的相互作用、相互依存而构成的一个动态平衡的预警系统"❸。由此可见，媒介并不是单独存在的，而是作为社会系统的一部分存在于社会结构中。

"系统论"创立人贝塔朗菲强调，"任何系统都是一个有机的整体，不是各个部分的机械组合和简单相加。系统中各要素不是孤立地存在着，每个要素在系统中都处于一定的位置，起着特定的作用，要素之间相互关联构成一个不可分割的整体"❹。媒介只是社会系统的一个要素，并与其他要素相互作用。由于政治、文化的不同，我国的媒介生态与西方国家有不小的差异。目前，我国社会正处于转型与发展的重要节点，媒介作为社会系统的一部分，与社会其他系统存在密切的联系，无论政治、经济、文化还是技术，都对媒介生态环境产生着巨大影响。

（一）媒介内部生态环境

1. 媒介结构

随着传媒数字化的兴起以及传媒经济的转型，传统媒体的生存空间正在逐渐萎缩，纸媒机构大幅度缩减、电视新闻收视率直线下滑。与此同时，人工智能时代结构化的传播环境催生了大数据新闻、机器人新闻、场景化新闻与 VR 新闻等新型大众传媒传播路径。在此语境下，传统媒体不得不进行结构转型，普遍走向与新兴媒体的交叠融合道路。《人民日报》等各大主流传统媒体都开设了微信公众号和官方微博，试图从多个方面攫取受众注意力。

---

❶ 陈华明，王康力. 微博事件传播中的媒介生态学解读 [J]. 西南民族大学学报（人文社会科学版），2013（7）.

❷ 百度百科：https://baike. baidu. com/item/% E5% AA% 92% E4% BB% 8B% E7% 94% 9F% E6% 80% 81% E7% 8E% AF% E5% A2% 83/369073? fr=aladdin.

❸ 邵培仁. 媒介生态学研究的新视野 [J]. 徐州师范大学学报，2008（1）.

❹ 百度百科，https://baike. baidu. com/item/% E7% B3% BB% E7% BB% 9F% E8% AE% BA/1133820? fr=aladdin.

2014 年，国家出台的《关于推动传统媒体和新兴媒体融合发展的指导意见》，给传统广播电视、报纸媒体试水媒介融合提供了政策支撑，将媒介融合上升到国家层面。在中央关于推进媒介融合的重要战略背景下，"中央厨房"的出现成为媒介融合发展的新出口。无论是 2008 年《烟台日报》组建的"全媒体新闻中心"，还是 2015 年全国"两会"期间，《人民日报》提出的"中央厨房烹制新闻美味"口号。这种由集团记者采集同一个内容，然后把素材纳入数据库中并对其进行加工与编辑，使其成为半新闻产品供各个媒体各取所需的模式极大地节约了成本与时效，实现了一次采集、多个渠道、多次发布的数字化传播过程。在某种程度上，媒介融合使传统媒体与新媒体重新组合，探索出一种全新的媒介结构形态，在带来优质新闻的同时，降低了成本，提升了效率，更好地适应了数字技术发展对媒介带来的影响。

2. 媒介功能

"媒介塑造和控制人类交往和行动的规模和形式"，❶ 随着 Web 2.0 时代的到来，各种社会化媒体不断涌现，例如博客、论坛、百科等，尤其是当前大行其道的微信与微博。这些新的媒介形式，不仅促进了信息的快速传播与获取的便捷，更重要的是为用户营造了一个扩大交流的"虚拟空间"，每个人都可以借网络自由地表达意见、宣泄情绪，感情与距离、熟悉与陌生在互联网的"虚拟空间"中被重新结构与演绎。

20 世纪 80 年代，随着媒体广告经营权的开放，我国的媒体功能原本具有的单一宣传属性被烙上了商业、产业的属性，与此同时，我国的媒体体制也逐步变成了"事业单位，企业化管理"。在过去很长一段时间内，媒介的功能主要是发布新闻、传达信息或者记录社会，媒介主要扮演着"传播者"的角色。随着技术的发展，媒介的功能从历史的记录者、文化遗产的传承者逐渐转变为对社会变化的反映、引导与监管者。在新媒体时代，网络为受众提供了更多表达的机会，媒介的传播权利被消解，传统的以"传者"为中心的媒介活动开始向以"受者"

---

❶ 埃里克·麦克卢汉，弗兰克·秦格龙. 麦克卢汉精粹 [M]. 何道宽，译. 南京：南京大学出版社，2000：406.

为中心转变。新媒介环境下"人人都有麦克风",使传统媒体不再是信息唯一的掌握者与发布者,新媒体为大众提供了一个个互动、对话的机会:陌生人之间的互动、政府与人民的互动等。传统媒体的议程设置能力被削弱,民间舆论场不断扩大,社会的传播结构开始趋于"扁平化"状态。在自媒体众声喧哗的媒介环境下,媒介不再仅仅是政府的传声筒、文化的传承者,更多地成为人们的话语表达者与社会环境的建构者。

(二)媒介外部生态环境

1. 政治生态环境

毋庸置疑,一个国家的发展路线、方针与政策会影响到社会的方方面面,当然也包括媒介的发展,国家的政治制度在一定程度上决定这个国家的媒介性质与行为。我国的新闻媒体从一开始就是作为党和政府的"耳目喉舌"存在的,媒体通过政治权力及其制约来深刻地影响公众。因而,我国的新闻媒体要在党的领导下开展新闻活动,一切活动都必须服从党的领导与组织。与此同时,传媒亦将政府工作公正、透明地置于公众的视野之中并加以监督,助力我国政治体制的日益完善。由此可见,一个国家的政治体制与新闻传媒之间有着不可分割、相互依存的重要关系。

在我国,党管媒体是舆论引导与舆论监督的基本原则,是马克思主义新闻观的核心内容。它强调"党组织要加强和改善对新闻事业的领导,要重视、关心和支持新闻工作,要增强引导舆论的本领,掌握舆论工作的主动权,提高运用新闻媒体宣传群众、引导舆论和指导工作的能力"。❶ 随着我国特色社会主义事业的不断发展以及媒介属性的不断演变。1995 年,复旦大学新闻学教授李良荣正式提出了我国传媒具有"上层建筑和信息产业"双重属性的概念。对于逐渐走向市场的传媒业来说,我国的媒介已经不再仅仅是作为单纯的意识形态工具受国家控制,而是要参与到以"优胜劣汰"为规则的市场竞争中去,由此进入一个全新的媒介生态环境。在这个媒介生态环境中,新闻媒体既具有事业性质又具有商

---

❶ 郑保卫. 中国共产党新闻思想史 [M]. 福州:福建人民出版社,2004.

品属性，新闻媒体不再仅仅作为意识形态的工具，而是要以大众为市场主体，参与市场竞争，具有产业属性。

此后，随着互联网和手机"一日千里"地发展，新媒体成为网络舆论生成与扩散的主要阵地，"2004 年，中央印发了《关于进一步加强互联网管理工作的意见》，并确立国务院新闻办管内容的体制。2010 年，国家互联网信息管理办公室的成立标志着网络被正式纳入媒体管理的范畴"。❶ 可以看到，我国新闻媒体机构与组织生存与发展的政治生态环境是处于不断变化之中的，党与国家始终在坚持核心原则的同时与时俱进地调整对新闻机构的管理形式，不断创新和优化与公众互动和对话的方式。

2. 经济生态环境

经济基础决定上层建筑，一个国家的经济体制与发展状况直接决定了该国媒体的生存状态与发展规模，任何媒体的生存与发展都离不开它所在的经济体制和社会发展水平。新闻媒体要想更好地生存与发展，必须有经济来源，以支撑自身媒介活动的开展。在资本主义国家，媒体大多与体量大的经济资本集团相互利用，首先媒体会依靠集团雄厚的资金来发展壮大自身，而同时，这些大财团又会充分利用媒体资源来发布自己想要发布的信息，在一定程度上形成对媒体间接或直接的控制，媒体与集团之间形成利益关系。

从党的十一届三中全会确立改革开放的基本国策以来，我国的经济体制从计划经济转向市场经济。在计划经济体制下，媒体的经济来源主要是政府拨款，随着我国市场经济改革不断地向纵深处发展，促使我国传媒行业也在逐步进行调整，开始实行"事业单位，企业管理"的经营方针，新闻开始具有"产业"属性。不少媒体逐渐走上了独立发展、自负盈亏的道路，跟随着经济体制的转型投身到市场经济发展的浪潮中。

市场经济就意味着市场竞争，竞争是指在资源不足时，个体或群体间发生的资源争夺现象。对于媒体来说，争夺的资源就是受众的"眼球"和注意力。一方面，我国

————————————————
❶ 广电总局.《关于进一步加强互联网管理工作的意见》实施细则［EB/OL］. https://wenku. baidu. com/view/3bacdd81ec3a87c24028c4a3. html.

三大传统媒体报刊、广播、电视之间存在着对公众的注意力和广告商的青睐的争夺；另一方面，以微信为代表的新媒体也在不断瓜分着传统媒体的市场，有限的用户资源被不断地分流。新媒体承载着海量信息与超时空特征，传统媒体有着自身的公信力和权威性，无论哪种媒体，都必须争取到足够的受众，占领足够的市场份额才有可能在"白热化"的市场竞争中生存下去。为了争取受众，媒体必须满足受众的需要。目前，我国的传媒已经逐渐从"以传播者为中心"向"以受传者为中心"转变，鼓励受众主动寻找新闻、发布新闻，从角色上的转变来改变与受众的沟通和交流。媒体只有通过自身的不断改革，才能满足当下受众的多元化需求，增强自身的核心竞争力，从而提升赢利能力与生存能力。

相比传统媒体，新媒体在新闻的时效性与舆论引导方面有着传统媒体不可比拟的优势，像网易、腾讯、新浪等门户网站早已抢占市场先机，微信更是成为人们日常交往与信息来源的主要手段。而我国广大网民又为新媒体提供了充足的受众资源。个性化广告、精准营销、裂变式传播、智能算法推送等传播方式，让新媒体的盈利能力与市场前景远比传统媒体单一的盈利模式更具有竞争力。

3. 技术生态环境

技术的变革是大众媒体发展的根本动力，技术生态环境对于媒介来说是基石，是媒介发展的根本保证。从传播技术的发展史来看，人类传播史上经历了五次传播革命——最早是口头传播；然后印刷术与造纸术的发明使人类进入纸媒时代；无线电技术的诞生促使了广播的出现，使传播不再受限于时空；20世纪最伟大的发明——电视，将声画结合起来，使新闻传播上升到新的高度；而互联网的出现，则为大众媒介带来了里程碑式的根本性变革。

互联网虽然进入中国不过数十年，但其发展一日千里。根据统计，在1997年我国网民人数是62万；到了2008年，我国的网络用户达到了2.98亿，而到2017年12月，这一数值已经上升为7.72亿。❶ 与报纸、广播、电视传统媒体相比，依托网络发展起来的新媒体成了用户和时代的新宠儿。无论从传播方式、传

---

❶　中国网信网：http://www.cac.gov.cn/2018zt/cnnic41/index.htm.

播渠道还是传播效果上来看，网络新媒体都显现出传统媒体所没有的旺盛的生命力。网络媒体不仅颠覆了传统媒体的新闻生产与报道方式，也全面改变了受众的信息阅听方式，使整个社会进入了"人人都是记者"时代，每个人都可以利用网络将自己周围发生的事通过微信、微博、论坛等通信工具进行发布，互联网给予了每个人更多的自由与空间，大众传媒正在朝着更加方便、便捷的方向发展。此外，大数据、人工智能的到来更是给媒体带来翻天覆地的变化，算法新闻开始逐渐兴盛，越来越多的媒体采用机器人写新闻，新闻开始进入感官体验与全新互动的阶段等。传统媒体遭受着数字技术带来的巨大冲击，纷纷开始转型，寻求媒介融合，以顺应不断变化的时代要求。技术是一把双刃剑，互联网带来媒介生态环境的深刻改变，大数据与人工智能也并非完全就是媒体行业的春天，但它们对于大众传媒的未来发展来说，既是挑战又是机遇。新闻生产的人工智能化应用，能够带给人们一种全新的体验方式，大数据方法为新闻人提供了一个新的挖掘新闻的工具，媒体利用大数据能让新闻大数据呈现数据可视化，让人们对社会动态、趋势及其结构有更好的把握，这些都将有效地促进媒体发展。

综上，通过对媒介生态环境内部与外部作用力的探讨，我们可以看出，媒介生态环境是一个多方力量共同作用的"弹性"生态空间，是一个始终处于动态形态的复杂社会现象，是技术流、资本流、文化流、生态流等的综合运动与传递。因此，我们应该以生态的视角来考察微信的独特角色，把微信研究放入一个大的媒介生态环境中去，再以一种"均衡的"、基于较长历史时期的视角对其进行全面考察，而不是片面夸大或简单贬低微信对媒介生态环境的"左右"力。

第二节　微信成长之路

一、追本溯源：微信与腾讯王国

（一）腾讯王国

腾讯的全称为"腾讯计算机系统有限公司"，于 1998 年 11 月成立于广东省深圳市。经过多年的发展与扩张,腾讯已经成为我国目前最大的互联网公司,并于 2004 年在香港联交所上市。腾讯经营的业务范围非常广,在社交、娱乐、游戏、影业、动漫、新闻、视频等领域皆有代表性的产品。近几年,腾讯在资本市场不断投资布局,以超过千亿元人民币的投资收购或入股了滴滴、美团、58 同城、快手、斗鱼、B 站、猫眼微影等细分领域的龙头企业,打造了一个庞大的、全方位的腾讯王国。据《腾讯财报》显示,"2018 年第一季度,腾讯实现营业收入 735.28 亿元,同比增长 48%;净利润 232.9 亿元,同比增长 65%"。❶ 在《全球 IT 企业百强榜》中,腾讯位居中国内地 5 家上榜企业之首,全球排名第九位。

(二)背靠腾讯好乘凉

作为腾讯公司在社交领域的代表性产品,微信不仅直接为腾讯带了巨大的流量与收益,还间接地带动了腾讯游戏、"微视"短视频等多类产品的发展。但显而易见,微信的成功离不开腾讯这棵"大树"的扶持,特别是在它发展的早期阶段。

1. "移接"腾讯产品用户种子群

微信创立之初,小米公司的"米聊"是其在即时通信市场上最主要的竞争对手。但在很短的时间里,微信就打败了米聊,这主要是因为微信的三条关系链为其引入了大量优质的早期注册用户。当时,米聊的关系链只有通讯录,但是微信借助了腾讯公司 QQ 社交平台的资源,除通讯录之外,还拥有 QQ 好友与 QQ 邮箱两条关系链,使微信在成立初期阶段就拥有了稳定的用户种子群,为之后的用户扩张奠定了坚实的基础。

2. 充分"借用"腾讯母体平台的运营资源

除了用户种子群的移接外,QQ 后台数据对微信的帮助也很大,包括登录入口、营销资源等。微信的创始人是 QQ 邮箱的开发者,在微信 1.0 刚上线时,微信便利用了 QQ 邮箱的关系链进行宣传。首先在 QQ 邮箱首页设置了微

---

❶ 《腾讯 2018 年第一季度未经审核的综合业绩报告》,http://news.mydrivers.com/1/577/577172.htm.

信的广告，其次通过发邮件的方式邀请邮箱用户下载微信。随后微信还与 QQ 打通，共享 QQ 离线消息与邮件接收等，将微信与已十分成熟的 QQ 平台充分连接起来，不仅为微信带来了新的用户，还极大地增强了早期微信用户的黏性、忠诚度等。

3. 微信与 QQ 的差异化之路

尽管微信与腾讯的另一大社交产品 QQ 息息相关、紧密相连，但微信的成功之处恰恰在于其走出了一条与 QQ 不同的发展之路，这也是如今微信赶超 QQ 的主要原因。据 2018 年最新数据显示，微信及 WeChat 合并月活跃账户达 10.4 亿，同比增长 10.9%。而 QQ 月活跃账户数为 8.05 亿，同比下降 11.0%，❶ 如图 1-2 所示。

首先，微信与 QQ 拥有不同的关系链。QQ 是典型的泛关系链，即熟人关系链与陌生人关系链的结合，是一种比较随意的社交软件。虽然在产品发展的早期，微信借助了 QQ 的关系链，但在此后，微信一直以"强关系"，即亲友、朋友与同事，作为其主导关系链。由于关系链的差异，微信与 QQ 拥有的是不同的用户群，尽管亦有相交叉的用户群。微信以用户群分类思维为指导，设立了其独特的"隐私"策略，即点赞与评论只对用户共同的好友可见。它坚持"双向好友"关系，不进行二度关系的扩散，这一设计很好地保持了微信社交的隐私性，赢得了广大用户的青睐。其次是拥有不同的场景应用。微信在成立之初就是手机移动端的产品，直到 2014 年微信才上线了它的电脑客户端应用。而 QQ 则是一款主打 PC 端的产品，虽然之后也有了手机 QQ，但其功能设置多以电脑操作为导向。微信在最开始就正确预判了我国移动互联网发展的趋势，尤其是手机移动端的运用，所以当 4G 与移动终端技术成熟时，微信能及时抓住移动互联网的红利，吸引了大量移动互联网用户，逐渐奠定了其社交媒体的霸主地位。

---

❶ 《腾讯 2018 年第一季度未经审核的综合业绩报告》，http://news.mydrivers.com/1/577/577172.htm.

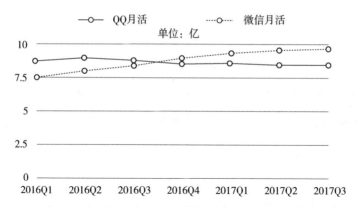

图 1-2 2016 年第一季度至 2017 年第三季度 QQ 与微信月活用户数量对比

(数据来源：腾讯财报)

二、必然与偶然：微信的成功之路

(一) 传记研究方法的引入

据统计，目前学术界对媒介形态的研究主要集中在"媒介融合""大学生""舆论"等问题上。❶ 学者们对受众主体——"人"和与人相关的"事件"上倾注了极大的热情，比如，社会资本、人的"异化""逻辑思维"等。这种"横切面"的研究方法具有洞察性与现实性，但缺乏一定的全局观与整体性。为了构建较为系统、完整的媒介知识谱系，我们需要继续探寻新的观察视角和路径，搭建研究的新框架。

著名人类学家伊戈尔·科普托夫（Igor Kopytoff）在《物的文化传记》中提出了一种根据物品的传记去考察文化的研究范式。传记研究主张："我们对一个事物的接受不是去探讨这个已经被接受的事实，而是他们被文化重新界定并投入使用的方式。"❷ 比如，中国的茶叶到了欧洲之后与西方政治、经济、文化等纠缠史的研究。获取茶叶的方式、使用方式、买卖茶叶的人、茶叶作为伴手礼的转换过程等，这些所有的细节都将揭示出一种与中国人民使用茶叶完全不同的传记

---

❶ 孟威. 2017 年新媒体研究热点、新意与趋势 [J]. 当代传播，2018 (1).

❷ 罗钢，王中忱. 消费文化读本 [M]. 北京：中国社会科学出版社，2003：401.

形式。"文化传记"的研究方法认为，物同人一样，拥有生命的历程，物的本质是被特定的文化结构的实体，它被印刻了某种文化内涵，然后被纳入一个新的文化范畴。科普托夫对涂尔干的"结构决定论"做了修正，他坚持"同构"的观点，认为"社会同时规定着人的世界与物的世界，并且以建构人的方式同样建构着物"。❶ 因此，以人的传记形式去追寻物的生命是有可能且意义深远的，真实与动态的物的传记将成为我们了解事物构建要素及社会塑形力量的重要切口。

对微信的传记研究，关键在于将微信视为一个动态的文化过程，然后聚焦其历时性和共时性的特征，把握历时与共时这两个向度相互作用的力量。既要对微信平台的前世今生做梳理，又要对有价值的横切面进行重点解析。传记研究通过聚焦微信功能的构建要素可以揭示出丰富的内涵外延，这些细节可以帮助我们洞悉微信媒介生态环境的独特之处。其中不仅有科技的迭代，或许还有更为丰富的意蕴，这就是传记研究的妙处所在。

（二）微信媒介形态的传记

从 2011 年至 2018 年 5 月，微信共经历了 1.0—6.6.7 版本的更新，实现了从通信工具、社交工具，再到"长尾"平台的演进。以下将对微信发展的六个主要版本的演绎路径做一个梳理。

1. 微信 1.0—2.0：异步通信开启对话新范式

微信 1.0 到 2.0 时期，主要功能围绕着"异步通信"展开，包括文字与语音信息发送、图片分享等。"异步"是计算机通信中的一个重要术语，与"同步"相对。异步通信有两个主要的特征，即"非独占性"与"不及时性"。对这两个特性的理解可以将电话对话与微信对话做一个比较。电话对话是一个典型的"独占性"与"及时性"过程，首先，我们在对话的过程中通常不能同时与他人对话与处理其他复杂的事务。其次，电话对话是一个实时的双向沟通过程，微信对话模式与电话对话正好相反，当我们收到微信语音后，可以选择在更为合适的时间段回复，这就是"异步语音"特有的"等待"属性。

---

❶ 舒瑜. 物的生命传记：读《物的社会生命：文化视野中的商品》［J］. 社会学研究，2007（6）.

　　我们可以发现，微信异步通信带有传统短信和 QQ 对话的形态，都是一种"可达预期"较低的通信形式，尤其是与电话相比较。就这三者而言，微信的"可达预期"低于短信与 QQ，发短信虽然不期待能够得到及时地回复，但是收到回复的时间预期是不长的。而 QQ 则是有"状态"设置的，与 Facebook 的通信软件 Messenger 类似，用户可以设置"在线""忙碌""隐身"等状态，如果是在线状态，那消息回复的预期性是很高的。微信这种低"可达预期"属性，赋予了其"低效率"沟通属性，这种属性带来的是"非强制性"的信息传播模式。当传达非突发、紧急信息时，微信会成为我们的首选，这种差异化的对话属性推动了微信的进一步演进。

　　2. 微信 2.0—4.0：陌生人社交与熟人社交"强弱联合"

　　微信最初的好友导入主要依靠 QQ，但在微信 2.0 与 3.0 版本中，增加了"查看附近的人""摇一摇""漂流瓶"、生成二维码分享等添加好友与建立连接的功能，使得微信从一个熟人社交"强联系"的通信应用到兼具了陌生人"弱联系"社交功能的应用。据统计，"附近的人"功能上线后，微信的日增用户数一跃达到了 10 万以上。这一时期，微信的关系链得到了巨大拓展，其社交属性渐显。到 2011 年年底，微信用户数已达到 5000 万。

　　2012 年 4 月 19 日，微信 4.0 版本的发布真正意义上塑造了微信的社交形态，因为这一版本增加了"朋友圈"功能。如果"摇一摇""附近的人"等陌生人社交功能的目的是扩展"关系链"，"朋友圈"的设立则是以维系与运营社会关系为目的。朋友圈的活跃基于"分享"模式，从文本、图片到之后的小视频，朋友圈为人们提供了分享、展示、表达与社交的新型方式。值得注意的是，微信朋友圈还紧紧地抓住了移动场景时代的关键：图片。社交媒体作为场景时代的五大原力之一，与移动设备，大数据，传感器及定位系统紧密相连。● 朋友圈分享的图片不仅可以活跃用户的"关系圈"，还可以精确地显示用户实时信息，为微信在之后"场景时代"的商业竞争中持续保持优势地位奠定了坚实的基础。

　　● 罗伯特·斯考伯，谢尔·伊斯雷尔. 即将到来的场景时代［M］. 赵乾坤，周宝曜，译. 北京：北京联合出版公司，2014：11.

3. 微信 4.0—5.0：社群型自媒体"捣毁"权威

2012 年 8 月 23 日，微信"公众号"平台上线，重新定义了"自媒体"的形态。"自媒体作为一个多样化的载体传播平台，孕育了私人化、平民化、普泛化与自主化的自媒体人，以现代化、电子化技术为手段，自媒体人以独特的视角向人们传播着新型的媒体信息。"❶ 我国自媒体的发展一共经历了论坛、博客、微博到微信四个阶段。以微信公众号为例，自媒体的核心主要是"去中心化"，相较于前三者，微信公众号自媒体还带有很强的"社群"形态。社群是指一群志趣、爱好相投，具有类似价值观的人聚集在一起，是一种强关系纽带凝聚起来的群体。基于微信这个强纽带平台，公众号内容的垂直细分更加突出，对公众号的订阅带有很强的主观性，如果对内容不满意，用户可以自由订退。其次，相较于微博自媒体"短小简洁"与"及时性"的信息特性，一天或一月一次的发布频率，使微信公众号的内容更具深度与知识性。从另一个视角来看，微信公众号的书写门槛也是高于微博的。作为社群型自媒体，微信公众号一方面影响了信息的传播范式、内容及效果，另一方面极大地影响了人们信息接收的行为习惯，诸如知识付费群体的兴起。基于这一背景，从传统出版业到政府机构，都开始在微信公众号中寻找与大众沟通的新路径。

4. 微信 5.0—6.6.7：平台"长尾"作用下细分市场层出

微信 5.0 到 6.6.7 版本，开始超越通信及社交工具的范畴，缔造出了一个平台化的生态王国。在这个阶段里，微信增加了一系列支付功能，包括微信支付、微信红包、面对面支付、二维码收钱、付款给商家、群聊收费等。通过打通支付渠道的金融创新功能，点燃了微信发红包、抢红包等活动，并为微信带来了意想不到的支付绑定用户。其次，微信通过设置游戏中心、微信运动、车票购买、水电费缴纳等三十余种功能，成功地打入了人们生活的方方面面。这样，微信超越了单一性的应用工具，实现了真正的平台化飞跃。值得注意的是，微信并不是一个标准的、统一的同质化平台，反之，微信凭借其强大的自媒体系统，打造了一

---

❶ 艾媒咨询. 2017 上半年中国第三方移动支付市场研究报告 [EB/OL]. http://www.iimedia.cn/53957.html.

个多元化与差异化的利基市场。作为一个媒介平台，微信开始兼具媒体和电商的双重属性，大量的企业商户入驻微信，通过小程序、公众号与社交广告的结合实施精准营销，抢占微信社交红利。现在，微信平台开始向垂直化、小圈子、精细化发展，在众多细分化的小领域蓬勃发展，商业潜力巨大。

综上，我们可以发现，微信的自我意识、自我认识是非常超前的。在早期的研究中，QQ与微博通常作为微信的研究参照，但随着微信的更新与进化，QQ与微博的这种参照作用渐失，因为它们与微信的差距越拉越大。微信并不只是关注人际交往、通信或社交，而是更"野心勃勃"。通过定期自我更新，不断拓展自己的疆界，微信把社交媒体的"标准"提到了更高的"平台化"水准。追本溯源，微信本身就是媒介，但是作为媒介，微信远远超越了它所传递出来的信息，不断地强化自身的传播形态，自成系统。我们不否认微信成长过程中"天时地利"的助攻，但是，一个产品能在短短几年时间内迅猛发展做到10亿级用户量，肯定有其发展的逻辑性和必然性。

第三节　媒介生态环境现状

一、媒介生态环境中的"人"

（一）"受众"在媒介生态环境中的现状

"受众"是指媒介生态系统中的信息接收者，一方面，受众是整个信息传播链中的关键环节，另一方面，他们也是整个社会环境的重要构成部分。媒介生态环境中的受众包括报纸的读者、广播的收听者、电视的观看者以及社交媒体的参与者。"媒介生态系统的基本构成要素是媒介系统、社会系统和人群，以及这三者之间的相互关系和相互作用。"[1] 从定义中我们可以看出，受众对整个媒介生态环境的影响力，这也验证了新闻传播学中"受众研究"范式存在的合理性。

---

[1]　崔保国. 理解媒介生态——媒介生态学教学与研究的展开［A］//全球信息化时代的华人传播研究：力量汇聚与学术创新——2003中国传播学论坛暨CAC/CCA中华传播学术研讨会论文集（上册），2014.

从宏观的角度梳理，我国媒介生态经历了三个主要阶段的变迁，即"政治化生态阶段、市场化生态阶段和数字化生态阶段"。**❶** 在目前的数字化媒介生态环境下，受众身份与受众的媒介消费习惯都发生了相应的改变。

1. 从"受众"到"用户"

网络媒体的本质是信息交流的个性化与自由化，传统媒体"单向度"传播形态被网络媒体"双向度"的互动形态所取代，这一变化直接带来了"新媒体赋权""受众赋权"，包括媒介接近权、话语权、信息传播权与舆论监督权等。在 Web 2.0 科技主导的数字化媒介生态中，"受众中心"成为各类媒介实践的指导要义。"受众"的身份开始向"用户"转变，这一变化标志着"媒体的内容生产从指导思想到工作流程和效果评定的全方位变化"。**❷** 受众是被动的信息接收者，而用户则是信息的主动使用者和参与者，在媒介生态中把握着市场生态的决定权与主动地位。在这一背景下，新闻的生产机制发生了重大的革新，"传统媒体传播什么，受众接收什么"的时代一去不复返，以"今日头条"为代表的个性化新闻定制成为新闻市场的主流，"我的日报"也将成为未来数字化媒体的发展方向。同时，为了满足不同用户的信息需求，整个新闻生产呈现出了高度细分的趋势。用户的思维、兴趣、视角、体验成为媒体机构最重要的考量因素。

2. "碎片化"的信息接收习惯

在后现代文化、后现代主义的强力渗透下，"浅阅读""去深度化""零散化""碎片化"文字及其传播等成为其典型文化表征。尤其在移动终端和大数据的影响下，各类碎片化信息奔涌而来，整个媒介生态都呈现出"碎片化"态势。数据显示，2017 年中国传统媒体微信公众号用户每周使用 20 次以上或 10~20 次的占比较高，分别为 28.1% 与 29.4%，其中近 6 成用户的阅读时间少

---

❶ 黄仁忠，王勇. 论我国媒介生态变迁的三个阶段 [J]. 今传媒，2013（1）.

❷ 林晖. 从"新闻人"到"产品经理"，从"受众中心"到"用户驱动"网络时代的媒体转型与"大众新闻"危机——兼谈财经新闻教育改革 [J]. 新闻大学，2015（2）.

于 30 分钟。❶ 当前用户的注意力被各类媒体分散，用户时间被切割，致使碎片化阅读成为现代人主要的阅读主流。微博、微信等社交媒体就是一种典型的碎片化媒介。一方面，社交媒体把用户的时间分割成了若干片段。人们无论在吃饭、聚餐还是上课或上班过程中，抑或晨起、睡觉前都习惯了刷刷微博或微信。"社交媒体就像一个幻觉符号与用户如影随形，拆碎了大众传统的结构性生活，使之成为被各类媒体包裹的碎片化形态。"❷ 另一方面，社交媒介的叙事风格也呈现出碎片化的特点。在新媒体"赋权"背景下，媒体叙事主体的权威性被削弱，每个社交媒体用户既是信息发布者，又是信息接收者，用户无规则的、零散的与碎片化的语言叙事风格反作用于媒介生态，塑造了媒介生态言语习惯的整体碎片化，这样，微信受众就走向了思维碎片化的不良循环。简言之，面对目前铺天盖地的社交媒体上的碎片化信息，人们难以抗拒也无力抵抗，人的大脑长期处于"随时可能被打断"的状态，而且，这些生命中不能承受之"碎"，让人易丧失深度思考的能力。

（二）媒体从业者在媒介生态环境中的现状

媒体从业者是从事媒介文本输出的人员，是媒介产业的符号创作者，主要包括记者、编辑与编导等。媒体从业者在媒体生态环境中的状况是整个媒体生态的映射。在数字化媒体生态中，媒体从业者的组织架构与职业素养要求都发生了巨大的改变。媒体共存造成了信息传播的多渠道和分众化传播现状。

在这一背景下，新闻从业者的工作流程也发生了巨大的转变，使一些传统新闻人向新媒体领域的融合甚而转行。据《中国新闻事业发展报告（2016）》显示，截至 2016 年年底，全国共有 223925 名记者持有有效的新闻记者证。这比 2012 年的 248101 人减少了近 25000 人，其中仅平媒记者就减少了 10000 人。传统媒体人的角色转变与进路受到了广泛的讨论。但同时，我国平均每三个媒体人

---

❶ 艾媒咨询. 2017 上半年中国第三方移动支付市场研究报告 ［EB/OL］. http://www.iimedia.cn/53957. html.

❷ 赵红勋. 互联网逻辑下微信传播的圈子结构及拟态交往 ［J］. 视听，2016（3）.

中，就有一个在做自媒体。❶ 可以看出，新媒体并没有"消灭"传统记者，而是为我们造就了一批更全方位的、复合型的、善于运用新媒体技术的自媒体人，他们在各类自媒体平台或媒介融合平台中发挥着重要的作用。

二、媒介生态环境中的"媒介"

(一) 媒介的融合与平衡

在互联网科技的不断作用下，媒介生态系统的内部，即媒介本身、媒介和媒介之间也出现了新的结构，各种媒介展现出多种功能的跨界、融合趋势。各大媒体组织与互联网巨头纷纷改革新闻生产方式、重建机构组织形式、构建新的传播体系。经过不断地尝试与创新，我国的媒介融合进程已经进入了下半场。媒介融合上半场注重的是"全媒体融合"，媒体组织与企业全力改造其新闻生产的机构组织形式，建立全媒体中心。例如，"人民日报"率先创立的"'中央厨房'内容生产、传播和运营体系"。而下半场的关键词则是"平衡"，"上半场"传统媒体"涌入"新媒体，"野蛮生长"的阶段已经一去不复返了。媒介融合下半场注重的是媒介融合战略轨迹与生态路径的精细规划，是对"上半场"全媒体融合效果评估考量基础上的一个更深入与创新的过程。

在媒介融合与平衡的实践中，媒介生态环境的格局发生了多方面的变化。首先，我国的媒介形态得到了更新，走向了越发丰富的格局。以互联网和手机终端为传播介质的网络媒体和移动媒体带来了信息开放的新格局，打造了点对点地面向所有人的新传播场景，催生了社交媒体、自媒体、草根媒体、参与式媒体等多样化的媒体形态。

其次，媒介融合推动了传统媒体的变革。媒体融合时代给传统媒体纵深发展与变革提供了新的契机，实际上带来的影响是全方位的。在管理机制上，为传统媒体向现代企业转型提供了发展空间；在新闻生产上，融媒体以多媒体素材集成报道，改变了传统媒体的信息生产、报道与反馈方式；在传播渠道上，融媒体通

---

❶ 美通社. 2017 中国媒体内容生产者职业发展状态与工作习惯调查报告 ［EB/OL］. http://www. useit. com. cn/thread-15926-1-1. html.

过各种渠道和终端生产和传播优质产品，帮助传统媒体重新赢得"注意力经济"；在商业模式上，融合媒体能够提供多媒体产品来满足用户个性化及多层次需求和价值，进而改善传统媒体单一性的盈利形式与市场布局。

（二）"两微一端"媒介融合格局

经过几年的媒介融合实践，我国的新媒体行业形成了"两微一端"的媒介融合格局，即微博、微信与新闻客户端三者的有机整体。这三个平台之间"你中有我，我中有你"，在个性中存在共性，共性中存在个性。2015 年 9 月，人民网舆情监测中心在北京发布了我国首份"两微一端"融合传播排行榜，其中，综合性媒体依然是主流，垂直性媒体日渐受到青睐。总体来说，我国"两微一端"发展呈现出五大典型特点："微博、微信普及率高，新闻客户端蓬勃发展；专业化、规范化程度增强；综合性媒体与垂直性媒体齐头并进；地域发展差异性大；体制内外形成互补。"[1] 而基于"两微一端"的新闻传播也呈现出了"多元互动，话语杂糅、人格化交往，矩阵化结构，可视化传播，精准推荐、个性化定制五大特征"。[2] "两微一端"是我国媒介融合"上半场"的重要产物，为各大新闻组织与企业提供了与新媒体融合的恰当路径。

但值得我们注意是，"两微一端"模式是变动不居的。随着媒介生态环境的演进、科技的不断进步，媒介融合路径与模式也会与时俱进。例如，2016 年以来"微视频"的大爆发，使内容丰富与个性表达的视频时代逐渐到来，短视频成为移动互联网新的流量入口。2017 年，我国短视频行业市场规模已经达到57.3 亿元。[3] 从快手视频、西瓜视频到拥有 10 亿用户量的抖音短视频，短视频应用快速迭代，攫取了大量的用户时间与流量，逐渐成为一个独立的媒介形态。美国《赫芬顿邮报》早在 2012 年就将新闻视频业务纳入其发展战略。2017 年 2

---

[1] 新媒体蓝皮书. 中国新媒体发展报告 No.7（2016）［EB/OL］. http://ex.cssn.cn/dybg/dyba_wh/201606/t20160624_3083738_8.shtml.
[2] 新媒体蓝皮书. 中国新媒体发展报告 No.7（2016）［EB/OL］. http://ex.cssn.cn/dybg/dyba_wh/201606/t20160624_3083738_8.shtml.
[3] 艾瑞咨询. 2017 年中国短视频行业研究报告［EB/OL］. http://www.askci.com/news/chanye/20180102/112421115172_3.shtml.

月 19 日，习近平总书记召开党的新闻舆论工作座谈会一周年，《人民日报》、新华社、中央电视台开始在移动直播上作出举措时，新华社的"现场云"、《人民日报》的"人民直播"、浙报集团的"浙视频"，《南方周末》的"南瓜视业"、《新京报》的"我们视频"也开始了视频新闻的生产，开启了我国媒体直播的序幕。"两微一抖"——微博、微信加上抖音短视频应用，也逐渐成为大量品牌的新媒体标准配置。另外，还有不断涌现的 App 应用的简化版微信"小程序"，都在影响着我国媒介融合的生态格局。因此，我们应当用动态演变的思维看待我国的媒介融合环境，实时关注和研究媒介融合的新趋势。

三、"人"与"媒介"的新型互动形式

（一）付费互动

2015 年，微信推出了"打赏制"内容付费模式，在公众号文章的尾部鼓励读者以扫描二维码的方式对优质内容进行现金奖励。在这之后，各类互联网产品相继开始了对内容付费模式的尝试。知识分享型社区——"知乎"，打造了"知乎 Live"与"分答"两款产品；喜马拉雅 FM 推出了"付费专区"，成为第一个知识付费的音频产品；"罗辑思维"等自媒体平台建立的线上与线下培训相结合的方式，进一步延伸了我国互联网内容付费形式。在各类内容付费模式的引导与浸透下，在支付宝与微信支付等移动工具的辅助下，我国新媒体的内容付费群体规模逐渐形成。据《2017 年中国知识付费市场研究报告》显示，我国内容付费用户规模呈高速增长态势，2017 年内容付费用户规模达到 1.88 亿人。❶ 内容付费作为一种新型的用户与媒介之间的互动形式，对内容传播生态环境亦带来了重大的影响，例如，推动了传统出版业的转型、形成了各类个性化的细分市场、降低传统噪声的扩张等。❷ 在内容付费趋势的推动下，财新传媒于 2017 年 11 月 6 日开启了财经新闻收费的先河，成为国内第一家探索新闻收费的媒体。可以预

---

❶ 艾媒数据. 2017 年中国知识付费市场研究报告［EB/OL］. http://www.iimedia.cn/59925.html.

❷ 张利洁，张艳彬. 从免费惯性到付费变现——数字环境下知识传播模式的变化研究［J］. 编辑之友，2017（12）.

测，内容变现将成为未来几年媒体行业的重点尝试领域，用户与媒介的付费互动模式将向更深层次推进和发展。

（二）跨屏互动

"跨屏互动"是"报网互动"（传统报纸与其新闻网站）与"台网互动"（电视台与视频网站）模式的升级版。"跨屏"是指"大屏幕观看+小屏幕互动"，是互联网科技、移动智能手机、平板电脑等共同作用的结果。简而言之，跨屏互动就是多个终端的用户互动模式，它是对各种媒体资源的最大限度利用、整合。跨屏互动将"边评边看""转发分享"等不同屏幕的用户参与形式连接起来，赋予了用户更多的选择，极大地提高了用户的参与兴趣与互动程度，是一种人与媒体的新型互动体验。更重要的是，跨屏互动形成了一种全新的传播形式——跨屏传播。跨屏传播是将不同屏幕终端相结合的传播形式，但是这种结合并不是纯粹地"相加"，而是在准确理解用户与产品定位的基础上，在不同的屏幕上设计出差异化的内容、呈现方式与互动形式，从而形成屏幕无处不在的"包裹式"传播网络，它本质上是一种更为高级与精准的屏幕组合形式。

（三）场景互动

在即将到来的场景时代，在大数据、定位系统、人工智能等技术的推动下，人与媒体的互动关系进一步升级，终端的场景成为目前媒体的争夺重点与未来的主导互动形式。"场景的互动主要是从社交、时间与空间三个维度上进行搭建。"❶ 首先是社交维度，媒体通过对用户社交媒体数据的抓取、分析与理解，实时绘制精准的用户白描，为个性化的信息推送奠定了基础。其次是时间维度，以大数据技术为支撑，媒体可以掌握用户一天的"生物钟"，即时间行为轨迹，判断、预测用户实时所需的信息，进而进行新闻或商品的准确推送。空间维度是场景互动的核心要义，依靠定位遥感技术，媒体可以分析用户所处的位置，然后定向、实地为用户提供信息与商品服务。例如，微信小程序通过"扫一扫"掌握用户的场景信息，进而将商家与需求相连；新闻移动 App 根据用户的空间移动，实地推送场景新闻。我们可

---

❶ 媒体融合蓝皮书. 中国媒体融合发展报告（2017—2018）［EB/OL］. https://www.pishu.cn/zxzx/xwdt/516814.shtml.

以看到，场景互动是一种高度智能化的互动形式，媒体通过将用户与场景相连接，从而为用户匹配个性化、实时、定向的新闻信息与商品。

综上，通过对媒介生态环境中的"人""媒介"以及"人与媒介的互动"进行分析，我们可以发现，传播媒介的形态变化是由外部与内部多种复杂因素相互作用而成的。因此，我们对媒介形态的研究，应该是系统的，而非独立的。这里的"系统"主要是指媒介生态既有它的历史范围，也有它当前的结构形态。首先从历史的角度，我们应该避免"颠覆"思想，比较典型的有"纸媒消亡论"等观点。媒介的进化是一个革新、演进的过程，而非简单的替代过程。即使在新媒体大行其道的今天，传统的广播、报纸、电视、杂志也是虽"颠"非"覆"，在社会空间的不同位置发挥着其独有的作用。从共时性维度来看，媒介生态是一个完整的形式与领域，无论媒介生态发生了怎样的变化，作为一个系统它始终是完整的。媒介本身、媒介与媒介之间呈现出来的是一种不断"融合""交叠"与"汇聚"的形态。

第四节　微信与媒介生态环境的关系

一、微信与媒介生态：不可忽视的关联

（一）媒介技术：微信生成的理论范式

自 20 世纪二三十年代传播学产生以来，经验学派和批判学派一直占据着传播学研究的主流阵地。随着媒介技术不断更迭与演进，聚焦媒介技术与社会环境的第三大流派——"媒介环境学派"开始崭露头角，很快便成为传播学理论研究的生力军。"媒介环境学派"这个术语是由加拿大传播学者马歇尔·麦克卢汉创造的，但他并没有公开使用。1968 年，美国著名媒介文化学者和批评家尼尔·波兹曼首次公开使用"媒介环境学派"这一术语。"媒介环境学派"关注媒介技术革新及其对社会文明、社会文化、经济等产生的深远影响，其代表人物伊尼斯的"媒介偏倚"、麦克卢汉的"媒介即信息"以及波兹曼的"媒介意识形

态"等理论形塑了媒介环境学派的理论框架与话语来源。在媒介环境学派的理论认知中，"媒介技术致力于分析、理解传播技术如何控制信息的形式、数量、速度、分布和流动方向，致力于弄清这样的信息形貌或偏向又如何影响人们对客观世界的感知和态度"。❶ 媒介技术作为媒介环境学派的理论支点，既有助于分析报刊、广播、电视等传统媒体的技术动因，又有利于阐释互联网、微博、微信等新兴移动传播介质的生成路径，成为当代社会媒介研究的理论范式。

媒介技术是媒介环境学派研究的出发点，它是自然技术、社会技术和思维技术相互作用的内在统一体，是研究媒介特性、媒介与媒介、媒介与社会的逻辑起点。在媒介环境学派的理论框架内，"技术决定论"占据着核心地位，是媒介环境学研究的理论基础。技术决定论"通常是强调技术的自主性和独立性，认为技术是能直接主宰社会命运的一种思想。技术决定论把技术看作人类无法控制的力量"。❷ 在技术决定论者眼里，技术以一种超乎寻常的力量而存在，它无孔不入、无所不能，支配着整个社会的发展。在媒介环境学派中，麦克卢汉、伊尼斯都是技术决定论的代表人物。诚如传播学的奠基人施拉姆所言："麦克卢汉，正如他的老师哈罗德·伊尼斯一样，是个技术决定论者，他和伊尼斯一样，把西方近代史解释为建基于印刷文字传播上的偏颇和知识上垄断的历史。"❸

伊尼斯是最早关注媒介技术的学者之一，在他看来，媒介具有时间和空间的偏向性。伊尼斯在其著作《传播的偏向》中对媒介的物理属性和特质进行了阐明：某种媒介可能更加适合知识在时间上的纵向传播，尤其是该媒介笨重而耐久，不适合运输的时候；它也可能适合知识在空间上的横向传播，而不是适合知识在时间上的纵向传播，尤其是该媒介轻巧而便于运输的时候。❹ 根据伊尼斯的媒介偏向理论，质地较重、不易运输的石头就属于偏向时间的介质；质地较轻、

---

❶ 魏少华. "媒介环境学派"的分歧与当代媒介技术发展路向选择［J］. 郑州大学学报（哲学社会科学版），2013（5）.

❷ 梁颐，刘华. 媒介技术决定论的生态视角——基于媒介进化小生境理论的思考［J］. 新闻界，2013（7）.

❸ 威尔伯·施拉姆. 传播学概论［M］. 陈亮，等译. 北京：新华出版社，1984：137.

❹ 哈罗德·伊尼斯. 传播的偏向［M］. 何道宽，译. 北京：中国人民大学出版社，2003：27.

容易运输的报刊就属于偏向空间的媒介。媒介偏向是从媒介的物理属性出发，考虑媒介的传播特性，该观点把媒介技术看作决定媒介生产与传播，甚至影响整个社会文明的决定性因素。

麦克卢汉在承袭伊尼斯的媒介技术观点的基础上，提出了"媒介即信息""媒介是人体的延伸""热媒介和冷媒介"以及"地球村"等经典论断。在麦克卢汉看来，作为技术的媒介是认知社会环境的一面镜子，是衡量社会发展的一把标尺。每种新技术的诞生，都意味着对人的感官进行一次新的延伸和扩充。"任何媒介对个人和社会的影响，都是由于新的尺度产生的；我们的任何一种延伸，都要在我们的事务中引进一种新的尺度。"[1] 这种尺度决定着媒介生产与传播，更决定着整个社会的未来走向。例如，麦克卢汉认为，在电子技术和数字技术的强力驱动下，整个社会将缩小成为一个弹丸之地，塑造成一个国家地理界限消融、民族群体重构的"地球村"。"地球村"是对媒介技术决定重塑社会的产物，把全部人类聚集在一起，时间和空间的界限趋于消融，人类将面临着共同的社会责任与历史使命。

在媒介环境学派第二代旗手尼尔·波兹曼的眼中，"媒介是一种隐喻"，它具有极强的隐蔽性，它的"独特之处在于，虽然它指导着我们看待和了解事物的方式，但它的这种介入往往不为人所注意"[2]。媒介技术对人的影响不是显现的，而是于无声处潜移默化地影响着人们的思维、观念和行为。这种影响主要通过塑造意识形态来完成媒介技术在当代社会的共同想象。媒介技术发明之初，并没有显露其目的性，但一旦投入使用，便成为一种社会技术或社会力量，它身上就被赋予了意识形态功能，将媒介文化引向某个特定的方向。此时，社会文化就成了媒介技术的附庸，屈从于媒介技术的生成逻辑。

无论伊尼斯，还是麦克卢汉、波兹曼，抑或其他技术决定论者，他们都把媒介技术看作变革社会的基本驱动力。媒介技术决定了社会组织形式，揭示社会组织的内在肌理、运作机制，与此同时它亦成为操控社会话语的主宰者，消解了个

---

[1] 马歇尔·麦克卢汉. 理解媒介：论人的延伸 [M]. 何道宽，译. 北京：商务印书馆，2000：33.
[2] 尼尔·波兹曼. 娱乐至死 [M]. 章艳，译. 广西：广西师范大学出版社，2004：13.

体的独立意识和批判精神，僭越了人的潜在意识与主体功能，成为推进人类交往与社会变革的操控者与施与者。

作为技术与关系连接的微信，本身就是身体器官和媒介信息的一种隐喻，成为身体意义与媒介价值共同的延伸与扩展，微信是人类身体的延伸与媒介的补偿。

第一，微信是人类身体的延伸。丹麦学者劳克斯·布鲁恩·延森认为，随着以网络化个人计算机和手机为代表的新兴数字媒介的不断崛起，传播的平台出现了三种维度。第一种维度，就是人的身体。"人的身体是一个多功能的物理平台，它可以实现包括演讲、唱歌、舞蹈、戏剧表演、绘画和艺术创造等在内的活动……人的身体就其本质而言是一类充分且必要的传播物质条件。在社会化以及文化涵化的影响下，人的身体进而成为兼备生产性和接受性的传播媒介。"❶ 身体的意义不再局限于"肉身"的物质属性，逐步拓展为一种媒介传播的平台。

微信作为手机媒介的一项指涉功能，它更能体现对人体器官的延伸与融合。首先，微信语音拓展了人的语言表达和听觉留存。在微信构筑的人际传播过程中，语音功能发挥了重要作用。无论群聊，还是"点对点"传播，发起语音会话既节省时间，又能增强语言生动性。微信语音与电话语音的最大区别在于会话双方没有即时性，给彼此留有思考的空间。同时，语音信息可以重复播放和查询，把人际传播的听觉功能进行了存储，极大地改变了传统意义上转瞬即逝的听觉功能。其次，微信图像丰富了人的视觉想象。相较于微博，微信更利于视觉传播。微信借助图像或视频进行视觉形象编码，传达传播者意图。无论表现一种生活状态，还是传播某种特定思想，图像都成为最受欢迎的传播符号。微信的图像传播之所以能够建构传媒景观，主要有两个方面的原因：一是图像传播浅显易懂、直观清晰。根据麦克卢汉的"热媒介"和"冷媒介"理论，图像符号属于"热媒介"范畴，不需要解码者的深入参与和思考，就可以读懂传播者意图；二

---

❶ 劳克斯·布鲁恩·延森. 媒介融合：网络传播、大众传播和人际传播的三种维度 [M]. 刘君，译. 上海：复旦大学出版社，2015：69.

是图像传播生动活泼、形象感性、贴近性强。在微信的使用过程中，利用图像传递意义，既丰富了传播的表现形式，又能够增强认同感。

第二，微信是媒介的补偿。美国著名文化学者保罗·莱文森提出的"补充性媒介"对于研究新兴媒介具有重要意义。补充性媒介（Remedial Medium）理论认为，"任何一种后继的媒介都是对过去某种媒介或某一种先天不足的功能的补偿"。报刊是对口头传播的一种补偿；广播扩展了远距离、即时性传播功能；电视对报刊和广播进行了一种综合补偿，既满足了视觉需求，又丰富了听觉表现。凡此种种，每一种新媒介的出现，都是对已有媒介形态的一种补偿或补救，使媒介技术在应用层面呈现出连续性。

在智能手机铺天盖地之际，微信的广泛应用透射了其明显的补救性特征，这种补救性不是对单一媒介形态的补充，而是对报纸、广播、电视、互联网等传播媒介的一种综合性补救。微信补救了报纸的听觉体验，补偿了广播的视觉体验，扩充了电视的社交功能，拓展了互联网的移动功能，成为一个契合移动互联网时代需求的"自媒体""超媒体"。与此同时，微信客户端将互联网的虚拟性和现实生活的真实性进行创生融合，在传播者和接收者之间架起了沟通畅达的桥梁，一方面增强了现实人机交往的多维互动，另一方面改变了以往文字的冷冰冰交流，彰显微信传播的人性化特点。

（二）作为媒介生态环境新变量的微信媒介

通常，大众传播学者的核心关注点是媒介信息本身，而这一传统与传播学的发展史息息相关。当代传播学的诞生与现代战争有着深刻的渊源，在两次世界大战的助推下，早期媒介研究的大部分资助都尤其偏向媒介效果的相关研究。从20世纪20年代流行起来的"皮下注射"理论到过去40年盛行的"使用与满足"理论，媒介效果研究虽然在不断革新，但大多数研究依然关注于媒介信息的内容本身。即使其中的一些研究走向了媒介与环境关系的探究，但是这些研究又大多带有一种思维的局限性，亦即将某一新媒介视为旧有媒介环境的新联系。究其根本，这一思维路径依旧保留着格外看重媒介信息内容的惯性思维窠臼，而另一种重要的可能性则被忽视，那就是新媒介本身的出现很有可能会创造出新的媒介生态环境，而非仅仅那些与旧有媒介环境的各种新的连接。这一思维逻辑在系统论的原理中体现得尤为显著，"当一种新的因素进入某个旧环境时，我们所得到的并不是旧环境和新因素的简单相加，而是一个全新的环境"。❶ 至于说，这个新环境到底在何种程度上"新"，这就需要更为复杂的考量。但相较于各个因素在整个环境外单独获得的属性，这个新的环境总是会赋予环境内各个因素更多的属性。

每一种新的媒介形式的诞生都会对已有的媒介生态格局带来挑战和影响。微信作为一个被超过十亿人选择的社交媒体，其独特的"传播偏向"影响了整个媒介生态环境的发展。媒介生态学家哈罗德·伊尼斯曾指出，每种传播媒介都有其"偏向"，他将其分为"时间偏向"与"空间偏向"，而这两类媒介分别指向的是不同的文化发展偏向。这主要是因为，媒介并非仅为中性的传播渠道，其固有的结构影响着信息的编码、运输与转码。❷ 互联网媒介是一个典型的空间偏向媒介，其核心的基因是"连接"与"开放"。❸ 微信媒介成长于互联网逻辑之上，是一个用虚拟的、符号化的、"消失的边界"的空间结构。"空间文化"的特征是"世俗的、科学的、物质的和扩展不受约束的"。❹ 因此，借助微信媒介的信息交流大多是碎片化、情感化的日常信息沟通，比如微信聊天中"表情包"的盛行就是微信独特空间文化的有力佐证。除了典型的空间偏向外，微信媒介的时间偏向也十分显著。微信交流的文字、语音以及朋友圈的内容都可以保存在手机端，或以备份、截图、收藏等多形式进行长时间的保存，一些用户还可以将朋友圈作为个人日记的平台，记录自己的日常生活点滴，将其作为珍贵记忆的存储地。

可以看出，不同于传统媒介有着特定的空间或时间偏向，比如报纸和杂志是偏向于空间，广播和电视是偏向于时间，微信则是一个同时具有空间偏向和时间偏向的媒介。这一独特的时空偏向对媒介系统中媒介的性质、意义和效果带来了

❶ 约书亚·梅罗维茨. 消失的地域：电子媒介对社会行为的影响 [M]. 肖志军，译. 北京：清华大学出版社，2002.

❷ 林文刚. 媒介环境学：思想沿革与多维视野 [M]. 何道宽，译. 北京：北京大学出版社，2007.

❸ 喻国明. 互联网逻辑与传媒产业发展关键 [J]. 南方电视学刊，2014 (3).

❹ 王冰. 北美媒介环境学的理论想象 [M]. 北京：光明日报出版社，2010.

强烈的结构冲击和形式影响。微信媒介的信息传播、生态叙事是一种十分复杂、丰富、多元的循环活动，在微信传播生态链中，时间与空间的解构，传者与受者边界的消弭等，它在建构自身生态结构的同时也消解了互联网其他的一些媒介形态，报纸、广播、电视等传统媒体纷纷加速"两微一端"等形式的融合建构，这给互联网内部和外部媒介生态都带来了巨大冲击。可见，微信媒介是整个媒介生态进化路径中的一个重要阶段，它对整个媒介生态环境发展产生的影响是直接的、巨大的。与此同时，时间和空间的重叠偏向还赋予了微信媒介前所未有的真实性，使微信平台呈现出了网络与现实、公共空间与私人空间相融、相交的结构特征，生成了一种全新的存在方式。微信作为一种全方位的、跨越时空的社交化、移动化新型媒介产品，让整个世界变成了一个"重新部落化"的地球生态村。

（三）作为微信诞生、成长土壤的媒介生态环境

任何一种新媒介与媒介生态环境都是相互作用、相互建构的，目前微信媒体正在改写整个媒介生态结构，但不可忽视的是，微信媒体一路狂飙发展至今，有其必然的演变路径，而这一路径是在我国独特的媒介生态环境中不断书写的。微信诞生于 2011 年，此时我国已经出现了 BBS 论坛、实名制社交平台人人网、陌生人社交平台微博，以及知识分享类社区知乎、豆瓣等。同时，2011 年，我国网民数量达到 5.13 亿，互联网普及率也在逐年上升，达到 38.3%。并且当时我国的 4G 网络也在迅猛普及。在互联网、4G 等技术的支持下，我国民众逐渐建立了利用社交媒体开展交友、沟通、工作等的习惯，这一习惯为微信的诞生提供了重要支持。

在之后的发展过程中，微信又与我国传统媒介广播、报纸、电视等展开了深入的互动，建立了密切的融合关系。在媒介融合的大生态环境下，微信逐渐形成了自己的"生态站位"。优胜劣汰，适者生存。从生态学中生态位规律的观点看，学者邵培仁认为每种媒介都在媒介生态的环境中占据了自己在时间和空间上的生态位（Niche）。❶ 作为我国媒介生态中的一个生态因子，微信媒体生态位的确立是基于中国特色的整个复杂丰富的媒介生态系统之上的，其生态价值与功能发展是与这个媒介大生态相辅相成、并行不悖的。诞生之初，微信主要是一个熟人社交媒体，随着整个媒介大生态的转型，微信也在不断做出调整。在 2017 年上线了微信小程序应用，随后又在 2018 年制定了"成为互联网最好的工具"的目标，这些发展的方向与目标同我国整个媒介生态发展的融合趋势在逻辑上是相统一的。

媒介生态系统是一个具有内在连贯性的结构体系，这一结构体系的内在规律影响着结构内各部分的性质。微信作为我国媒介大生态的重要"成员"，其发展势必会受到中国特色媒介生态规律的影响和作用。简言之，如果微信诞生于西方国家或其他拥有不同媒介环境的国家，它的形态将会有很大的变化，或者说，微信是中国特色媒介生态环境的独特产物。但另一方面，媒介生态结构并非是静止的，微信虽然在一定的规律下运行，但其本身也对媒介生态系统起着重要的形塑与构成作用。并且，媒介生态结构具有很强的自我调节能力。面对微信新媒体的冲击，我国的传统媒体在生存压力的作用下纷纷开展了与微信媒体多样、丰富且深入地融合实践，这些融合实践不断补充、形塑着我国的媒介大生态。

二、微信与社交媒体形态的演变及关系

（一）微信与社交媒体形态的演变

在被微博和微信占据的今天，我们会有一种错觉，认为微信、微博就是我国社交媒体的原型。然而，从社交媒体的发展过程及其历史来看并不是这样的，我国社交媒体的发展有比较漫长的 30 年历史，既不是从人人网开始的，又不是从微博、微信开始的。全面了解社交媒体的演化规律，对理解人们的网络行为有重要意义，也有利于我们认识我国社交媒体生态环境的现状，有鉴于此，以下将对我国社交媒体做历时性的梳理。

---

❶ 邵培仁. 传播生态规律与传媒生存策略［J］. 新闻界，2001（5）.

1. BBS 论坛：社交网络雏形初现

最早的 BBS（Bulletin Board System）——计算机电子公告牌系统是 1978 年美国芝加哥的 BBS 系统，在中国，1991 年北京长城站的建立是我国接入 BBS 的标志。我国最具代表性的是西陆社区、天涯社区和西祠胡同这三大 BBS 论坛。从社交网络的演变层次来看，BBS 被广泛视为社交网络的雏形，因为其以"点对面"的传播形式取代了 E-mail 时期"点对点"的模式，代表着一种虚拟社会互动模型的形成。

那为什么说 BBS 只是社交网络的雏形呢？因为"社会化媒体的最大特征是其内容的生产和消费行为的'社会化'"。❶ 一方面，社交网络的核心是用户生产内容；另一方面，用户还可以在平台上建立联系、进行社交。BBS 作为一个论坛，用户可以自由地发布内容，但是，用户社交关系的搭建是很有限的。作为 Web 1.0 时代的产物，BBS 发帖与回帖的交流形式交互性不强，很难满足用户及时的互动需求。其次，BBS 社区过于依靠版主进行发布信息、删帖、维护等，不利于稳定社交关系的建立。因此，BBS 并没有完全被定义为社交网络，它只是初具社交网络形态的线上社交工具。随着 BBS 论坛的用户体验越来越差，以及 Web 2.0 技术的兴起，BBS 形态的社区逐渐走向衰落，数据显示，到 2015 年上半年，BBS 论坛用户规模仅为 12007，其使用率在半年之内就下降了 7%。❷ 网易社区、猫扑、西祠胡同、光年论坛、大旗网等曾经风靡一时的 BBS 社区皆宣布关闭。

2. 人人网：初探实名网络社交

在 Web 2.0 技术的助推下，我国社交媒体产品相继涌现，如 2005 年建立的人人网、QQ 空间，2008 年建立的开心网等，拉开了我国网络交往的序幕。以人人网为代表的社交网络不仅向下兼容了 BBS 的讨论功能，还把用户带向了层次更为丰富的社交。人人网不仅有简单的日志、图片等功能，还扩展了状态、游

---

❶ 肖琳，徐升华，王琪. 社交媒体发展与研究述评 [J]. 图书馆学研究，2016（14）.

❷ 中国互联网络信息中心（CNNIC）. 第 36 次中国互联网络发展状况统计报告 [EB/OL]. http://www.ce.cn/xwzx/gnsz/gdxw/201507/23/t20150723_6022843_3.shtml.

戏、人人豆、空间、视频、商业活动等多方面应用，最大限度地满足了不同用户
对于社交网络的需求。人人网是国外 Facebook 的本土化产品，与 Facebook 类似，
人人网（校内网）也是诞生于大学校园的实名社交平台，在后期时才向广大的
互联网用户开放。然而，也就是这个转型的过程使人人网开始走下坡路。人人网
在没有建立良好的内容生产机制的情况下，就盲目扩大用户群体，不仅没有获得
广大网民的认同，反而失去了最有价值的大学生群体。另外，人人网死守 PC
端，错误地判断了移动端的发展前景。再加上无数新的互联网社交产品的兴起，
分流了用户大量的网络使用时间，人人网在抢占网民"碎片化"时间的竞争中
逐渐失利。据 2014 年人人公司第一季度财报显示，其总净营收人比上年同期下
滑 39%，毛利润下滑 65.2%；运营亏损高达 2920 万美元。人人网于 2015 年正式
宣布关闭，人人网的时代已成为历史。

3. 微博："微社交"助推社交媒体成形

微博于 2007 年诞生，在 2009 年 8 月后全面成长，其标志是新浪微博的成
立。在短短几年时间里，新浪微博成长为中国最具影响力的微博，引领着我国社
交媒体的发展。微博以美国的 Twitter 为原型，是一个为网民打造的微型博客服
务平台。用户可以通过网页 PC 端与手机客户端发布 140 字以内的消息或上传图
片和音视频，还可以关联好友，对好友的内容进行点赞、评论与转发。如果说
BBS 与人人网是社交网络的典型代表，那微博则真正意义上实现了社交与媒体的
结合。自微博诞生起，新浪微博在我国社交媒体生态中就有着至关重要的地位，
它在反腐、打拐、辟谣、电子政务、突发事件等方面发挥了重要作用，促使了一
个个"舆论场"的生成与传播，并在其中发挥了引导、沟通功能，对整个社会
的政治、经济及文化生态环境都产生着重要的影响。

4. 豆瓣、知乎：社交媒体中的"异军"突起

豆瓣成立于 2005 年，知乎则诞生于 2011 年，之所以把它们放在一起讨论，
是因为它们具有相似的社区形态。知乎是国外"问答型社交网站"Quora 的中国
版，知乎走的是"慢下来，深入进去"的运营路线，不同于维基百科让全球用
户一起编辑的模式，知乎采用的是用户一起回答同一个问题的形式；不同于 BBS

论坛帖子质量的良莠不齐，知乎的用户群素质高，内容质量普遍较高；不同于微博信息量大与商业化严重，知乎的评论机制相对完善，信息可以不断被优化。豆瓣网的形态相对更为系统与复杂，是一个典型的网络社区，不仅聚集了读书、电影、音乐等线上功能，还包括线下同城活动、影音推荐、共同话题交流、交友等多种有趣的服务活动，它不针对任何特定的目标人群，目的是助益于都市人群发现生活中更加美好、更有价值的事物。

可以说，豆瓣网与知乎都是 Web 2.0 时代"用户创造内容"（UGC）的典型代表，两者都拥有广大的用户群，都被视为社交媒介生态系统中的"异军"，但是，如果我们深入挖掘二者的构建要素及内涵、外延，就可以发现它们都具有强烈的社交媒体属性。首先，知乎与豆瓣网都是以知识交流为基础的社交平台，具有很强的文化属性，主打深度社交与知识社交。二者凭借其知识社群的特性吸引了一大批高质量的精英用户持续地为平台创造内容，平台的知识含金量远超BBS、人人网与微博。其次，二者都是以用户为中心的个性化服务作为其核心竞争力，适合精准营销的开展，比如 2016 年知乎个性化广告的上线。随后，越来越多的企业与传统媒体开始在豆瓣、知乎发布广告，或者建立账号进行产品营销与信息发布。通常，当一个新闻事件发生后，微博是人们跟进事件进程的主要渠道，但豆瓣与知乎社区往往发挥着"深度报道"的功能，不同学历、行业与观点的人集聚社区对事件进行深度的分析与讨论。从这个层面上来说，知乎与豆瓣社区是对微博"微媒体"的一种补充，它们通过差异化的路线形成了一个与"双微"（微博、微信）相抗衡的利基市场。

5. 微信："超媒体"生态王国

微信是腾讯公司于 2011 年 1 月 21 日推出的一个以语音功能为特色的通信服务程序。经过微信 1.0 到微信 6.6.7 近百个版本的升级，微信不断发展创新，提升用户体验，促进了用户与多样化的生活场景和应用相连，创立了基于社交的"朋友圈"，基于自媒体的"公众号"平台，基于位置的"摇一摇""附近的人""位置共享"等功能，以及基于消费的各类支付功能，微信已经超越社交工具形态，演变成一个"超媒体"生态系统。直到 2018 年，微信已经聚集了超过 10 亿的月活跃用户，占到我国用户总数据流量的 34%；除此之外，微信还有超过 2000 万个公众号，在 2017 年促成的就业人数达 2030 万人，驱动的信息消费总额达 2097 亿元人民币，带动了旅游、购物、餐饮等方面超过 3339 亿元人民币的消费。❶ 我们可以看到，微信已经成为国内社交媒体领域的霸主，其形态的演变必然在一定程度上塑造、解构和重组了整个媒介生态环境格局。

（二）微信与微博的关系

由于微博与微信是当今社会最重要的两个社交媒体工具，二者关联密不可分，已经在人们生活中占据了举足轻重的位置。与此同时，微博与微信又以其不同的传播模式影响着人们的生活、思维与行为方式，故以下将选取微博与微信作为研究对象来着重分析两者的异同之处，以便更好地理解目前盛行的社交媒体及其社交网络。

1. 弱关系与强关系

如果我们把用户之间以相同的兴趣爱好聚合在一起，视为弱关系；用户之间通过现实生活的联系聚合在一起，视为强关系。在社交媒体上，两者分别构成了社会化媒体和社交化平台的基础。微博是以单向关注的基于弱关系的复杂网络，易于人群的集结。微博带来了"以人为核心"的时代，充分利用网络来发掘大众的智慧；同时，微博改变了社会关系，使原有未受重视的社会"弱关系"作用得以凸显。而微信是以双向互动的基于强关系的 P2P 沟通网络，它创造了一个"没有陌生人的世界"，强调分享和个性化定制的新理念。

格兰诺维特研究发现，在信息的扩散和传播上，"弱关系"和"强关系"有着相同的作用。在一个"强关系"的社会网络中，人与人之间彼此熟悉、充满信任、感情友好，但在这样共同的圈子里，他人提供的交流信息总是冗余而有限的。要想获得新信息、新观念，弱连接关系往往比强连接关系发挥着更大的作用，因而带来更多发展机会。因为弱连接关系与你的生活圈子不一样，避免了在熟人圈子里较高的重叠性、同质化的互动与交流，能成为个体与其他社交圈子的

---

❶ 《2018 微信影响力报告》：http://www.199it.com/archives/725398.html.

纽带与桥梁。"'弱关系'更多传递信息与知识等资源,'强关系'则更多传递信任感与影响力等资源,并带来感情支持。这种'弱关系'还建立起一种新型的信任关系。"❶

显然,微信的人际关系传播是基于 QQ、与手机号码捆绑的熟人强关系链,这是一种比较稳定、成熟的熟人社交圈。它让虚拟世界关系与真实世界关系得以叠加,形成了一种多媒体化、情境化的人际传播模式。相较于微博松散、零碎的社会关系而言,微信的人际关系更为直接和清晰,它进一步强化了手机用户或 QQ 好友的朋友圈层关系,并集中体现在微信用户对适合熟人交流的强关系功能模块的选择上。

值得注意的是,由于当前微博用户基数还没覆盖到现实生活的各个角落,微博行为还是大多基于共同的兴趣、爱好,这意味着"弱关系"下的内容互动还是主流。如重大新闻事件、电影、电视剧、美剧等依然以内容引导和互动为重点。但随着用户基数继续增长,用户之间的关系亦能向"强关系"转化,吃喝玩乐等更加个人化的内容会带来更多互动,官方的内容运营和引导也会逐渐让位于基于用户属性的个性化推荐。此时,微博"强关系"蕴藏着更多交互性的机会,将给用户带来更多认同感、尊重感以及商业价值。

2. 公共性与私密性

微博侧重于大众传播,传播对象是不确定的陌生的众人,传播内容多以公共性话题为主,信息具有公开性、社会性,传播效果强。作为一种典型的"自媒体",微博让社会正义、良知、道德力量等构建了一种"公众话语",这种公共性使得传统的"中心话语"霸权丧失,强化了网络"民间舆论场"的功能和地位,并使微博舆论成为社会公共舆论的风向标。公共性在微博环境中的主要体现在:(1)微博是一种大众传播媒体,展现出了较强的传媒公共性;(2)信息来源丰富多元,包括大众、政府、企业、各大媒体机构等,众生喧哗,充斥着各种不同的声音;(3)公共讨论中的参与主体呈现多元化特征,官方、民间和知识

---

❶ 陈昌凤,仇筠茜. 微博传播:"弱关系"与群体智慧的力量 [J]. 新闻爱好者,2013(3).

精英话语三者良性互动，进行话语沟通，进而实现公共性过程；（4）在公共事务中微博话语体现出的公共利益属性较为强劲。其中，"意见领袖"如"大 V"的社会责任感、使命感和话语权更强。尤其面对突发公共事件时，微博的时效性与传播效应使其成为"第一时间"里的"第一定义者"。简而言之，微博能够更好地满足公众的新闻期待，促进"民间舆论场"走向成熟和完善，实现公众在"公共领域"的对话与沟通。

微信侧重于人际传播和群体传播，具有很强的私密性和用户黏性。不像在微博上，你可以看到你所关注的博友发布的全部信息，而微信信息仅停留在传收双方的移动终端上，只有传收双方可以看到听到，其他用户无法在自己界面获知。因而微信信息具有私密性，传播具有隐蔽性，它是一条私密性的沟通纽带，个人传播效果强。与微博相对公共化的空间场域不同，微信用户在彼此熟知的情况下显得更为活跃，由此带来传播效果与交互性的增强，不过二次传播发生较少。除此之外，朋友间的强关系，使微信上的"意见领袖"可能就是现实中的"意见领袖"，因而在现实生活中被接受的程度更高。

面对谣言传播时，微博的这种大众传播特性和公共性使得谣言可能在瞬时被大规模传播，但它的生命周期并不长，因为网民中不乏"智者""思想者"，他们会通过评论、转发等各种形式快速终结谣言。而微信中，由于通过熟人朋友传播更为顺畅，这种朋友间"以讹传讹"的病毒式传播可能会产生巨大的杀伤力。

可以说，在某种程度上，微博是"众人狂欢"之地，微信是"既可依靠熟人圈所包含的现实身份交往约束实现某种个体的自律，又能使使用者从惯常的等级和支配下得以释放"。当然，微信圈里的人际交往并不是完全封闭式的，它是封闭性与开放性兼备的。在对信息的分享与转发中，微信也可以将"陌生人"引入原来的熟人交往圈子里，因此，在某种意义上而言，微信既具有"私人领域"的属性，也具有"公共领域"的属性。

3. 受众心理的差异化

第一，微博的受众心理。微博的受众具有隐匿性、主动性和从众心理特征。微博的受众心理主要表现在：一是由于在微博上用户注册通常是非实名制的，因而其受众特征具有隐匿性，受众消除了各种顾虑，不用担心角色冲突，在微博中的表现更接近真实的自我。并且，受众在网络上扮演何种角色，是他们对于心理上的一种角色认定。人们可以在微博中寻找另一种角色，体验另一种角色。在这里，通过微博互粉，受众容易找到志同道合的群体。二是受众的从众心理，出于"意见领袖"和"沉默的螺旋"效应，受众对网络舆论的发展态势具有从众心理，在接收微博信息的过程中，会不自主地接收出现频率较高的信息，跟随"意见领袖"的步伐，如微博"大V"，并发出附随的倾向性相同的意见。此外，微博上的"人气推荐"、各种"微群""话题圈"让人在从众过程中找到社会认同感和群体归属感。

第二，微信的受众心理。首先，微信的使用人群比微博更趋于年轻化。根据最新的百度指数统计，微信使用的年龄段以 20～29 岁为主。这群人有较强的沟通能力和参与意识，易被"新""奇"、时尚的事物吸引，他们使用微信的主要动机有"情感交流需求""社会认知需求""自我实现需求""释放压力"等因素。其次，微信类似对讲机式的"语音实时对话"模式备受年轻人追捧，从人们的心理和习惯来看，使用语音聊天的双方关系会更为亲密，类似于现场直播，受众接受程度高，相对于微博的文字和图片而言更感性。最后，微信最初从相对稳定的熟人圈交谈，然后逐渐扩展到陌生人。人们的社会网络，正在从原来的"强关系链接网"向"弱关系链接网"转变。受众在使用微信的过程中能够获得更强的心理认同感，即便在现实社会中易被忽视的人也能够在朋友圈中找到存在感。至少能被身边的"熟人圈子"看见，而不会因为知名度、网络活跃度低等因素出现"零转发"或"零评论"。朋友圈里人们随心所欲地表达自己的看法和心情。而在微博上，常常要扮演一个更好的、更符合他人或社会需要的角色，同时还要担忧如果不小心说错话，就有可能在网络上被围观，被"人肉"，这些心理负担，让人们难以自由、畅快地表达。

4. 不同的传播精准度

在一定意义上，微博传播空间是开放的、扩散式的，而微信是在小圈子内的一种私人性交流。微博就像一个公开的酒店大堂，人们关注什么，讨论什么，每个人都可以看到，而微信更像一个独立的包间，人们只在朋友之间分享信息。

微博的信息浏览往往有一定的时间差，具有"延时性"。用户各自发布微博，发布之前并没有相关的沟通，粉丝浏览信息是刷新查看所关注对象此前发布的信息。微信用户则像在 QQ 群里一样能够在线聊天，具有即时性，这种时间差别在一定程度上会对微信与微博的精准度传播产生影响。微博的博主发一条信息，粉丝们可以通过自己的首页随机地看到相关内容，但是现在一般人关注得太多，并不能保证每一条信息都被粉丝获取，精准度较低。而微信则不一样，微信将一条群发消息通过公众平台推送，该群的所有人就会收到此信息，即使是经过了长时间，那条信息也能保证被用户所获知。由于微信账号与手机号码的捆绑，且同一个手机号码只能同时绑定一个微信账号，微信更接近一个实名制的社交网络，这有助于微信用户的真实性和精准性。此外，微信公共平台的信息推送，是一种更有利于深层次阅读的传播形式。在微信公众平台上，每个订阅号每天要推送信息给粉丝，编辑们通常会精挑细选，精心编排，提升信息到达目标的精确性，亦帮助受众进行"深阅读"。并且，微信信息由于其个性化色彩浓厚和具有亲和力，可读性较高。显而易见，鉴于微信具有强大的 LBS 定位功能和基于用户行为分析的精准推动等功能，使它的传播能够排除在微博中"不相关"的粉丝和杂音的干扰，实现"一对一""点对点"地传播，目标群体更具针对性，信息传达率更高，被接收程度也较高。

5. 不同的营销传播模式

微博营销方式并不是单纯的商品广告，微博在企业品牌推广方面的传播模式主要是"优质内容生产+大 V"，微信则是"原创内容+推送"的模式。微博是通过信息传播来吸引受众对企业和品牌的关注度，因此运营它时不宜植入过多的广告内容，广告性过强会令人们感到厌烦，造成适得其反的效果。在客户服务方面，微博通过 App 和第三方工具来提高客户服务效率，而微信可以通过设置关键词进行自动回复，如"微信公众号"，但如果大范围使用和传播可能需要大量的人力成本。

在销售推广方面，微博对于产品的宣传范围和宣传力度较大，传播力较强，但在微博"放射状"的网络中，只有找到目标粉丝才能实现企业销售的有效转化，通过特定的关键词，能在几亿微博中迅速寻找到潜藏的顾客信息，并锁定住这些目标顾客。微信营销则不适用于所有产品和品牌，微信只适合针对比较明确定位的受众市场进行营销，如"微标签"的利用有助于微信杂乱无章信息的整合，清晰地划分推送信息的性质和种类，受欢迎的品牌和利基市场上的小众品牌才能较快地通过微信进行推广。

不同于微博建立企业账号、发布优惠信息等方式，微信的营销主要采取漂流瓶、签名档营销、二维码、开放平台和公众平台等方式。其中，"签名档"营销比较普遍，一旦商家在某个签名档上播放广告消息，用户则立即能在查找"附近的人"或"摇一摇"上获知，这种类似路边广告的无意间强制观看方式比较受附近用户的欢迎。"二维码扫描"不仅为添加好友提供了便捷，也为商家通过微信实现营销提供了广阔的商业前景。扫描"二维码"方式实质是得到原本已有的忠实用户的支持，说明人们已对你的产品有了兴趣，能够更具针对性地促进用户消费，推送的信息以内容适配和适量为准则。"公众平台"是企业的专属微信认证账号，企业将相关产品的信息呈现给用户，是每个企业独家推送信息的渠道。此外，微信开放平台的营销方式更类似于商家将网站内容和微信内容两者进行互相分享和交换。由于微信用户多是熟人圈的亲密关系，所以当某一种商品被用户分享给他的朋友之后，无形中等于替商家完成了一个有效的"口碑式"广告。这种朋友间的"口碑相传"容易产生信任关系及其"被信任信息"，诸如好友分享、商品评论等这些"被信任信息"会对网民的消费心理和行为产生较大影响。

总而言之，基于微博和微信强弱关系的不同，互动服务出现明显差异，微博的弱关系链更强调"传播型"服务，微信的强关系链更强调"便利替代型"服务。但不管是微博营销还是微信营销，在某种意义上，它们都是一种社会资本和关系链营销，关系链服务已成为价值创造的新的动力和增长点。具有人情味和人性化的营销方式，是让人们形成对产品或品牌的忠诚度和情感依赖的前提。

6. 不同的传播问题

微博传播存在的问题有：（1）"去深度化"与"浅阅读"。由于微博写作的140个字数的限制，其信息呈现出"去深度化"与"浅阅读"特征。首先微博上的内容大多是由博主的片言只语构成，而个体碎片化的随意表达往往主观色彩较浓，缺乏自控性，并且这种"私语化"信息易产生大量无价值、没有深度的信息。同时使大众阅读日趋浅阅读化。（2）信息"真实性"问题。由于每个微博客都可以随时随地"信手涂鸦"，加上信息来源渠道的日趋多元复杂，❶以及每个人的留言和转发在"再加工"中进一步失真，这些都会大大降低传播效率，促使信息失真概率比传统主流媒体高。此外，由于微博的信息传播是"病毒性"扩散方式，网络不实信息会在瞬间以"裂变式"传播，这也加剧了信息真实度、信用度等方面的问题。（3）"意见领袖"占据中心位置。在这种新型的社交网络中同样存在权力关系，存在"意见领袖"。在微博网络中，处于中心权力的"节点"（行动者），对于其他"节点"起着控制和引导作用。目前新浪微博依然运行的是"名人微博""精英化"模式。❷它力图用"明星效应"在短时间聚集大量人气并带来巨大的经济效应，如姚晨、陈坤、张小娴、何炅、韩寒、任志强等"大V"就是其中的热门人物，他们拥有强大的话语权，"振臂一呼，应者云集"，但与此同时，也使处于边缘地位的人丧失话语权，"发声"困难，也难以让公众听到自己的声音，而且还易在"网络推手"的推波助澜下带来灰色利益链。

微信传播存在的问题有：一是微信传播更多是在熟人之间进行，正是因为"人际圈子"中人的关系过于亲密，当关系和情感替代事实真相的时候，也容易带来信息的失实、失真。而且，这种传播关系使网络谣言等有害信息更容易得以扩散。二是微信用户不再遵从传统意义上的道德伦理，个体的自我约束能力随之下降，容易致使大众的价值观迷失和道德伦理扭曲。三是微信的"熟人关系圈"和"圈层化"传播效应使人们的社交范围与社交圈子日渐呈现出窄细化，引发

❶ 李林容. 微博的文化特性及传播价值探析［J］. 当代传播，2011（1）.
❷ 李林容. 微博的文化特性及传播价值探析［J］. 当代传播，2011（1）.

人际传播焦虑，导致人际交往走向"断裂"。由此可见，在某种程度上，在社会现实应用中，微信并没有扩大社交圈，反而弱化了人们的社会归属感、增强了社会疏离度。四是微信传播的信息在法律与道德层面难以把控，易出现低俗、粗俗、媚俗等内容。如果使用微信的陌生化交友不当，还可能引发欺诈、绑架、暴力等严重的社会问题，甚至为不法分子提供可乘之机。

总而言之，微博和微信作为当前社会最重要的新兴社会化媒体，都有其与众不同的特点及优势。尽管二者有诸多差异，存在发展中的诸多不足，但它们在网络交往行为和方式、电子问政、舆论生态、交互式体验、个性化营销等方面都发挥了重要作用。今后"双微"的运作也将走向更加精细化，更具聚合性和开放性。在媒介融合的大背景下，传统媒体和新媒体的交互性进一步得到增强，各种媒介在传播功能、特性以及机理优势上可以相互嵌入。同理，微博和微信亦能融合互补、多元互动，共同助力新的媒介生态结构与环境的建构。

三、微信与传统媒体的融合实践

微信媒介作为整个媒介生态进化路径中的一个重要阶段，对整个媒介生态环境发展产生了直接的、巨大的作用和影响，它一路快速发展至今，有其必然的演变路径。微信与其他媒介，尤其是传统媒介广播、报纸、电视、杂志等之间有着密切的融合关系。

（一）媒介融合："本质上有争议的概念"

Web 2.0 时代，各类自媒体、新媒体应运而生，媒介格局与传播环境发生了巨变，传统媒体信息传播的垄断地位被彻底打破。在这一背景下，有关传统媒体"生死存亡"的研究层出不穷，"报纸的消亡""质媒移动灭失规律"❶ 等声音不绝于耳。不过，这种带有"技术决定论"的视角逐渐受到批判，学者们意识到把新媒体看作对传统媒体的取代，一种媒介的出现代表着另一种媒介的消亡等看法是片面与武断的。这时，"媒介融合"一词开始出现在西方学术圈，为新媒体

---

❶ 刘建明. 关于报纸消亡的对话 [J]. 新闻界，2016 (1).

与传统媒体的关系研究提供了新框架与新范式。

关于"媒介融合"（Media Convergence）的界定目前在学术圈备受争议，尚未形成共识。西方世界对于"融合"概念的界定主要有三种声音。首先是德威尔在《媒介融合》（*Media Convergence*）一书中对媒介融合的探讨。❶ 德威尔延续了传统政治经济学的研究范式，聚焦媒体产业机构，因此，他并没有对传统媒体在新媒体冲击下具体的行为实践进行解析，而是分析媒体机构及背后权力者对新媒体技术、平台的选择程序，然后得出这一程序是被商业利益所驱动的结论。德威尔还表示了对"技术融合"的担忧，认为这会加剧媒体产业的集团化与纵向一体化，从而危及公共领域的发展与社会民主进程。其次，是来自施泰格和黑克的《媒介融合史》（*Convergence Media History*）。❷ 两人并没有对媒介融合这一概念作出具体界定，而是从媒介历史学的视角去追寻媒介融合"流动"与"迁移"的过程，这和詹金斯（Henry Jenkins）的研究有类似之处。最后，一个重要的研究角度来自詹森（Jensen B. K），詹森对偏技术"技术决定论"的研究进行了修正，他强调媒介融合是一个传播形式的转变，媒介技术的发展只是这个转变的物质基础。❸ 这个定义开启了媒介融合研究的新视角，即传播者与受众的融合研究。媒介融合在我国也是热议话题，然而，我国学者对媒介融合的概念也没有达成共识。从具体的研究实践来看，该研究主要集中在技术、经济、组织以及制度四个维度。

我们可以看到，"媒介融合"是典型的加利（W. B. Gallie）所定义的"本质上有争议的概念"（Essentially Contested Concepts）：带有评价性、可辩护性、复杂性与可变性等属性的开放型概念。因此，我们不应该拘泥于其定义，而应该把更多精力放在对其外延内涵的探究上，与时俱进地更新研究视角，持续地进行相关比较研究。

---

❶ Dwyer. T. Media Convergence［M］. Maidenhead & New York：McGraw-Hill/Open University Press，2010：200.

❷ Staiger. J, Hake S（eds）. Convergence Media History［M］. New York & London：Routledge，2009：201.

❸ Jensen B. K. Media Convergence：The Three Degrees of Network，Mass，and Interpersonal Communication［M］. London & New York：Routledge，2010：195.

（二）微信与广播、报纸、电视、杂志的融合实践

作为一个拥有超十亿活跃用户的"超媒体"生态王国，微信不仅改变了信息传播结构和人类行为习惯，还主导了整个媒介融合的发展进程与形式。下文将综合运用前文讨论的各种媒介融合研究视角，对我国四大主要传统媒体广播、报纸、电视、杂志与微信的融合实践框架与程度做细致的对比分析。

1. 广播：蓬勃发展的微信电台

相比其他传统媒体，关于广播与微信的融合研究较少，但是，广播却具有其他传统媒体所不具备的融合优势，其自身语音播报、社交化、地域化、移动化的特性使广播更易与微信平台实现嫁接与联姻。❶ 同杂志类似，传统广播媒体在微信上的实践进程比较缓慢。但是，基于微信公众号的各类"新型广播电台"或"类广播电台"却在蓬勃发展。"类广播电台"是指与传统广播媒体有类似功能，服务于智能移动终端，支持语音内容传送的广播电台。微信电台的出现使人们摆脱了笨重的收音机，能够及时接收到各类突发信息。中央人民广播电台的"FM中国好声音"节目，通过微信公众号进行设置，只要用户订阅其公众号，立即就会弹出一个对话框："等你好久喽"，让人有久违之感。可以看到，借助微信公众号拥有的庞大粉丝、私人化制定、交互式等优良功能，微信电台将传统广播"一对多"的信息传播模式转变为"一对一"的"微播"形式，让用户可以个性化、私密化、差异化地选择自己的频率，实时满足各种兴趣导向的受众。

广播节目在向广播音频的转变过程中，传统广播可以发挥自带的公信、权威优势，在强化时间维度线性传播的同时，借助移动互联网技术，将传统广播节目音频化、推进空间维度的矩阵传播。❷ 传统广播在内容形式转型的同时，它的经营模式也得到了更新与升级。据数据统计，2017 年 1 月至 11 月，在传统媒体中广播是唯一在广告资源量同比变化中正增长的媒体，广播与微信媒介的融合，改变了传统广播的媒介形态、生存状态，有效提升了其盈利能力，为广播电台提供

---

❶ 田园. 广播与类微信 App 的融合探析——基于中国广播媒体与微信互动实践的思考［J］. 当代传播，2015（3）.

❷ 牛存有. 分化、逆化、异化的广播数据资产时代悄然来临［EB/OL］. http://www.sohu.com/a/215664092_738143.

了更广阔的发展空间。

2. 报纸：多方位"投靠"微信

在微信等新媒体的强大冲击下，报纸的生存环境发生了重大变化，面临着读者流失、广告下滑与盈利艰难等困境。自 2008 年第一家中央级纸媒《中华新闻报》停办以来，全国已有超过百家纸媒停刊或停休。❶ 在"报业寒冬"的严峻局势下，报纸率先拉开了与新媒体融合的序幕。经过多阶段的融合实践与试错，报纸在新媒体思维下重构了内容生产流程、组织结构等，对传统的传播格局进行了颠覆性的创新与革命，打造了全新的媒介生态结构。

作为自媒体的大本营，各类报纸对微信公众号进行了多方位的实践探索，现已形成相对成熟与稳定的融合形态。目前，大多报社都设立了微信运营的专职人员甚至专业化的采编团队，他们负责利用微信的功能资源，将文字、图片、视频、音频等多种表现手段结合起来，把报纸的新闻内容进行"改造"与"加工"，从而生产出适合公众号传播的内容产品。据《2017 年媒体融合传播指数报告》显示，在监测的 296 家报纸中，《人民日报》微信传播力最高，公众号阅读量超过 9 亿（其中包含人民日报微信公众号总阅读量 5.7 亿，人民网微信公众号总阅读量 3.6 亿）。❷ "2019 年 1 月的数据显示，微信公众号阅读数前十位中，传统媒体开办的公众号占据七席"❸，《人民日报》依然位列第一。人民日报公众号的口号是：参与、沟通、记录时代，它对参与、沟通的践行主要体现为形式多样的交互方式。微信自媒体最大的优势在于打破了传统媒体"自上而下"单一的传播形式，读者可以通过留言、点赞、平台内转发、跨平台转发等功能发表自己的态度，再生产与再传播新闻内容。人民日报公众号充分利用公众号的自媒体属性，积极地展示读者对于文章的评论，还发起各类赛事的在线投票活动，有意识地与读者保持良好的互动关系。另外，人民日报公众号在"记录时代"的方式上也做了与时俱进的调整，主要采用"碎片化"内容与深度报道相结合的模式。

---

❶ 周琼. 融合还是转型？传统纸媒的媒介创新探索及启示 [J]. 编辑之友，2017（12）.

❷ 人民网研究院. 2017 年媒体融合传播指数报告 [EB/OL]. http://media. people. com. cn/n1/2018/0402/c14677-29901624. html.

❸ 孟莉莉. 试论传统媒体与微信融合的影响力及传播策略 [J]. 新闻传播，2019（5）.

为了适应移动互联网读者碎片化的阅读习惯，《人民日报》公众号每天保持 20～25 次短新闻的推送，而且推送有多层次且固定的时间段。为了满足读者对阅读广度与深度的需求，《人民日报》公众号打造了"小程序"与"夜读"版块，小程序版《人民日报》与手机数字报类似，读者可以随时阅读最新的报纸，小程序还为用户提供了民生政务等问题问答入口。而"夜读"版块主打的是情感、人生发展等"鸡汤"文章，一定程度上消解了《人民日报》作为党报的严肃性，拉近了与广大民众的距离。通过对《人民日报》与微信公众号融合路径的分析，我们可以看到，报纸在与微信融合路径的探索上已颇具成果。

3. 电视：公众号营销引流观众

在打造"全媒体"中心的热潮下，我国各大卫视及栏目陆续建立了微信公众号。比如，"全球零距离"等栏目会在节目播放之时在电视屏幕显示其微信公众号二维码，并提醒观众关注。这种"网台联动"的形式，开启了节目的新视窗。再如，由中央电视台新闻中心着力打造的官方微信号"央视新闻"于 2013 年 4 月 1 日正式开通，它主要提供时政、社会、财经、体育、突发等新闻信息以及天气、路况、视频直播等服务信息，鼓励网友在突发事件时通过文字、视频、语音等多种方式向公众号直播现场情况，第一时间发表对事件的评论与看法。❶ "央视新闻"自从入驻微信公众平台，突破了央视过去长期以来严肃、庄重的面孔，在播报软硬新闻时更加"接地气"，更亲切、自然，更贴近百姓的生活。

然而，尽管电视节目在微信公众号上的实践与报纸、杂志呈现出截然不同的形态，但总体来说融合的程度并不高。这主要有三个原因，首先，从功能上来说，微信文字、图片、视频、音频等功能是对纸媒单一表现形式（文字与图片）的延伸，它们的内容可以无缝对接到新媒体平台，从丰富性上说甚至可以实现表现形式的升级。但是对于电视平台来说，视频传播的形式在目前还不是公众号传播的主流。其次，从危机感的程度来说，报纸与杂志在微信等新兴媒体的不断挤压下"奄奄一息"，几乎"全军覆没"，改革与转型成为其生存的必要道路。

---

❶ 林佳. 媒体融合背景下传统媒体对微传播的利用 [J]. 视听纵横，2017（6）.

而"声画并茂"的电视则不一样，即使在新媒体、自媒体的冲击下，电视依旧拥有稳定的一部分受众，生存危机较小。另外，因为传播形态相似，电视台多选择与视频网站"联姻"，或建立自己的视频网站，如湖南卫视打造的"芒果TV"。这些原因决定了电视与微信融合的广度与深度远不及纸媒。

目前，国内卫视及栏目的微信公众号主要起引流观众的作用。但从整体来看，电视节目目前对于微信平台功能的探索不够，尤其在利用微信的交互性提高节目的收视率上。在今日头条、腾讯、网易等移动新闻客户端的冲击下，"危机四伏"的电视新闻节目应充分利用传统主流媒体的公信力和品牌优势积极构建与微信的融合路径，增强自身竞争力、影响力。

4. 杂志：微信"本土杂志"百花齐放

目前，总体来说，我国纸质杂志与微信融合的表现比报纸融合要弱一些。据统计，在"期刊类"媒体机构排行榜中稳居第一的《男人装》在公众号500强榜中排到了第71位，我们可以推测，其他纸质杂志类微信公众号的表现也不会太好。❶ 其中主要有两大原因，首先是由杂志本身的特性决定的，作为出版周期较长的纸质媒体，与报纸每日更新的传播形态不同，杂志通常为半月刊或月刊，这样的更新频率不利于第一时间抢占微信用户有限的"注意力资源"。其次，有研究者通过案例分析发现，纸质杂志公众号通常是将杂志上的长篇文字直接"搬运"到公众号上，这不仅不符合移动端阅读的便利性，还与受众碎片化的阅读习惯相冲突。❷ 在内外因的作用下，大部分纸质杂志不仅没有准确抓住自身的优势，还放弃了对微信平台传播特性的探索，在与微信融合的进程中逐渐被大量优秀的自媒体杂志赶超。

在主流杂志与微信融合失利的同时，大量微信"自主培育"的"个人杂志"相继涌现。这里，笔者将"个人杂志"定义为基于微信公众号等自媒体平台成长起来的独立杂志。个人杂志是草根的、低门槛的、小众化的自媒体。基于公众号的线上时尚杂志就是其中的典型代表。它通过抓住利基市场的细分群体，利用

---

❶　常梦珂. 杂志微信公众平台的运营策略研究——以"壹读"为例［D］. 广州：暨南大学，2015.
❷　常梦珂. 杂志微信公众平台的运营策略研究——以"壹读"为例［D］. 广州：暨南大学，2015.

微信强大的自定义菜单，大量"业余的"或者从传统杂志转向新媒体的时尚爱好者开始在公众号上打造自己的时尚品牌。经过多年的运营，一些已经形成可以和主流时尚杂志《时尚COSMO》《男人装》《瑞丽》等相抗衡的品牌影响力。例如，在"2017年时尚新媒体品牌价值榜远超《时尚芭莎》（第七）的Gogoboi（第二）微信时尚自媒体"。❶

不过，值得注意的是，也有部分纸质杂志在与微信"融合"之路上走出了自己的特色与价值，它们不仅使纸质杂志起死回生，还在微信上开拓出一条新的盈利模式，比如，文化时政类杂志《三联生活周刊》与时尚类杂志《时尚先生》等。另外，一些专业期刊、学术类期刊在与微信的融合中比较积极主动，不断优化期刊的数字化建设，如《科技传播》微信公众号，《广西社会科学》微信公众号，中国中医药出版社微信公众号等。这些期刊利用微信公众平台进行审稿、查稿、阅读等工作，并且还利用多样的技术实现针对性的文章推送，以此有效提升传播力与影响力。

整体上来说，同样作为纸媒，纸质杂志与微信平台的"融合"实践不如报纸融合改革做得更大刀阔斧，还需要在跨界融合的道路上继续改革和探索，实现从被动应对到主动转型的实质性转变。

总而言之，经过分析比对，我们可以发现，四大传统媒体与微信的融合形式呈现出明显差别。报纸与电视在与微信的融合实践中，基本保持了本来的媒介形态，而杂志与广播皆在微信平台上发展出了"本土"产品，即微信杂志与微信电台。从融合程度上来说，纸媒报纸和杂志对微信的驾驭程度超过电视与广播媒体。其中有媒介本身特性的原因，也有组织制度与历史等外部原因。然而，这样的格局并不是静止不变的，随着媒介技术的更新、时间的演变，传统媒体与微信的融合必将走向纵深发展，不断呈现出新的特征。2018年，第四次中央全面深化改革领导小组会议强调了要推动传统媒体和新兴媒体深度融合，形成立体多

---

❶ 《中国广告》杂志、新榜：《2017第一季度（Q1）的品牌价值榜（微信公众号）》，http://www.ad-cn.net/read/7257.html.

样、融合发展的现代传播体系。❶ 媒介融合成为学术圈一个常谈常新的研究方向。但是，我们应该注意不要"饥不择食""舍近求远"，盲目地要求传统媒体放弃自身优势积淀而纯粹经营微信公众号，更不应该以单一的微信号阅读量、转发量等去判定传统媒体的社会影响力。❷ 媒介融合不仅仅是技术上的融合，也是媒介生态上的交织融合，传统媒体应该把握好自身在媒介融合时代的身份与角色，制定符合自身传播形态与定位的融合策略。

媒介本身就是一种生态环境，而新兴媒体的层出不穷和传统媒体的不断变革、重生促进了整个媒介生态环境的变化，而媒介生态变化与变迁反过来促使媒介的进一步融合变革与转型升级。在新兴媒体和传统媒体多种媒介力量的角逐、博弈中，如何持续打造良好、和谐、平衡的媒介生态环境显然任重而道远。

---

❶ 人民网. 推动传统媒体和新兴媒体融合发展［EB/OL］. http://media. people. com. cn/GB/22114/387950/.

❷ 孟威. 2017 年新媒体研究热点、新意与趋势［J］. 当代传播，2018（1）.

第二章
微信与媒介生态环境
发展特点

第二章
微信与媒介生态环境发展特点

第一节　微信的传播特点

微信系统里任何传播属性的价值最终都是由微信生态这个总环境所决定的。但是，学术圈大部分对微信传播特点的研究都是将每个传播特点孤立起来进行考察，这种单一考察每个要素而不考虑各传播特点之间关系的研究方法有失偏颇。基于此，本部分对微信传播特点的研究将从寻找微信传播系统中的"原子"开始。

一、微信传播系统中的"原子"

"原子"本身是哲学上的一个概念，如今主要被延伸到科学实验领域。哲学上的"原子本体论"将原子看作世界的本源。从科学角度而言，原子被定义为一种元素能保持其化学性质的最小单位。借助这种思维，微信传播系统中的"原子"应该是微信传播得以发挥作用的"支撑"，传播系统中所有关系都是它的产物，担负着处理、维系所有要素关系连接的责任。那微信传播系统中的原子是什么呢？通过对微信发展史的细致梳理，可以发现，只有"社交"才能担起原子这个重要角色。因为，社交是微信生态得以运行的先决条件，是微信这个复杂系统中的唯一基石。无论之后微信衍生出的朋友圈、公众号，还是小程序等各式功能，社交都是微信的核心用户价值，是微信所有流量的基础，只有社交才能把最广大的用户捆绑在微信平台上。

通过对微信商业模式的分析，我们还可以从侧面论证社交传播在微信生态中的原子角色。无论是微信火爆的"小游戏"，还是基于公众号与小程序的"内容电商"与"网红电商"等商业模式，都是对微信社交传播不同维度的利用而实现了商业成功。"小游戏"通过好友对好友、好友对群、好友对朋友圈的多维度、多属性以及不同指数的叠加分享，实现了几何式的用户增长与"裂变式"传播。无论是"内容电商"还是"网红电商"，其核心都是以"社交+电商"的模式获取流量，到流量变现，最后实现盈利。从功能的历史演变以及商业模式的双重论证，可以看到，社交关系是微信生态中最为核心的价值，是一切功能与商业模式展开的基石，是微信生态系统中独一无二的"原子"。

哲学上"原子论"的一个重要议题是："单一的本原是如何转化为世界万物的"。❶ 对原子转换问题的探究可以将我们引入对微信传播系统更深层次的研究。实现社交的途径是通过搭建便捷的信息传播渠道，实现人与人之间的资源共享、互换与协作，而社交的最终目的是建设社会资本、文化资本与维系关系链。微信主导的关系链形态是在变化的，这可以从微信好友导入方式的演变体现出来。最初，微信在手机通讯录的基础上，还借助了同公司产品 QQ 社交平台的 QQ 好友以及 QQ 邮箱两条关系链，形成了通讯录、QQ 好友与 QQ 邮箱三大关系链，奠定了微信"熟人社交""强关系"社交的传播系统基础架构。但是，在之后 2.0 到 3.0 版本中，微信开始基于 LSB 移动位置服务，先后设计了"查看附近的人""摇一摇""漂流瓶"、生成二维码分享等功能，进一步拓展了通信的范围，将微信社交圈从熟人社交推向 1000 米范围内的"附近的人"添加好友，推向 1000 米外的"摇一摇""漂流瓶"等远距离社交，使得微信从一个熟人社交"强联系"的通信软件到兼具了陌生人"弱联系"的"强弱结合"的综合社交平台。不过，值得注意的是，微信中的"强关系"与"弱关系"并不是相互独立的，反之，

---

❶ 马正兵，杨胜. 从哲学思辨到科学实验——原子论的发展历程与启示 [J]. 湖南社会科学，2007 (2).

二者处于一个相互转换的状态。弱关系链可以通过场景创造转换成强关系链，如通过微信朋友圈刺激的线下交往行为。社交关系链的延伸，不仅极大地扩充了微信传播系统的主体组成形态，还影响了整个传播生态。可见，社交功能作为微信传播系统中的原子，其本身的形态不是静止的，它的演变不仅是功能上的革新，更是深刻影响了整个微信的信息传播模式。

二、微信的人际传播特点

（一）微信的人际传播模式

根据分类，社会的传播现象主要分为：内向传播（人的体内传播）、人际传播、组织传播与大众传播四种模式。由于新兴传播技术的推动，大众媒介在整个传播系统以及社会方方面面的作用越来越大，大众传播模式的研究成为传播学研究中的主要方向。但是，在对微信传播模式的探究过程中，我们发现了"社交"，即人际关系的连接，是微信信息传播系统中的"原子"，在微信信息生产和连接系统中扮演了重要的中介角色。另外，采用模式形式研究传播现象是传播学研究的一大特色，因为这样的方式能够帮助我们固化一些存在但不可见的联系。❶ 基于这两种思考，笔者认为对微信人际传播模式的研究应该作为揭开微信传播"神秘面纱"的第一步。

关于人际传播的含义，学者们从不同研究侧面与维度对其做了定义。传播学者阿德勒从"互动"的视角，把人际传播定义为"发生在两个人之间的以建立一种关系为目标的有意义互动的过程"。❷ 从信息交换的角度，伯尔森认为人际传播是指一个建立有交际关系的人们之间交换信息，以求获得共享意义并完成各种社会目标的复杂且受情境限制的社会过程。❸ 我国学者王怡红则认为人际传播

---

❶ 丹尼斯·麦奎尔，斯文·温德尔. 大众传播模式论［M］. 祝建华，武伟，译. 上海：上海译文出版社，1981：3.

❷ 胡春阳. 经由社交媒体的人际传播研究述评——以 EBSCO 传播学全文数据库相关文献为样本［J］. 新闻与传播研究，2015（11）.

❸ 洪浚浩. 传播学新趋势（下）［M］. 北京：清华大学出版社，2014：608.

是一种"合作关系"。❶ 可以看到，"个体""互动""交换共享"是人际传播过程中的关键词。

　　随着信息科技的发展，互联网媒体与移动媒体改写了人际传播的形态，形成了全新的网络在线人际传播模式，对于新媒体人际传播话题的研究成为人际传播领域的热点领域。在新媒体人际传播系统中，SNS（Social Networking Services）是社交网络中人际传播行为的典型代表。通过对主流社交媒体微信人际传播过程的梳理，我们发现了其"节点传播网络"的人际传播新形态。在图2-1中显示出微信人际传播的运作模式。

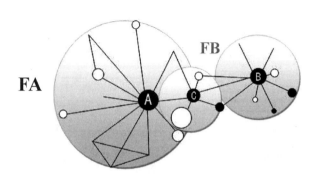

图 2-1　微信人际传播模式

1. 微信人际传播是节点对节点的传播

　　关系连接即图中的线，是人际传播的核心，线的长度代表了两个节点之间的紧密度或者一个节点对另一个节点的影响能力。节点是指传播主体——人，微信人际传播系统主要是基于现实生活中亲友、朋友、工作伙伴等强关系搭建起来的，可以看作真实世界中人际传播的网络虚拟化，虚拟关系与现实关系的重叠，是微信等移动媒体人际传播的重要特点。我们可以看到，在传播系统中，每个节点的大小是不同的，节点 A 大于节点 B 大于节点 C。节点的大小与数量和质量紧密相关，数量是指传播主体拥有的微信好友与微信群的数量，即与节点直接相连的节点数量；质量则是传播主体与好友在现实世界与虚拟世界中社会资本的综合

---

❶　王怡红. 论"人际传播"的定名与定义问题 [J]. 新闻与传播研究，2015 (7).

指标。节点的大小决定了信息传播的影响力，当 A 和 B 同时转发一个信息时，通常情况下，A 信息传播的半径范围会大于 B，即 FA 大于 FB。一方面，由于"强关系"连接是微信的主导关系链，相较于"弱关系"连接，强关系更容易形成交往"圈子"。信息通过不同圈子的嵌套式传播，易造成圈子与圈子之间传播范围的重合，例如，图中 A 节点与 C 节点、B 节点与 C 节点传播圈子的部分重叠。另一方面，"圈子内"的封闭式嵌套和"圈子外"的开放式勾连，如 A 节点与 C 节点，可以激发更多的连接，实现更大范围内的传播。❶

2. 每一个节点都代表一个自媒体

自媒体具有自组织、草根性、私人化与个性化等特征，解构了传统媒体单向度的传受关系。微信用户可以说是典型的自媒体，每个用户都可以发言、转发、评论，都可以成为信息的传播者。与传统现实生活中"点对点"的传播形式不同，人际网络搭建的自媒体传播很容易激起用户的"二次传播"行为，形成裂变式传播。原因主要有三个，一是微信传播的便利性，一键式的在线信息传播方式消解了传统时间与空间上的传播障碍。二是传播形式的多样性，微信的二次传播并不仅仅是单一信息的转发，在二次传播的过程中，新的传播者可以根据自己的理解评论转发，带表情转发，@某人并转发内容等，如此，本来的信息内容就得到了延伸和扩展，呈现出更为丰富的信息内涵。三是传播渠道的整合性。微信通过各种群、朋友圈等设计，延伸了人际传播的外延，使传播形态能从"一对一"信息分享向"一对多""多对多"转换。

3. 节点之间具有很强的交互性

如图 2-1 显示，当节点 A 发出一个信息后，具有相同关注点的节点 C 会转发，当 C 二次传播信息至 B 时，信息源 A 与个体接收者 C 的身份发生了转化，C 成了信源，B 则成了新的信宿与潜在的信源。微信用户不断在信源、信宿、中介三个角色中转化、循环，形成了动态的信息传播网络。节点之间的互动还可以产生新的信息，当信息节点连接越来越多，传播网络也将不断扩大，形成舆论场。

---

❶ 代玉梅. 自媒体的传播学解读 [J]. 新闻与传播研究, 2011 (5).

因此，微信人际传播具有较强的公共属性，人际传播容易从私人领域扩展到公共领域。另外，SNS 中的人际传播还具有不可知的特点，当微信用户传递了一个信息后，他并不能预测这个信息的传播范围和路径，这在一定程度上加大了舆论监管的难度。

4. "大节点"用户在人际传播中具有很强的"参照作用"

虽然个人信息的传播量难以统计，但个人账号的影响力并不是完全未知的，通常来说，拥有的关系节点越多，其信息的传播影响力会相对越高，这就是传播系统中的"大节点"用户，即"意见领袖"。"大节点"是广大个人账户的"参照群体"。根据赖利夫妇的解释，"参照群体是个人在其帮助下能够确立自己的态度、价值观和行为的群体"。❶ 参照群体可能是单一的个人也有可能是一种类型的人，该群体的行为对他有很强的影响力和指导作用。在微信人际传播系统中，参照群体主要来源于与用户相连的现实生活。通常来说，在现实生活中越信赖的人，越容易成为我们的信息参照群体，这就是为什么我们更愿意转发熟人的信息。因为有了现实社会的连接，我们对熟人传播的信息更为信任。可见，大节点用户在人际传播中有着独特作用。从传播效果上来看，他们的信息更容易被"两级传播"，信息传播的信度及到达率都相对更高。从传播中扮演的角色来看，大节点用户能够过滤信息然后选择性地进行分享，他在一定程度上扮演着信息"守门人"的角色。

(二) 微信人际传播与其他媒介关系

随着传播环境的改变，人际传播呈现出新的形态，人际传播研究的关注点也在随之变化，越来越多学者发现了人际传播与其他媒介在新闻生产与传播过程中具有紧密的融合关系。人际传播系统并不是独立存在的，相反，它与各类媒介尤其新媒介与大众媒介，紧密相连共同构建了新型的大众传播生态体系。通过对人际传播、其他媒介、公众与事件关系的梳理，我们发现，四者具有独特的相互作用与多向传播的动态传播关系。以下笔者将借用经典的"风筝"互向传播模式，

---

❶ 丹尼斯·麦奎尔，斯文·温德尔. 大众传播模式论 [M]. 祝建华，武伟，译. 上海：上海译文出版社，1981：50.

对整个传播系统的互动运作模式进行解析。

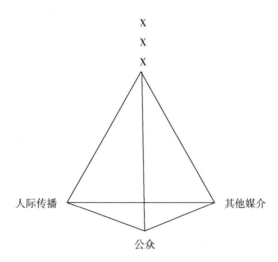

图 2-2　人际传播与其他媒介的"风筝"互向模式

如图 2-2 所示，一共有四个要素。其中人际传播是指新媒体中人与人之间信息的交流与互动；X 是指社会出现的有争议的任何事情，这些事情具有一系列的信息，即一组 X；其他媒介是指各类大众媒介与新媒介；公众则是指事件的参与者或者媒介信息的接收者。连接四大要素的线条代表它们之间不同的关系、态度与感知，信息传播的方向和强度。"风筝"互向模式的核心观点是，任何事件或问题是通过人际传播、其他媒介、公众与问题本身共同"协商"与"谈判"获得的，而且通常是四者的有机结合。接下来将主要分析人际传播在整个模式中的角色、作用与关系连接。

1. 人际传播与新闻内容生产

人际传播对新闻内容生产有直接与间接两大作用。一方面，在新媒体人际传播中，人人都是自媒体，是新闻内容的生产者，然后通过自己的人际交往圈将新闻传播出去。在"口口相传"时代，传送信息及影响需要较长的交往传递过程，新媒体技术极大地提高了人际传播的效率，扩大了传播的范围。这样，人际传播能够直接承接新闻传播扩散的任务。另一方面，新媒体人际传播对新闻生产的间接作用来自其独特的反馈机制。通常来说，反馈是指传播者获知其预期讯息接收者接收状况的过程。它是一个处于传播链尾端，但又会直接影响首端传播者行为的环节。但是，人际传播对新闻内容的间接作用可以直接作用于或成为传播链的首端。上文提到，新媒体人际传播中节点之间的互动极易形成舆论场。大众媒介与新媒介的编辑能够以人际传播产生的舆论热点作为参照撰写新闻稿。例如，2018 年 5 月出现的"严书记"事件，就是经由微博、微信等社交媒体人际传播发酵后，"严书记"被舆论推向风口浪尖，并引发了各类媒体的追踪与深度解析，最后形成了全媒体报道的热潮。类似"严书记"事件，新媒体人际传播引发各类媒介新闻内容生产的案例越来越多，足以证明新媒体人际传播在信息生产中的重要作用。

2. 人际传播的"桥接功能"

人际传播的"桥接功能"从传播主体心理状态的视角来看，人际传播可以将个人和社会层面对议题的认知相连接。另外，创新扩散研究还表明"大众传媒在传播创新的内容上是比较有效的手段，而人际关系渠道对于形成或改变个体对创新的观念上更为有效"。[1] 这样，人际传播就成了各类问题、事件×与公众、其他媒介的隐性连接，影响着公众对事件报道的心理态度。虽然公众通过媒介信源去认知、掌握他们社会中发生的事情，但是，公众具有媒介选择的权利，而人际关系会影响公众对特定媒介的态度。比如，家人、朋友与同事的交流互动，会激发与形成个人对特定媒介的好感或厌恶情绪，从而影响其之后媒介消费的习惯性选择。

另外，个人需求也是传播系统中的重要部分，需求并不是在真空的环境中创造出来的，而是受到了内外因素的共同作用。例如，卡茨曾经发现在社会环境比较紧张的情况下，公众倾向消费较为轻松的新闻信息。除了社会环境外，人际关系也是影响个人信息需求的重要因素，能够影响公众的媒介接触活动。比如，个人可能在人际交往的过程中，意识到某个感兴趣的社会问题，从而受到激发去寻找相关的媒介信息。除了对公众媒介渠道的选取与内容需求的影响，人际传播还可以左右社会事件、问题的发酵方向与强度。尤其当人际传播与大众传播相转化与结合时，强大的舆论力量会直接或间接地改变事件的传播形态。

---

❶ 埃弗雷特·罗杰斯. 创新的扩散［M］. 辛欣，译. 北京：中央编译出版社，2002：31.

3. 人际传播与议程扩散

在解析了人际传播与新闻内容、各传播要素的关系之后，一个问题凸显出来，即人际传播的传播效果。研究表明，人际传播在议程设置的扩散上起着重要作用，是议程扩散的两大环节之一。通过田野调查，Hong Nga Nguyen Vu 和 Volker Gehrau 发现，"议程设置是一个非连续的过程，当大众媒介把信息传递给媒介信息接收者后，人际传播开始加入传播链，将信息以人际传播的形式继续传递，最后实现议程设置的目的"。❶ 最初，议程设置理论主要强调媒介内容的量对传播效果的影响，通常认为，得到媒介关注的程度与媒介效果呈正相关关系，即受到媒体报道越多的新闻内容越容易被公众接受，对他们产生影响。但是，把量的媒介内容当作一种广泛而又绝对的议程设置效果有些片面，缺少详细的证据。将人际影响纳入议程设置效果的讨论具有一定的合理性。首先，对人际传播影响力的重视可以消解传统"议程设置"假设中大众媒介对公众的垄断性控制，突出公众对信息的判断力。其次，媒介信息可以影响人际传播的方向，而人际传播可以进一步扩大媒介传播的效度，人际传播与传统媒体共同形成了传播的动态信息扩散机制。因此，当大众媒介与人际讨论、信息分享建立联系，相互融合的时候，议程设置的效果才有可能发挥到最大。

三、微信的大众传播特点

大众传播是传播学研究领域最为重要的部分，"因为大众媒介在执行传播的环境监测、管理、指导和教育以及娱乐四项功能方面起到了极大的作用，对信息共享、共同意识的建立、社会价值的传递、大众文化的形成和改变等具有重要意义"。❷ 以微信为传播媒介的大众传播极大地颠覆了传统报刊、广播电视的传播模式，包括信息来源、传播渠道、传播数量和速度、信息接收方式以及信息语境等。

---

❶　Hong Nga Nguyen Vu. Volker Gehrau：Agenda setting：An integrated model of agenda setting of interpersonal communication［J/OL］. Journalism & Mass Communication Quarterly. 2001，87（1）. http://doi. org/10. 1177/107769901008700106.

❷　丹尼斯·麦奎尔，斯文·温德尔. 大众传播模式论［M］. 祝建华，武伟，译. 上海：上海译文出版社，1981：2.

从功能设置上来看，微信拥有多元的传播渠道，大众传播的生成主要有三个直接路径，微信群、朋友圈与公众号，一个间接路径，即人际传播转换为大众传播。这四种方式基本满足了人们生活中的信息传播需求。如图 2-3 所示，展示了传播主体与这四种传播途径的关系及整个大众传播的工作模式。

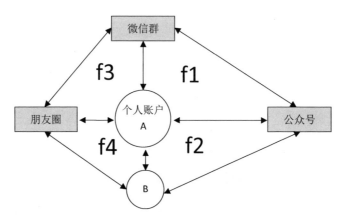

图 2-3　微信的大众传播模式

（一）微信大众传播直接生成路径分解

1. 微信群组

在我国，线上群组交流形式在互联网发展的早期阶段就已经出现，比如，豆瓣群组、知乎社区、QQ 群等。网络群组已经成了人们信息分享、共识建立与人际关系维系的重要平台。微信月活跃用户数已经超过 10 亿，成为人们主要使用的社交媒体工具，而"一人多群"也几乎成了每个微信用户的标准配置。研究表明，"微信群媒体主要有社交功能、娱乐功能以及信息获取三大功能，其中，社交性是用户参与微信群主要动因，娱乐性的影响效果其次，信息效用性的影响效果最小"。[1] 不同于私聊"点对点"的交流，微信群呈现出扩散型的传播方式，群里的任何人都可以发布信息、回复信息、转发信息，信息以几何般裂变式形式在群内传播。从这个意义上讲，微信群具有媒体的功能。微信群组主要有三大信息传播规律。首先，从传播效果来看，群内成员关系的"松紧"直接影响群的

---

[1] 童清艳，唐寒立.　"二度空间"的微信群用户参与行为研究［J］. 西南民族大学学报，2017（10）.

活跃程度以及信息传播的效度。通常来说，基于现实关系的群组信息传播的活跃度与效度都高于在虚拟空间中直接成长起来的群组。学者禹卫华对校园微信群进行的数据挖掘与分析，❶ 学者刘秋雯对信任机制在微信群新闻参与中的主导作用研究，都从不同角度论证了关系连接对微信群信息传播效度的影响。❷ 其次，群际间、群内外的信息交流很频繁。微信群的信息传播不仅仅局限在群的内部，一般来说，每个用户都拥有两个以上的群组，人们会相互传递不同群组之间的信息。另外，"点对点"地私聊与群传播的相互转化，平台内外的信息分享，比如，将抖音短视频分享到群组中，十分常见。这主要得益于微信便利的转发功能以及对外部链接的开放。最后，虽然新媒体的主要特点之一是"去中心化"，但是多方研究表明，在群组信息交互的过程中依然存在话题的主导者，即舆论领袖。微信群中最常见的"意见领袖"是群组的创建者——"群主"。群主一般是现实生活中具有一定影响力或感染力的人。微信群的"意见领袖"可以是家庭中的长辈、工作关系中的领导等。从某种意义上来讲，微信群参照了现实中人际交往的结构，与个人的社会、经济和文化资本紧密相连。

2. 微信朋友圈

朋友圈是一个用户可以发表文字、图片、视频，还可以转发外部信息（文章、音乐等）的平台。除了单向信息的发布外，朋友圈还设计了互动机制，用户可以通过点赞或评论功能与好友互动。朋友圈采用的是"圈对圈"，即一个圈子向另一个或多个圈子的信息传播机制。不同于新媒体大众传播的开放性特征，微信朋友圈传播具有独特的"私密性"。微信设立了"隐私"策略，即点赞与评论只对用户共同的好友可见。坚持这种只针对共同、交互式的好友原则，不进行关系的再度扩散，这不仅不会影响微信的传播效果，反而因为传播主体间的"强关系"，使微信朋友圈信息传播的交互性更强。另外，朋友圈圈子向圈子的信息过滤机制极大地消解了"意见领袖"对话语的控制，一定程度上实现了传播的

---

❶ 禹卫华. 微信群的传播分析：节点、文本与社交网络 [J]. 新闻记者，2016 (10).
❷ 刘秋雯. 微信社交群的新闻参与——基于信任理论的用户新闻再分享行为浅析 [J]. 新闻研究导刊，2017 (11).

"去中心化"。当一个用户发布了一条新闻以后，首先会在传播者的圈子里传播，然后一层一层地被其他圈子过滤，由于每个圈子不同的文化属性、兴趣倾向与价值取向，这条新闻的传播路径与范围难以预计，传播系统中"大节点"用户对话语的控制力也在一定程度上在这个过滤过程中被消解。从传播内容上来看，朋友圈的信息传播以"个人化"信息传播为主，因此，相较于公众平台，朋友圈的媒介属性较弱。以亲友关系为主搭建的朋友圈，主要是作为个人生活的展示平台，社交属性更强。此外，朋友圈的"权限设置"与"好友分组"管理等功能，进一步增加了朋友圈"私人领域"形态的比重。

3. 微信公众平台

公众平台是一个向受众传播信息的开放平台，主要有订阅号与服务号两种公众号类型；群发推送、自动回复与一对一交流三种传播形式。❶ 直到 2017 年 9 月，微信公众号月活跃账号数为 350 万，月活跃粉丝数达到 7.97 亿。❷ 微信公众号作为信息传播媒介主要有三大特点。第一，信息推送方式的多样性与时间的灵活性，借助微信的多元化媒介技术，公众号可以通过语音、文字、图片、视频四种方式的任意结合发布信息。此外，推送时间也十分灵活，可以在一天中任意选择时间段进行信息推送。第二，公众号是个性化信息定制，能够比较精准地传递信息。微信公众号并不是强制性推送，而是在用户选择的基础上，以关注、置顶感兴趣的公众号的形式，进行私人化信息服务。信息的发送者与接收用户有着紧密联系，公众号运营者可以在后台根据对用户阅读习惯的分析理解，对用户进行分类，实施更为精准化的分组推送。因此，不同于传统媒体"被动"的信息接收方式，微信公众号是一种具有较强针对性的、定向的、用户主动选取的信息传递形式。第三，从传播的效果来看，公众号传播具有很强的"马太效应"。"马太效应"特指两级分化现象，即强者愈强，弱者愈弱。在微信公众平台中，公众号"大号"——拥有巨大粉丝量的公众号，推送的信息具有强烈的传播作用，可以获得上百万次的转发量，另外的信息则会一定程度上被淹没。公众号信息传

---

❶ 方兴东，石现升，张笑容，等. 微信传播机制与治理问题研究［J］. 现代传播，2013（6）.

❷ 《2017 微信数据报告》，https://www.sohu.com/a/203437993_667510.

播效果呈明显的两级分化趋势主要是微信的社区化特征和共享偏好引起的。❶ 这也从侧面解释了微信公众号中数量已经超过 2000 万，但其活跃账户仅为 300 多万，大概只占总数量的七分之一。

（二）微信大众传播模式中的关系结构

1. "以人为中心"的传播形态

在传播系统中，信息传播者与接收者是最重要的两大元素。通常来说，传播者是传播链的起点，对传播过程有较大的控制力，而接收者处于传播的末端，是被动的信息消费者。但是，在微信的大众传播系统中，我们可以看到，用户处于整个传播模式的中心位置，连接整个平台上的四大传播渠道。首先，用户对信息的传播方式有极大的选择权，可以根据对信息内容的判断与对传播渠道的理解与偏好，选取好友、微信群、朋友圈或者公众号进行信息分享，实现不同的传播目的。其次，从传播链的动态过程来看，信息的生产者、消费者与传播者三者的边界逐渐变得模糊，微信用户借助移动客户端可以不停地转换信息传播主体的属性，整个传播系统围绕用户三重身份的转换而运转。

2. 传播渠道的"使用"问题

由于用户在微信大众传播系统中的中心位置，用户可以主动选择不同的传播路径分享自己的信息，这个选择"使用"的过程值得我们研究。除了社会与心理根源上的影响因素，还有比如，渠道的偏向性、技术能力上的限制，时间空间的不便性等，个人需求会直接影响渠道的选择。当某一个人，像大多数人一样，需要将一个信息分享传递下去时。根据经验，他会判断信息属性，从而判断哪一种渠道的消费与使用可以实现他的需求。首先，他要考虑传播范围。通常来说，微信群与朋友圈的传播范围小于公众号，因为群组与朋友圈是基于强关系连接组成的，信息接收者少于公众号，具有一定的封闭性。因此，当他想分享个人化的信息时，微信群与朋友圈会是他的首选。在某些情况下，如果信息传播的目的是想要更多的人看到，引起共鸣、引发舆论等，公众号的传播更容易被选择。其

---

❶ 余秀才. 微信传播的马太效应、木桶效应与涓滴效应［J］. 编辑之友，2015（12）.

次，从传播的后果来看，传播的"危险"等级也是重要的考虑因素。公众号传播由于受众范围广、受众属性杂乱、层次不一，极易引发舆论，对传播者的生活造成影响。因此，公众号传播的风险等级高于群组与朋友圈。值得注意的是，个体的渠道使用动机是很复杂的，是内外因素共同作用的结果，带有一定的随机性，在此，难以做详尽分析。但是，对"使用"的探究，是大众传播领域的重要研究课题，它不仅解释了个人或者个人集合体对媒介渠道的选择，还赋予了非媒介——个人在传播系统中的重要位置。

3. 四种渠道的不同组合方式及传播范围

在微信大众传播模式中我们可以看到，个体节点与微信群、朋友圈与公众号连接的边的"长度"是不同的，这里的长度代表的是个体与该传播渠道的"接近度"，其中好友间的距离最近，微信群与朋友圈类似，居于四者中间，公众号与个体的距离最远。从发布频率上来说，好友间的共享最为频繁、群组与朋友圈也很多，公众号相对频率最低。从信息传播的成本上考虑，公众号内容的投稿或者自己开设公众号的时间成本远远大于另外三种。个体与不同渠道的接近度会影响传播的半径范围，因为，四个渠道具有不同的信息被再传播的可能性。一般来说，与公众号的连接传播范围最大，即 f 1、f 2 大于 f 3、f 4，其间，公众号与微信群的连接 f1 又大于个人账户与公众号的连接 f 2。朋友圈与微信群的连接大于个人与好友之间的信息传播范围，即 f 3 大于 f 4。

四、微信的融合互动特点

在媒介生态系统中，微信作为影响力广泛、渗透能力强的子系统，它的生存与发展既离不开人的身体属性所传导的具象价值，也与其他媒介元素诸如报纸、广播、电视等相辅相存、共存共荣，更离不开当代社会持续发展的政治生态、文化生态、经济生态等环境。换言之，在媒介生态系统复杂多变的今天，微信只有不断深化"互动平衡"的传播理念，沿着媒介融合的战略轨迹与生态路径，才能打造一片真正属于自己的天地，获取媒介话语权。

（一）融合互动

1. 微信与人类身体的社区融合

丹麦学者劳克斯·布鲁恩·延森认为，随着以网络化个人计算机和手机为代表的新兴数字媒介的不断崛起，传播的平台出现了三种维度。第一维度，就是人的身体。[❶] "人的身体是一个多功能的物理平台，它可以实现包括演讲、唱歌、舞蹈、戏剧表演、绘画和艺术创造等在内的活动……人的身体就其本质而言是一类充分且必要的传播物质条件。在社会化以及文化涵化的影响下，人的身体进而成为兼备生产性和接受性的传播媒介。"[❷] 微信客户端要与人进行连接，让每个连接与服务都成为一个利益生发点，创造更多的商业价值。一方面，微信与员工高频服务需求连接。在企业微信运营过程中，把培训互动平台植入微信公众号议程，充分利用微信的高度覆盖率、及时的消息触达能力来降低员工培训成本。另一方面，微信与管理者进行连接。长期以来，企业信息传递存在沟通渠道复杂因而影响管理者的判断。借助微信公众号，传递 BI 报表展示、HR 招聘、意见反馈等信息，让管理者在第一时间能够了解内容最新动态，提高管理效率。此外，微信还要与用户进行连接。分享是微信的一个典型特征，也是微信与用户进行连接的纽带。分享是创造新群体组织的关键环节，它把一个用户引向另一个用户，为朋友圈发布的单向行为增加了一个新维度。裂变式分享把不同的人群进行连接，随着分享的不断递增，围绕分享内容将会达成合作，最后形成一种集体行动。可以说，简单地连接分享会产生一种协同、合作的精神。

2. 微信与其他传播介质的渠道融合

终端融合是媒介融合的重要方面，也是媒体融合的外在呈现方式。终端融合主要分为两种：终端设备融合和终端服务融合。终端设备融合是指终端硬件和技术的融合，以及特定内容、服务与终端设备的融合。终端融合的核心是技术创新，通过技术创新开发出融多种功能为一体的硬件设备和软件支持。终端设备融

---

❶ 赵红勋. 媒介技术范式下微信客户端的异化表征与生存路径 [J]. 现代视听，2016 (8).

❷ 劳克斯·布鲁恩·延森. 媒介融合：网络传播、大众传播和人际传播的三种维度 [M]. 刘君，译. 上海：复旦大学出版社，2015：69.

合实现了多样化与一体化的统一，通过单一的终端满足用户多样化的需求，从而实现了消费的便捷化。但这种多样化并不是终端的简单机械相加，而是能够充分满足用户个性化需求的深度的终端融合。● 微信传播生态不是一个封闭的系统。为了更有效地运转，微信实施了终端开源组件计划。它支持更多的微信开发者通过开源接口做二次开发，比如，分析地理定位，场景运用，用户偏好等。同时它构建了整个以微信为开源入口的良好生态。另外，微信开放了外部链接，允许用户分享外部的视频链接、网页链接、口令链接等，打通了微信与各类视频平台、电商平台、网站的沟通分享通道，极大地丰富了微信媒介的传播生态。

3. 微信内容、社交与服务的融合

对于传统媒体而言，内容运营是核心元素。而在微信运营中，内容的单一性指向已无法满足市场化需求，社交和服务的潜能被进一步挖掘。微信不断通过升级生产出丰富的、有个性的、高效的精品内容，来提升其优质的社交及服务。微信客户端需要连接内容、社交与服务，打通三者之间的融合路径，这样可以产生更强的"化学反应"，创建更大、更强的商业空间。

（二）平衡发展

1. 内容为王

传统媒体善于精耕内容，把"内容为王"作为生存理念。但是，步入移动互联网时代，技术被提到了重要位置。"内容为王"的生存理念逐渐被"技术为王""渠道为王""服务为王"等新的说辞所取代。难道新媒体真的不需要"内容为王"？其实不然，无论是传统媒体，还是新媒体，"内容为王"依然是媒介的生存法则，"无论（媒介）通道是修在天上还是地上，内容需求是不可舍弃的东西，内容的价值保障也许比渠道建设来得更可靠。"❷ 在微信客户端的设计过程中，要不断强化原创理念，用原创精神指导技术实践，体现微信的独特性。在微信功能的设计上，开发出新的程序，这种程序既要区别于其他公司的社交软

● 栾轶玫. 新媒体新论［M］. 北京：人民出版社，2012：148.
❷ 倪洪江，潘祥辉. 内容为王"与"王的内容"——新媒体环境下纸媒"生死劫"再思考［J］. 传媒评论，2014（2）.

件，又要与本公司的 QQ 有明显区分，让用户一想到这个新功能时，就只能想到微信，而非其他社交软件。同时，在微信内容生产中，注重功能性内容的阐释与表达。所谓功能性内容，就是即读即用，"看完一篇感兴趣的文章，立马可以点击原文链接，跳转到下一个动作，不需要做设别切换、场景切换甚至界面切换，即可以去查询、去购买、去互动，等等。"❶ 功能性内容主要通过查找序列号进行功能性阅读或使用，微信公众号再对查找文章进行一些简单处理，就会获得经验的传播效果。比如，2015 年春节期间，App 每日推送公众号推出了"查祝福语"的临时性功能内容，短短一天就获得了近 10 万的点击量，这种契合用户需求的内容，收获的是高关注度和高回报率。当然，打造原创性强、创新性高的优质内容需要机制和人才做保障。没有良好的机制和人才做支撑，整个微信建设团队就如同散沙，更别提创新了。制定操作性的规则、引入竞争或奖惩机制将会激发人才的创新，推进微信的内容打造。比如，实施撰稿人制度，针对不同领域、不同行业、不同方向的微信内容生产，寻找和挖掘适用性人才，对他们实施奖励，让他们用才华诠释微信的完美。

2. 深耕品牌

品牌是媒介的一种形象，它既是媒介产品质量的象征，又是媒介产品在消费者心中的集中投射。对于微信而言，品牌是视觉符号、听觉符号以及触觉符号相互交织的一种形象，它传达的是微信客户端的价值理念、文化内涵、服务质量和个性特征。所以在微信客户端的建构过程中，品牌的力量与作用绝不可忽视。在树立良好微信品牌的过程中，"差异化"理念要深入人心。一方面，微信定位的差异化。随着媒介技术的大举入侵，人们获取信息的渠道逐渐多样化。作为一款以社交为主要应用的平台，微信不可能面面俱到。根据社交定位，设计其功能版块、页面布局，满足用户的社交需求，真正实现微信与社交之间的融合。另一方面，视觉呈现的差异化。在色彩、构图等视觉元素的设计上，要与同类应用软件进行区分，避免在 Logo 上出现趋同性。在整体布局和页面设计方面，也要体现差异化。微信与易信在

---

❶ App 每日推送. 带你微信，带你飞：从 0 到 100 万，一个微信大号的养成记［M］. 广州：广东经济出版社，2015：22.

页面布局方面存在诸多相似之处，这样很容易让用户产生一种视觉错乱，很难形成对特有品牌的独特认知。再好的品牌如果没有良好的营销方案，其价值就远远不能体现出来，更不能进行传播和传承。品牌营销是推广微信整体形象品牌的一种渠道，它借助广播、电视、微博、微信等不同的传播载体向用户推广自己的特色、品质、属性，强化用户印象，从而获得更高的知名度、更好的美誉度和更强的忠诚度。与此同时，作为微信产品的品牌营销，可以通过群发信息、在线咨询、在线预订以及在线报名等方式，传播产品信息，树立产品形象，从而让产品所属的公众号在微信平台获得更高关注度，获得更多点赞。

3. 聚焦用户

受众在传播学中一度被认为是大众传媒直接击中的靶子或目标，他们对媒介信息和产品顺从性接受，没有任何抵抗能力，因此，受众并没有受到媒体的重视，但是在互联网技术和移动终端日益强势登陆媒介版图的今天，受众的地位完全发生改变。正如英国著名传播学者丹尼斯·麦奎尔所言：技术发展所创造出的受众，成为媒介业扩大市场和赢取利润的主要目标。对于受众的争夺，逐渐变成一种事关媒介事业的竞争。❶ 对于微信而言，受众不仅仅是信息接收者、制造者和参与者，更是不同微信产品争相竞争的用户。腾讯公司高级执行副总裁、微信事业群总裁张小龙说过，"微信的理念是用户价值第一"。践行这一理念，笔者认为需要从两个方面着手：第一，人性化体验。用户是微信的"上帝"，他们的需求决定了其"使用与满足"情况。微信客户端借助大数据对用户习惯、行为、心理等进行分析，从而实施个性化定制方案。根据用户需求进行匹配联想，推荐用户感兴趣的个性化内容，增强用户黏度。当然，微信客户端的生成技术与功能设计要及时更新和升级，每一次改版都要充分尊重用户的需求，"从首页面设计、版块内容设定、字体图片的处理等，高度重视用户体验，根据用户需求，推送个性化的信息内容，提供社交功能，通过线上线下活动等，完成客户端初期推广的

---

❶ 丹尼斯·麦奎尔. 受众分析 [M]. 刘燕南，李颖，杨振荣，译. 北京：中国人民大学出版社，2006：7.

用户积聚和口碑沉淀。"❶ 比如，登录微信界面，用户可以自行设计字体、字号和颜色，这样可以满足不同用户的视觉阅读，让不同年龄阶段的用户都可以自由轻松地在微信海量内容里遨游。第二，挖掘用户价值。用户具有潜在的市场价值，他是媒介竞争的对象和目标。调动用户积极性，激发用户价值，让用户参与微信生产与建构，扩大微信的多极化、圈层化。用户生产内容可以成为微信的一大优势，因为他们认可的内容极大可能会在朋友圈进行广泛传播，甚至可以成为新一轮的思想引导者和价值引领者。

在互联网逻辑的牵引下，媒介社交化倾向日趋明晰。连接现实交际与虚拟交往的微信，在架构圈子文化的同时，很容易产生过度依赖微信的现象，长此以往，将会破坏人的主体性意义，麻痹人的精神，产生价值虚无感。正确利用微信、合理使用微信，是新媒体需要长期、持续关注的一个话题，其不仅能够提高人们的身心健康，而且对于媒介生态系统的良性互动和健康发展具有重要的现实意义。

五、微信传播生态的结构性特征

通过对微信人际传播模式与大众传播模式的解析，我们可以发现，微信传播生态是具有各种模式的结构，而不是单一的各种传播要素、属性的总和。只有洞察整个结构的特性，我们才能对微信传播生态有一个较为全面的理解。

首先，整个微信传播系统是一个整体，具有内在的连贯性。一方面，微信平台信息传播的总规律决定了结构中各个部分的性质。以"人""社交"为核心构架的微信系统，影响了人际传播与大众传播的传播方向、强度与形态。另一方面，微信系统并不仅仅是人际传播与大众传播的集合体。正如著名传播学理论"沉默的螺旋"的提出，"舆论的形成在于大众传播、人际传播与个人对他自己关于社会中其他人看法的理解这三者之间的相互作用"。❷ 换言之，舆论并不是大众传播与人际传播二者间的零和博弈，相反，人际传播、大众传播与传播主体

---

❶ 朱瑞. 主流新闻客户端的困境和突围 [J]. 青年记者，2014（34）.

❷ 丹尼斯·麦奎尔，斯文·温德尔. 大众传播模式论 [M]. 祝建华，武伟，译. 上海：上海译文出版社，1981：92.

的各个形式相互融合、相互连接与影响，产生了单一传播模式独立于结构之外的新的属性，而正是这种独特的聚合规律决定了微信中舆论传播的范围。

其次，微信的传播系统是一个动态的有机体。人际传播本身、大众传播本身，甚至两者之间都有丰富的转换程序。在人际传播系统内部，信源、信宿与传播中介三者转换重叠；在大众传播系统内部，微信群、朋友圈与公众号相互连接、协同扩散信息，不停地转换信息传播的身份功能角色。此外，人际传播与大众传播也处于不断转换的形态。在各种有机的转换过程中，新的传播主体、传播内容、接收者也在不断出现，整个系统不停地运转，富有极强的生命力。

最后，微信整个传播系统中的关系结构决定了传播效果。微信中每一个传播要素都是一种关系的构成部分，关系与关系的连接编织了微信庞大、有序、分层级的传播网络。信息由大众传播及时、迅速、广泛的传播特点直接抵达大众，不过，根据罗杰斯等学者的研究，只有经过人际传播的"劝服"作用，才能形成"多级"或"N 级传播"。前文也探讨了人际传播在议程扩散中的重要功能。基于此，我们推测出，当人们充分利用微信系统中传播形式的关系连接，将人际传播与大众传播的各个渠道有机结合，形成复合式的传播模式时，传播的效果可以最大限度实现。

总之，从寻找微信传播系统中的"原子"开始，本部分将传播学的图像模式研究方法与经验主义研究方法相结合，一定程度上揭示了微信传播系统的奥秘。但任何模式都不是尽善尽美、包罗万象的，需要不断地改造与完善以适应新的传播形式。对微信传播形态的研究有着重要的实际意义，影响着我国政治、经济与文化的方方面面，因而，我们应该持续对微信的传播现象进行探究，优化我国的传播现状。

第二节　媒介生态环境的发展特点

随着各种媒介形态的相继登台，我国的媒介生态环境出现了史无前例的新变化、新特点。媒介的生态环境是媒介赖以生存与发展的重要基础，本部分将从媒介生态环境发展的内部特点及外部特点两方面进行论述，总结当前媒介生态发展呈现出的趋势特征，以期为我国媒介生态环境建设提供更多的思考。

一、媒介生态环境发展的内部特点

（一）"微"特质

"微"特质是当代媒介生态体现出来的一种典型特点，即信息越来越碎片化，而这些碎片化的信息要通过一个个社交网络等节点被连接与重构起来。在新旧媒介共存共荣，不断交叠出新的今天，媒体想要生存发展，需要在一个个"微链"中去创造更多的焦点、热点与难点话题。当代媒体，除了要善于把握信息的原创性、深度报道以外，更重要是要利用好用户的"碎片化"阅读习惯，在纷繁复杂的"微链"世界中排兵布阵，成为重要信息和节点的传递者。媒体报道不再是过去长期以来的"一刀切"，而是在无数碎片与节点上进行舆论的引导。

随着以微博、微信为代表的自媒体的蓬勃发展，媒介的碎片化传播日渐明显，我们也在不知不觉中进入一个碎片化阅读时代。无论是微博对 140 个字数的限制，还是微信营造出的一个又一个"微圈子"，商家利用微信平台打造出的一个个"微名片""微支付""微活动""微分享"，更或者是"今日头条"这类 App 的出现，可以发现，媒介正在将自己细分为不同类型的平台，将海量的信息微观化，以适应移动互联网时代更加细分的受众。

（二）"圈子"的发展

随着互联网技术的不断发展，当下兴盛的社交媒体不仅改变了信息的传播模式，重构了人与人之间的关系，而且在某种程度上重新构建了我们这个时代的文化形态。新媒体越来越成为我们对自我、他人及世界的理解方式及源泉，"一对多"的大众传播被互联网技术分为以个体爱好和自由为依托的"多对多"群体传播。"人们以各种各样的人际关系与兴趣爱好为基础，建构起一个又一个属于自己的社交'圈子'，社会被新的媒介形态引入'多样性部落生存的新型状态之中'"，麦克卢汉的"重归部落化"的预言正在逐步实现。

当代都市文化生活让人与人的关系不再感觉熟悉和亲密，就算是比邻相守的两个人有时也形同陌路，西美尔、本雅明等人认为现代社会是"陌生化社会"，在现代社会中，每个人彼此之间都是陌生人。而当下蓬勃发展的新的媒介则利用"圈子"将这样的"陌生化社会"转化为"熟人社会"。纵观当今流行的各种网络媒介，都在争相开设"圈子"功能，将全国甚至全球各个地方的人们聚到一个巨大的网络箱中来交流、互动，联系老朋友，认识新朋友。比如，微信的朋友圈与微信群、百度贴吧、天涯社区、腾讯QQ群、微博社群等圈子不但给现实生活带来巨大影响，重塑着人们的交往方式，还使人们日渐依赖这种网络虚拟交流，换句话说，在当前这个"新网络群居时代"中，"圈子"已经成为人们十分重要的一种生活方式。

在当下全新的媒介生态环境中，互联网技术将所有陌生的个人拉近，聚合在一个又一个圈子里，这一个个不同类型的圈层让网民的上网行为得以完善，人们通过加入这些圈子而获得精神上的慰藉与归属感，基于某些相同兴趣、爱好而聚合在圈子里的人，经过圈子的长期浸润，其认知、情感都表现出惊人的统一性。

（三）信息"丰盛现象"

让·鲍德里亚认为："今天，在我们的周围，存在着一种由不断增长的物、服务和物质财富所构成的惊人的消费和丰盛现象。物既非动物也非植物，但是它给人一种大量繁殖的植物和热带丛林的感觉。"[1] 媒介随着经济、政治、技术的变革，不断调整自身，在大数据时代呈现出"丰盛现象"——媒介的丰盛。

目前，人们阅读的介质不再限于纸张，电脑、手机和平板成为各种媒介的载体；各色各样的媒体平台不断涌现，博客、微博、微信论坛或BBS等自媒体平台，今日头条、腾讯等新闻客户端；快手、梨视频等视频平台；新闻不再局限于文字，虚拟技术提供的"沉浸式"新闻给受众带来全新体验，机器人不知疲倦的成稿能力等，我们被丰盛的信息所包围：多元且海量的信息，层出不穷的媒介

---

[1] 让·鲍德里亚. 消费社会 [M]. 刘成富，全志钢，译. 南京：南京大学出版社，2006：183.

新样态。当下的我们生活在多种多样与形态各异的媒介包围之中。

(四)　新闻"趋同化"

不难理解，传播技术不断发展和各类新闻发布平台越来越多，而新闻内容却越来越单一，一条新闻信息，往往会引来众多媒体的争相报道，致使一些热点、焦点新闻很难被一个媒体独家发布。这样媒体对一个事件的蜂拥报道，不可避免地促使新闻趋同现象的出现。新闻趋同横向来看就是指无论是什么样的报纸还是电视台，对于相同的一个新闻事实，在纸媒之间和电媒之间看不出区别；纵向就是一家媒体对于一个新闻事实同时在微信、微博以及客户端等网络平台上发布。转载与抄袭也是导致新闻趋同的一个重要原因，由于数字技术的便利，越来越多的自媒体、社交媒体都使用转载或抄袭的手段发布别人的新闻内容，微信官方就曾删除了大量的抄袭侵权内容。❶

当下，大多数新闻网站的新闻信息都大同小异。无论我们打开哪种 App 软件还是微博、微信、头条几乎都无多少差别。泛滥的微信公众号以及微博无限制的转载致使网络新闻陷入"复制+粘贴"的模式，新闻的原创性几乎被掩埋，让人眼前一亮或惊喜的异质新闻十分匮乏。新闻趋同导致如今的新闻总给人千篇一律的感觉，阅听者只需要选择其中一家媒体或一个阅读平台就能满足自身需求。

(五)　"词媒体"的到来

"词媒体"是随着互联网的普及而逐渐发展的。"词媒体"概念于 2010 年 5 月第一次被提出来，它将"词"作为传递信息的主要载体，由此传媒的信息传播和记忆速度得到了极大改善，将词中特定的时间、地点、人物、事件进行高度浓缩，以便口口相传。

当前，社会的信息量达到一个空前的水平，大量的资讯信息过载，为了快速查找自己所需的信息，用户经常要使用"关键词"进行信息搜索。以新媒体为主要传播途径的"词媒体"不仅简洁凝练、一针见血，且内涵和外延丰富，还具有强烈的修辞色彩，极具"眼球效应"。比如，"蒜你狠""范跑跑""表叔"

---

❶ 中新. 微信发布公众号抄袭处罚规定：抄袭五次将永久封号 [N]. 南方都市报，2015-02-04.

等。词媒体将社会热点事件以及民众的态度进行了高度概括。用户对"关键词"的搜索能够让他们在最短时间内获取核心信息，也使媒体的传播更加精准和到位。目前，很多主流媒体及其微信公众号、新浪微博、天涯社区等都在使用词媒体，它为从前严肃刻板的新闻增添了娱乐性、可读性与趣味性，既能拓展大众的记忆空间，又能满足当下读者的阅读需求，拉近了与读者的感情距离。不过，词媒体的强大感染力也容易成为网络语言暴力和娱乐过度化，在平台多样化的泛媒体生态中，值得我们反思。

显然，互联网时代的到来对媒介内部的冲击是明显而猛烈的。在传统媒体时代，人们主要使用媒介获得信息，而在移动互联网时代，大众传媒的作用被无限放大，新媒体涵盖了人们生活、工作、娱乐的方方面面。媒介生态环境从来不是单独的个体，它在时间的洪流中，被政治、经济、文化裹挟着向前发展，动态变化的环境既能给媒介带来发展机会，也隐藏着各种风险，媒体必须依托技术和外部环境的变化不断调整自己的步伐，才能使自己在社会这个庞大的生态系统中生存下来，并实现自身的可持续发展。

二、媒介生态环境发展的外部特点

（一）并购重组热：巨型公司产生

2011 年起，我国传媒产业并购重组持续加速。据不完全统计，2013 年我国文化传媒板块发生了 56 起并购事件，累积金额达 400 多亿元，板块总市值从 3120.61 亿元增至 6438.15 亿元，增长 106%。❶ 2016 年中国企业宣布的跨境交易数为 438 笔，其中传媒业为 20 笔，在 2016 年海外并购交易数量最集中的十大行业中列第 9 位。❷ 显示出了我国传媒行业海外并购的热度。

从细分领域来看，我国传媒行业的并购重组活动出现了三大主要潮流。第一大潮流是以互联网、电信业、IT 为代表的数字新媒体行业（TMT）成为并购重

---

❶ 肖叶飞. 我国传媒产业并购重组之现状 ［J］. 新闻战线，2014，11：78-80.
❷ 胡润百富，易界. 2017 中国企业跨境并购特别报告 ［EB/OL］. https://doc.mbalib.com/view/4fa5c8dc0491ce6cf18a39beb672aabd.html.

组事件的主要推手，处于主导地位。以阿里巴巴互联网公司为例，据不完全统计，仅2012年至2015年，阿里巴巴就收购或入股超过24家媒体（表2-1）。从媒介属性来看，阿里巴巴主要收购或入股的企业都是媒体行业细分领域的翘楚或颇具潜力的新起之秀，如中国第二大社交媒体——微博，潜力巨大的新媒体——虎嗅网，传统报纸、杂志——《华南早报》《第一财经》等。从传统媒体、新媒体、社交媒体到视频媒体，阿里巴巴通过跨界并购打造了一个传媒业的全媒体布局。除了阿里巴巴外，互联网巨头百度、腾讯等也认识到媒介产业潜在的巨大利润，频繁收购入股各类媒体，掀起了蔚为壮观的媒介产业收购与入股的浪潮。

表2-1 2012—2015年阿里巴巴在传媒领域主要收购或入股事件

时间	被收购/入股者	被收购/入股者业务	收购/入股内容
2012	陌陌	社交媒体	入股
2013	新浪微博	社交媒体	18%股权
2014	文化中国	主要业务有影视制作、策划、出版、投资、电视节目包装、各类广告服务等，目前具有一定国际影响力，该公司已经更名为阿里巴巴影业	60%股权
2014	华数传媒	拥有全国最大的数字化节目内容媒体资源库，是全国领先的互动电视、互联网电视、手机电视内容提供商和运营商	40%股权
2014	优酷土豆	中国最大的在线视频平台，并于2016年将其全资收购	16.2%股权
2014	虎嗅网	虎嗅网是一个聚合优质创新信息与人群的新媒体平台	投资
2015	第一财经	包括广播、电视、报纸、网站在内的全媒体、全牌照平台。是中国最具影响力、品种最完整的全媒体财经媒体集团	投资24亿元
2015	南华早报	始于1903年我国香港地区的英文报纸，其报道具有权威性，且独立中肯，在业内享负盛名	收购
2015	博雅天下	旗下拥有《博客天下》《财经天下》和《人物》三本杂志，以及咋整科技等	入股
2015	Snapchat	美国的一款"阅后即焚"的社交软件	投资2亿美元

第二大潮流是传统媒体跨区域、跨行业、跨媒体的并购重组加快。以报业为例，解放日报报业集团和文汇新民报业集团发起合并，开启了上海国有传媒资产整合的大幕。此外，传统媒体组织与企业还积极进行跨界并购，力图打破单一的盈利模式，全面整合新闻、策划、设计、影视、娱乐、发布、展览服务等方面，努力将自己打造成全媒体、全产业链的文化传媒公司。例如，我国第一个传媒集团化产业是牡丹江新闻传媒集团与佛山传媒集团进行重构和整合之后形成的。浙报传媒则采取跨行业的并购融合战略，收购了杭州边锋网络和上海浩方在线两家游戏公司，并且还进一步扩大了在移动互联网、互联网和电视产业的投资，纵向扩展其传媒产业链；2001 年互联网领域与电视领域的"新浪—阳光"并购，成为我国传统经济形态中传统媒体与新经济形态中互联网联姻的典范。在与新浪网合并后，阳光卫视成功实现了转型，在互联网媒体的冲击到来之前，与新浪网优势互补，打造了中国最早的宽带门户及跨媒体平台。传统媒体通过跨区域、跨行业、跨媒体的资本活动，形成了整合竞争力，确保了它在媒介市场上的地位。

第三大潮流是并购或入股新媒体成为主要趋势。随着新媒体变现方式与商业模式的成熟，并购入股新媒体成为许多企业扩张的新路径。西方媒体的并购重组活动也出现了同样的趋势，比如，2006 年，谷歌公司斥资 16.5 亿美元收购了全球最大的在线视频网站 YouTube，这一收购实践不仅扩展了谷歌传统的搜索业务，还让其成功进驻新媒体领域，成为视频媒体的新霸主。在我国，新媒体也以巨大的社会影响力和商业潜力，成为大企业跨产业投资的重要目标。据统计，我国获得融资的自媒体数量逐年上升，2014 年只有 5 个，但两年后已经达到 125 个。❶ 依靠移动互联网的新媒体内容提供商"二更网络""罗辑思维""咪蒙"等获得了上亿元的融资。

从西方世界 20 世纪 90 年代与 21 世纪初文化产业的并购热潮来看，并购与入股是传媒企业快速扩张的最好途径。通过并购等资本活动，西方出现了默多克新闻集团、华纳兄弟、无线电公司、好莱坞、迪士尼等巨型传媒公司。这些多元

---

❶ 《2017 中国新媒体趋势报告》，http://www.sohu.com/a/216284256_355061.

业务的大型企业改变了传统媒体行业的商业所有权结构，赫斯蒙德夫将这种现象称为"复合型专业化"（Complex Professional）时代的到来。❶ 复合型专业化时代最典型的特征是集团化与一体化，下面将结合我国独特的国情与媒介生态环境，对这两大特征进行解析。

（二）集团化：协同整合

集团化是一种经济行为，是指企业通过合并、收购、入股、重组等形式组成一个集合体。而媒介集团则指"媒介集合体经过整合，形成一个综合实力较强、具有较强包容性与承担经济危机能力的巨型企业"。❷ 理解媒介集团化，我们应该把其看作一个动态而非静态的过程，它是媒介经济与社会发展到一定阶段的产物，是顺应时代潮流的必由之路。我国媒介产业集团化起步于 20 世纪末，最典型的是报业产业集团化，标志是 1996 年中国第一个报业集团——广州日报报业集团的成立。在这之后，我国逐渐开始广播电视的集团化改革，在国家级综合性传媒集团——中国广播影视集团（2001）的引领下，湖南广播影视集团、上海文化广播影视传媒集团等地方性广播影视集团先后建立。

西方国家的媒介集团化趋势略早于我国，大概在 19 世纪末期就开始了。19 世纪经济大萧条刺激性反弹与低息贷款的双重刺激，推动了西方文化产业兼并整合高潮的到来。可以看到，"西方媒体产业的集团化是一种纯粹的市场经济驱动行为，但是，我国传媒集团化则是市场行为与行政行为的结合体"。❸ 因此，我国的媒介集团化过程具有中国特色。在我国媒介集团化的早期，政府主导型集团化是最主要的形式，占据主导地位，以报业集团、广播电视集团的兼并整合为代表，主要目的是应对我国加入 WTO 后，国际传媒巨头对我国传媒产业的入侵。随着互联网经济的发展，我国的媒介形态不断更新，各类新媒体、自媒体涌现，抢走了用户的"注意力"资源和网络的大部分流量。在此背景下，互联网巨头纷纷将媒介产业作为多元经营战略的重要部分，正如上文列举，阿里巴巴、腾讯

❶ 大卫·赫斯蒙德夫. 文化产业 [M]. 张菲娜，译. 北京：中国人民大学出版社，2016：72.
❷ 杨世宏，陈堂发. 媒介融合背景下的媒介产业集团化与集群化研究 [J]. 出版广角，2017（10）.
❸ 刘小燕. 把握趋势　寻求对策——"媒介经济与传媒集团化发展学术研讨会"综述 [J]. 国际新闻界，2002（6）.

与百度三大互联网企业以收购、入股、兼并等资本活动得到了大量媒介企业的控制权，获得了巨大收益。不同于西方世界新闻产业"强强联合"的集团化特征，我国媒介产业的集团化活动通常是"强弱结合"，即"大鱼吃小鱼"，大公司收购小公司或初创公司。这主要是为了补齐传媒公司的短板，试图打造一个完整的传媒生态圈，形成完整的产业闭环。这从互联网巨头的传媒版图可以看出，从传统媒体、新媒体、社交媒体到最新的视频媒体，腾讯、阿里巴巴、百度皆有其优势产品。

从经济学角度来看，与普通商品相比，媒介产业集团化能带来更大的经济收益，因为，媒介生产与传播信息的边际成本几乎等同于零，即向 100 万用户传送内容的成本与向 10 万用户传送几乎相同。集团化最主要的优势在于它带来的"协同效应"（Synergy Effect）。"协同效应"的本质是"1+1>2"，即将不同产业连接起来，通过规模效应，企业的收益会比单一产业收益之和更大。媒介融合就是一种典型的协同效应，媒介融合将多个媒体的专业资源、传播优势、用户资源相结合，形成协同竞争力。以人民日报的"中央厨房"融媒体的工作模式为例，首先，在内容生产方面，人民日报采取"复合"的内容生产模式，即将文本的生产根据不同媒介传播特性与受众特性的差异分离开来，生产多元化的文本内容，满足不同媒介使用者的需求。其次，在机构组织上，《人民日报》打破了传统的部门组织结构，以跨媒体、跨专业、跨地域的方式重构新闻生产方式。❶ 以"融媒体"为代表的协同运作模式，成为我国传统媒体融合转型的重要路径。通过"协同效应"规模收益递增的经济优势，传统媒体能降低风险，提升效率，实现融媒体内容生产、营销、传播的整体效应，进而抵御住互联网媒体的冲击，占据更多的市场份额。

（三）垂直联合：纵向一体化

不同于集团化的横向扩展，纵向一体化是指媒介组织或公司在纵向产业链上的延伸。如果说集团化最主要的目的在于占领市场份额，实现规模经济，"一体

---

❶ 杨世宏，陈堂发. 媒介融合背景下的媒介产业集团化与集群化研究［J］. 出版广角，2017（10）.

化"的目的则在于占领产业链，使传媒运作的各个环节统一化、标准化。对于媒介产业来说，内容制作、节目编播、线上线下传送是媒体产业链的主要组成环节，而一体化就是将内容与发行的综合所有权纳入一个公司的管理范围内。世界闻名的文化跨国公司——迪士尼，就是纵向一体化企业的典型代表与受益者。迪士尼建立了电影、唱片、电视等大量内容制作公司，在发行领域，拥有自己的有线电视频道、电视网、主题公园、图书、博伟影业公司等，还拥有迪士尼网络用品、迪士尼电子产品、箱包等。通过对内容制作到发行各个环节的控制，迪士尼公司的产品质量与生产效率有了很大保证，同时由于各个环节的统一调度，生产成本也大大降低。

实现纵向一体化主要有两个途径，一是产业链下游的发行商兼并产业链上游的内容提供商，例如，网络媒体对传统媒体的收购。二是产业链上游的内容提供商并购产业链下游的发行商，比如，凤凰传媒并购下游的编印发产业链。媒介行业垂直联合的目的在于打造一个"一体化媒介经营平台"，即"以全面满足受众需求、加强与利益相关者的有效沟通为出发点，将与媒体经营相关的业务纳入一个统一化的平台之上，形成优化传受关系和利益关系的一体化界面，并以此为依托来提升媒介经营各个环节的质量，以充分的互动、便捷的沟通建立和谐持久的关系"。❶ 因此，并购后的整合才是纵向一体化的核心，主要包括经营整合、管理整合、文化整合、财务整合等，否则并购的优势就不能发挥。美国在线（AOL）与时代华纳的解体就是典型的整合失败案例。

（四）对集团化与一体化的思考

随着集团化与一体化趋势的深入，我国媒介产业公司的规模和范围都极大地扩张了。我们应该如何评价这种扩张呢？这就引导我们走向对媒介产业公司权力集中问题的思考。

多元化经营的大型媒介集团公司，涉足了传统媒体、社交媒体、视频媒体等多项传播领域。一方面，媒介集团能够在减少生产成本的同时为用户提供优质的

---

❶ 喻国明，张佰明. 试论媒介一体化经营平台的构建［J］. 新闻传播，2011（3）.

整合性媒介服务；另一方面，媒体的集团一体化活动也带了一些问题。针对媒介产权集中等问题，西方学者从政治经济研究学范式、主流经济学的方法、自由多元主义传播学方法等角度进行了全方位探讨，主要得出两个产权集中引起的消极影响。第一是随着更多的产业内运作，企业的游说力量不断增强；第二是集团化使企业能够交叉推广其产品。❶ 首先，媒介产业有其特殊性，除了本身的商业价值外，媒体还拥有控制话语权与引导舆论导向的功能。因此，媒介产业产权的集中必定会引起我们对传播权力的担忧，也就是企业的游说力量。比如，阿里巴巴在 2013 年收购了我国最大的社交媒体之一新浪微博 18% 的股权，之后收购比例还在不断增加。有学者发现，自收购微博之后，新浪微博上关于阿里巴巴的负面新闻大幅度减少，新浪微博还逐渐成为阿里公关的主要互联网阵地。虽然这种衡量企业传播权力的方法比较粗略，不过这种思考并非毫无道理。

其次，集团化与一体化在经济上最主要的后果就是易形成媒介巨头，造成产业垄断。企业能够利用自己在行业内的各种资源交叉推广自己的产品，但有可能会遏制新兴产品与企业的发展。以 2018 年最火热的短视频之争为例，2018 年 5 月 18 日，腾讯官方发布了《关于进一步升级外链管理规则的公告》，公告提出"外部链接不得在未取得信息网络传播视听许可等法定证照的情况下，以任何形式传播含有视听节目的内容，"❷ 这一公告直接"封杀"了目前最火爆的抖音、快手、火山小视频等超过三十多款短视频软件在腾讯生态内的传播链条，特别是禁止这些视频 App 在腾讯所属的中国第一大社交媒体——微信上的传播。在这之后，腾讯开始运用所有资源推广其所属的短视频 App——微视。我们可以看到，通过"封杀"与"全平台交叉推广"等手法，大型媒介企业对新兴小企业的遏制能力是很强大的，它的产品成功率远远高于没有"靠山"的同类产品，这可能会损害整个媒介领域的创新力，从长远来看，不利于整个媒介生态的多元性与良性发展。

---

❶ 大卫·赫斯蒙德夫. 文化产业［M］. 张菲娜，译. 北京：中国人民大学出版社，2016：152.

❷ 新浪网. 微信升级外链管理：禁止未取得证照转播视听节目［EB/OL］. https://tech.sina.com. cn/i/2018-05-18/doc-ihaturfs2122288. shtml.

　　另外，即使大型媒介公司的话语权及统治地位在不断加强，我们也不能否认大量的初创公司也在兴起，比如，缺乏"靠山"的情况下，"字节跳动科技有限公司"就在腾讯、阿里巴巴、百度三大媒体巨头的版图之外，打造了今日头条、抖音短视频、西瓜视频等颇具市场竞争力的产品。两个月内抖音视频的日活跃用户规模就从4000万增长到1亿；旅行青蛙仅半个月就达到了4000万日活跃用户的规模，这些黑马产品展现出了极强的爆发力。但是，即便如此，我们对媒介产业集团化、一体化、规模增长的关注也是不可缺少的，因为媒介生态的格局并非一成不变，政策、技术演进、新潮流等都会影响整个媒介产业集团化与一体化的趋势，而媒介生态无论是对整个政治、经济、社会与文化形态都有极强的影响力。更重要的是，媒介产业的并购兼收并不是单一的经济行为，它还与政策法规与社会伦理责任紧紧相连，因而，对于巨型媒介企业的监管必不可少。

　　综上所述，20世纪初以来，我国社会、经济与文化生态的巨大变化为媒介产业、媒体经济创造了一个新型的商业环境。媒介产业的产权、结构与规模都有一定程度的变迁，整个产业的网络结构越来越大，呈现出集中的趋势，越来越多的大型媒体公司主宰了我国的媒介消费，攫取着巨大的商业利润。它们的出现已经对媒介产业发展的方方面面产生了影响，这种趋势将会导致什么后果？有没有逆潮流的趋势出现？这些逆潮流的趋势又与大型媒体公司有着怎样的关系？它们的发展路径与阻碍有哪些？这些有关媒介产业的重要问题有待研究者持续关注。

第三章
微信与媒介生态环境
的异化表征

第三章
微信与媒介生态环境的异化表征

第一节　微信与媒介政治生态的异化

一、当今网络政治空间面临的新挑战

我国公共舆论生成的传播主体、形式、路径的转变与相互之间的纠葛给网络传播活动与网络政治工作的开展带来了新的挑战与困难，各类新议题也涌现出来。下面将主要从网络舆情管理、网络数据管理、秩序控制与国家网络安全四个方面进行详细探讨。

（一）网络舆情管理面临的挑战

网络已成为当今社会文化的信息集散地和舆论传播的扩大器，网络舆情就像经济"风向标"，反映着一个社会的民意社情和思潮动态。与此同时，大众传播在生产和接受之间存在一种已经制定的断裂，信息生产与传播的人员难以获得面对面传播所得到的直接的反馈，因此，大众传播的传播过程具有天然的"不确定性"。❶为了在一定程度上消解这种传播的不确定性，最大限度地预知传播效果，传播机构及国家制定了一系列策略对传播过程及结果进行监测，例如电视台的收

---

❶ 奥利弗·博伊德-巴雷特，克里斯·纽博尔德. 媒介研究的进路：经典文献读本 [M]. 汪凯，刘晓红，译. 北京：新华出版社，2004：69.

视率统计、市场调研，政府主导的网络舆情收集，等等。互联网、智能手机与人工智能等技术推动的新媒体的诞生与盛行改变了传统的传播监测格局，各类减少传播不确定性的实践影响深远又充满矛盾。一方面，大数据、智能机器算法可以把传播过程中的主体、信息本身以及效果数据化，帮助传播机构及国家得到更为精确的受众反馈，进而更有效率且准确地理解传播过程。然而，新媒体带来的"多元话语格局"与快速的信息流动性使得网络暴力、贪污腐败、违法犯罪等负面事件的流动性加快，信息流动过程中不同素养的网民"添油加醋"，共同参与表演，容易形成集群行为、激起公众舆论场，加大了传播者及国家对网络舆论的管理难度。

新媒体与社会多重交错的因素打破了传统的舆论格局，形成不同形态的传播方向、强度与格局。新时代背景下的网络舆情环境十分复杂，网络舆情工作面对的挑战加剧。"舆论倒逼"作为新媒体传播环境中新型的舆论现象格外引人注目。网络舆论的"倒逼模式"是指以中国草根民众为主的群体，通过网络爆料，随后以跟帖、转发等多种方式将信息迅速扩散，并形成网络媒体和传统媒体纷纷报道的强大舆论态势，给政府决策和公共治理造成一定压力，迫使有关部门做出与民意或多或少相符的事件走向。❶ "舆论倒逼"事件不应该被视为不利于政治稳定的洪水猛兽，相反，"舆论倒逼"是政治开明与社会昌明的重要表征，是人民群众创造力与智慧的彰显，从侧面证明了我国社会文化开放程度与开明程度的加深。❷ 但是，"舆论倒逼"事件如果处理不当，后果也会比较严重，尤其是当过激言论、过激情绪与不实信息大范围快速地扩散与蔓延时。我们应该从"舆论倒逼"事件中去学习和掌握网络舆论生成、扩散与产生影响的新规律，革新我国的网络舆情监测系统，科学地开展针对新媒体的舆论引导与疏通工作，通过对舆论热点的解读了解舆情与民意进而改进自身工作，重视网络舆情监测，以此构建民主健康的网络政治空间。

❶ 王艳玲，王洁. 自媒体时代舆论倒逼现象的有效引导 [J]. 现代传播，2015（1）.
❷ 丁柏铨. 略论"舆论倒逼" [J]. 新闻记者，2013（4）.

（二）网络数据安全面临的挑战

互联网的兴起，对我国数据资讯的管理也产生了巨大的影响。之前，我国政府拥有对各类重要数据的主要管理权，例如通过每 10 年一次的全国性人口普查掌握我国的人口数据，进而为相关政策的制定提供数据支撑和指导。目前，大部分重要经济数据的采集与分析掌握在社会科学院等官方数据统计中心的手中。互联网的出现与计算机技术门槛的降低，使数据可以电子形式存储在计算机中，而且计算机技术还能对这些数据做出准确的分析与分类。在这一背景下，政府对于我国重要及敏感数据的直接管理权就被进行了一定程度的稀释。带有不同目的的从业者通过应用计算机科技收集、整理与分析数据形成调研报告，这些盈利性质的数据咨询公司与官方数据统计机构，例如中国互联网络信息中心（CNNIC），一起形成了"百花齐放"的网络数据管理格局。由于数据是商业竞争中的重要资源，数据已变成可以在市场上交易的商品，具有巨大的市场需求。

随着我国媒介产业集团化与一体化趋势的加速，一些像阿里巴巴一样多元化经营的巨型传媒公司兴起，它们利用自己的流量与技术优势攫取了丰富的用户数据。重要数据、敏感数据被商家企业掌握不仅削弱了国家对网民数据的主控权，还增加了国家维护数据安全的难度。首先，从国家层面来看，随着网络数据跨境流动的渠道被打通，网络数据安全对国家安全与发展影响更为直接，如果网络数据受到破坏、被篡改、泄露、损毁后，国家安全、社会秩序与公共利益将遭受巨大的损失。习近平指出："没有网络安全就没有国家安全""要维护网络空间安全以及网络数据的完整性、安全性、可靠性，提高维护网络空间安全能力"。同时，《中华人民共和国网络安全法》也于 2017 年 6 月开始实施，标志着我国网络安全、网络空间治理和网络信息传播从此有法可依，其中的数据安全对维护国家政治安全的关键性被提到了重要高度。

（三）网络及现实社会秩序控制面临挑战

随着互联网的普及，计算机技术从精英阶层的特权走向了大众化，从技术层面推动了"同质性"与"异质性"群体在网络空间的集聚。与此同时，全球传播语境的变化以及我国政治、经济、文化的发展也激发了人们参与讨论社会问题的热情。新媒体在赋权人们新的话语权与参与权的同时，也引发了各类滥用权利的乱象。人肉搜索、网络通缉令等网络暴力作为网络技术的负面伴生物层出不穷。网络人肉搜索的主体的"群体"，即个体网民在一定事件的刺激下集聚、团结与合作而形成个体组合。网络空间中的群体具有区别于现实生活中群体的独一无二的复杂性。现实生活中的群体通常是以"同质性群体"为主，而网络群体则包含了"同质性群体"与"异质性群体"两种群体类型。"同质性群体"是指相似派别、社会身份与阶级的群体集合；"异质性群体"则是指不同特点、职业、智力水平的个人的集合。❶ 这种混合型群体行为的最典型特征是"无意识性"，他们极易被情感、理念以及他人的言行所影响。被具有复杂性与无意识性主体填充的网络空间充满着各种不稳定的因素，促使了各类网络暴力事件的发生。

网络暴力事件给我国虚拟及现实社会的秩序控制带来了新的挑战。群体是不受"理性"影响的，群体只有十分低下的逻辑能力，他们只接受概念之间的表明相似性和连续性。❷ 而网络的匿名性特点会将群体的理性与逻辑能力降到最低，容易受到怂恿与煽动，夸大恶意情绪，从而由"群体"变为"群氓"。另外，匿名性还为人们的网络行为提供了隐形的外衣，使人性中的恶显现出来。在主体的隐形性与"法不责众"的心理结合后，公共舆论持续的时间长度与讨论的空间广度都将被扩展，这些都加大了相关机构对网络秩序管理的难度。此外，人肉搜索等网络群体事件并不是只在虚拟世界中发酵，还会经常延伸到现实生活中。多数在虚拟网络中受到人肉搜索的受害者在现实生活中也经受着各类的暴力行为，严重的"私人执法"事件也时有发生，比如谩骂、殴打甚至杀害受害者等。私人执法是对法律的践踏，是对法律规制下合理秩序的挑战。因为，个人没有资格与权利惩罚个人，行使公权力只能是法律法规。

（四）国家网络安全面临的挑战

"随着我国经济建设不断取得新的成就，正在崛起的大国形象的炫目光环使

---

❶ 古斯塔夫·勒庞. 乌合之众：大众心理研究 [M]. 李隽文，译. 江苏：凤凰文艺出版社，2017：164.
❷ 古斯塔夫·勒庞. 乌合之众：大众心理研究 [M]. 李隽文，译. 江苏：凤凰文艺出版社，2017：46.

我国更易遭遇话语权被挤压、被碎片化与形象被歪曲的情况，这在历史上已有许多先例。"❶ 近年来，我国涉及网络安全的事件时有发生，给政治、经济、文化安全带来巨大挑战。新媒体语境下的"多元话语格局"给西方势力的网络入侵带来了更多的可乘之机，给我国国家网络安全维护带来了新的挑战。首先，网络群体的非理性、易煽动性、脆弱性容易被利用。新闻传播的国际化使国家间信息传播界限越发模糊。西方势力通过散布有损我国形象的言论，质疑我党话语的合法性。这些虚拟世界的言论往往会造成意想不到的后果，容易煽动人民协助他们制造危害我国社会稳定、民族团结与国家安全的社会事件。其次，国外的非法组织利用互联网与新媒体平台开展"地下运动"，通过网络的匿名性、加密程序、更改操作系统与硬盘驱动器等操作隐藏身份，加大相关部门的查处与打击难度。更甚，一些国外的非法组织以互联网、新媒体为阵地发展会员，急速地扩展壮大，试图制造一些危害国家安全的活动。例如，邪教组织利用新型技术转型成为"新型网络教派"，然后与境外势力勾结，意图破坏国家安定团结。

我们可以看到，新媒体的发展是一把双刃剑，建构性与解构性并存。除了对社会发展发挥积极作用，在舆情管理、数据管理、秩序维护与国家安全维护方面可能会产生一些负面效应，尤其是在我国经济平稳发展，改革进入深水区，国际地位日益提升之时。在这样的关键发展阶段，一方面，政府应该有义务支持公民的言论自由、政治表达与政治要求。但是，对人民表达的支持并不意味着对破坏社会稳定的言论一味地容忍和宽容，网民只有把握好权利与义务，民众的网络实践才具有合法性。另一方面，政府机构应该探寻新媒体背景下言语与舆论形成的规律，加强网络政治建设及政府对网络事件的应对能力，以科学的方式构建网络话语体系，营造良好的网络舆论传播环境，进而推动我国的政治改革进程。

二、微信网络舆情传播的异化

网络舆论一向是社会舆论的主体，其中，微信舆论格外令人瞩目。目前，微

---

❶ 陈亦玲，李艳玲. 构建融通中外的新概念、新范畴、新表述——中国政治话语传播研讨会综述[J]. 红旗文稿，2014（1）.

信平台的月活跃用户已超过 10 亿人，实现了国民级社交媒体应用的大跨越。微信强大的传播力与影响力也使其发展为社会舆情的新引擎和主要阵地。近年来，"红黄蓝事件""辱母杀人案""严书记事件""于欢案"等一系列热点事件的舆论均是在微信空间发酵后再在全网扩散传播，微信能够成为我国舆情的生发场域与其独特的舆情生态息息相关。

（一）微信舆论场与舆情特征

所谓舆论场，是指"包括若干相互刺激的因素，使许多人形成共同意见的时空环境"。❶ 在传统的舆情治理模式下，社会公众大多处于边缘化的位置，政府主导着整个社会舆情空间。然而，随着网络媒体的盛行，网络场域演变成了公众参与公共讨论的重要舆论空间。与传统媒体或微博等其他新媒体相比，微信网络舆情事件不仅具有发生的不确定性、非理性、关注聚焦性、效应破坏性和处置紧迫性等网络空间舆情发展的共性特征，还具有以下独特的形态、结构和动力系统。

1. 强烈的"情绪传染性"

与微博主打的陌生人社交不同，微信社交网络主要是现实生活中社交关系网络的延续。人们的微信社群网络聚集的是与自己兴趣爱好、区域、价值观、成长背景等相似的家人、朋友与同事等。微信独特的成员结构形成了其典型的情感生成机制，使微信空间的舆论信息传播很容易引发微信好友的情感共鸣，具有较高的共识度，情绪的感染力很强。由此，微信空间的信息往往能引发朋友圈好友的转发传播，通过持续地互动催生舆论热点并形成强大的"共振效应"，实现微信舆情蔓延式扩散。同时，微信空间中相似社会群体的"层级互动"还带来了一定程度的"圈层区隔"，各个"圈子"的观点难以实现有效交换，进而使得舆情危机难以排遣和消除，尤其是那些层级较低的舆情滋生与谣言肆虐的高发"圈子"。

2. 传播信任度高

学者匡文波等针对用户对微博与微信信息的信任度做了细致的调研分析后发

---

❶ 刘建明，纪忠慧. 舆论学概论［M］. 北京：中国传媒大学出版社，2009：50.

现，人们对微信信息的信任度为63%，是所有被调查媒介中最高的，远远高于微博信息36.8%的信任度，而人们对于手机、网络、报纸、广播、电视新闻的信任度皆低于微信与微博。❶ 用户对微博与微信信息如此差异化的信任度主要是由于微博与微信不同的传播模式。微博是一个基于"弱关系"的大众传播模式，而微信则是一个强关系链黏合的熟人社交平台，偏向于群体传播或人际传播，由此带来的熟人社交圈之间的高信任度和强接受性。

3. 多层次传播渠道互动交叉

与微博通过评论、点赞与转发三种形式进行信息的传播不同，微信作为一个舆情传播大平台，其内部还拥有微信群、公众号和朋友圈三大舆情生成与传播途径。当用户选择将微信公众号的内容分享至个人微信时，就完成了一次人际传播；分享至微信群时，就完成了一次群体传播；分享至朋友圈时，就完成了一次"弱大众传播"。并且，研究还发现，转发至朋友圈的公众号信息更容易被阅读与二次转发。微信这一集多种信息传递方式于一体的多层次信息传播平台形成的无缝衔接、交叉互动的舆情传播模式极易引发舆情传播的"蝴蝶效应"。

（二）微信舆论场的异化表征

近年来，微信平台爆发了大量的舆情危机，成为负面舆情膨胀的信源地，信息异化现象层出不穷。信息异化主要是指由于一些不良因素的影响，信息在生产、传播与消费的过程中脱离了其服务于人的属性，反而成为干扰人类社会正常运转的负面因素。❷ 微信舆论场具有极强的"情绪传染性"，较高的传播信任度以及互动交叉的多层次传播渠道等独特的舆情传播与舆情生态特征，在一定程度上诱发、促成、放大、激化和助推了负面舆情的生成与蔓延式扩散，引发了一系列舆情传播的异化现象，影响社会稳定。

1. 微信传播的私密性

"强关系""群体极化""圈层传播"引发谣言肆虐。由于微信独特的"熟人社交网"，微信信息能够给人们带来较强的信任感，这使人们下意识地收起了个人

---

❶ 匡文波，周佩. 2018年网络舆情的特征研究 [J]. 新闻与写作，2019（2）.

❷ 崔梁凡，张晓. 网络舆论群体极化现象的分析与引导 [J]. 新闻研究导刊，2015（6）.

的批判意识，在"沉默螺旋效应"的作用下无意识地成为谣言扩散的"帮凶"，极大地提升了谣言爆发、发酵的速度与破坏力。有研究发现，对于同样的谣言，人们的信任度也是不同的。如果受访者被告知该谣言来自微博，受访者相信其信息为真的比例为 38.5%；而如果是微信，这一比例则上升为 66.4%。❶ 由中国食品药品监管数据中心指导，中国健康传媒集团食品药品舆情监测中心和腾讯较真平台、腾讯指数联合发布的《2017 年食品谣言治理报告》也印证了这一结论。在对 2017 年食品谣言的传播渠道进行分析后发现，微信占比高达 72%，是传播最多的渠道，微博仅次于微信，占比为 21%。❷ 仅 2018 年前 9 个月，微信专门开发的"微信辟谣助手"辟谣的文章就已经达到 118 万篇。更为严峻的是，诸多谣言还表现出了专业化、标准化、批量化生产的态势，谣言背后隐藏着复杂的传播利益链。据新华社披露，有 App 对注册用户转发文章带来的阅读量按照每次 0.1 元的价格进行"奖励"，甚至还建立了类似传销的收益分配机制。❸ 除此之外，还有那些专门为微信公众号提供转发服务的付费手机应用程序，而这些公众号文章大多存在着各类广告、虚假宣传，以及诈骗等明显的灰色利益链条及其机制。而就算那些看似无害的，例如《美国癌症疫苗研发成功》《把一块磁铁用绳子挂在高处可预警地震》《吸烟能增强记忆力》等伪知识性类谣言、伪正能量类谣言和"关心式"谣言其实也在不断地混淆视听，干扰着人们的正常生活，长期发展下去极易损害媒体公信力，形成不良网络舆论，进而影响整个媒介生态环境的健康、可持续运行。

2. 商业利益刺激下"意见领袖"的异化

在网络舆情频发的当今时代，网络意见领袖这一角色在网络舆情消亡规律研究与网络舆情管理中格外醒目地显现了出来。"意见领袖"（又称为"舆论领袖"）这一概念是著名传播学者拉扎斯菲尔德在 20 世纪 40 年代提出的，其主要是指受众群体中对于媒介所传达的信息积极接收并加以传播的人，而剩下的人则

---

❶ 匡文波，周偲. 2018 年网络舆情的特征研究 [J]. 新闻与写作，2019 (2).

❷ 央广网：http://news.cnr.cn/dj/20180720/t20180720_524307510.shtml.

❸ 新华网. 新华时评：莫让善良被"关怀式谣言"利用 [EB/OL]. http://www.xinhuanet.com//politics/2018-08/02/c_129925404.htm.

主要是依靠与"意见领袖"的接触来指导自身的日常行动。❶ 在互联网时代，"意见领袖"这一角色不仅并未消失，反而借助互联网的传播力发挥着更为强大的影响力。目前，网络舆情参与呈现出"个体——意见领袖——大众"的生发结构，意见领袖作为舆情传播的中间环节起到了筛选和放大舆情的作用，在一定程度上决定了舆情爆发与发展的速度、范围与方向。然而，当前一些微信"头部"公众号运营者在"流量经济"和"粉丝经济"的刺激下，有意无意地发布具有刺激性与煽动性的言论，使舆论偏离主流价值观，造成社会混乱，甚至造成严重的经济损失。2014 年，几个微信公众号先后发布了《农夫山泉停产，这水我再也不敢喝了！我要买饮水机!》《农夫山泉停产，市面上所售 90% 都是造假水》等文章，其余的微信舆论领袖在事实并不明朗的前提下开始广泛地讨论人们极为关心的水质问题，公众立即被谣言文章诱导，从而导致农夫山泉产品大量滞销，经济损失惨重。根据"受众商品论"观点，微信公众号自媒体"大 V"们最重要的工作并不是生产信息内容，而是将受众打包出售，而这就需要不断地增加公众号的订阅量与文章阅读量、转发量。由此可见，经常受到商业力量支配的微信"意见领袖"常常成为非理性、非正向舆情信息的"帮凶"，推动网络舆情突发事件的升级，造成舆情生态的恶化。

3. 技术异化的叠加加速舆情生态失衡

微信平台正是由于其技术的前沿性、便利性、丰富性与新颖性备受人们青睐。然而，随着微信系统各种功能的不断完善，其中的一些技术手段正在走向异化，负面舆情的失序传播与技术异化的叠加加速了舆情生态的失衡。其中最为典型的现象就是利用各种技术功能手段诱导微信用户转发特定的信息，以达到某种目的。目前比较常见的方式就是用夸张的语言来胁迫、引诱用户分享或转发，例如在那些关于社会公平、司法公正、经济热点等领域的误导性文章后加入"不转不是中国人""转疯""必转"等言语的微信公众号。从公众号、朋友圈到如今的小程序、小游戏，微信平台的技术应用手段日益丰富，通过数据互通、相互关

---

❶ 陈福集，陈婷. 舆情突发事件演化探析——基于意见领袖引导作用视角 [J]. 情报资料工作，2015（2）.

联，它们逐渐汇聚在一起成为一个连续的、不间断的体系，这使得诱导性转发的形式更为多样与隐秘，对它们的界定也更加模糊，让人防不胜防。而那些打着"不转不是中国人"旗号的文章一旦居心叵测，试图利用故意制造的失真、虚假、夸大的内容实现高点击率和关注度就极易引发舆论声浪，加剧网络混乱，引发网络舆情生态失衡。

正如孙玮所说，微信的核心价值是"群体的共同在场"，它为现实社会创造了一种崭新的"共在感"以及具有革命性意义的"圈层关系"，所承载的社会价值不可估量。❶ 从这一层面来看，微信平台具有优化舆论生态，赋能舆情管理的潜能。然而，随着微信生态的不断扩容，其变得越发复杂、庞大与多元，大量伴生性的异化现象也随之出现，对当代我国的网络舆情生态治理带来沉重危机。而危机总是与机遇并存，微信能否成为我国舆情生态管理的新引擎，这需要更为深刻与审慎的思考与探索。

第二节　微信与媒介社会及文化生态的异化

一、技术异化消解微信的社会性与文化性

微信作为媒介技术的产物，是器物文明、技术文明在当代社会的集中展示。时政要闻、经济分析、热点透视、文化荟萃、心灵鸡汤以及成长感悟等不同内容在微信平台上进行着话语狂欢，而这一切都受控于媒介技术。如果没有技术的支撑，微信无法完成诸如消息集散、信息传播和人际社交等功能。按照媒介环境学派的观点，微信是移动互联网时代典型的技术产物，它决定和影响着当代社会的方方面面，甚至会改变整个社会的组织结构。"技术至上"理念在一定程度上影响了微信的社交性、文化性和社会性，"异化"了其客户端的本真逻辑，渠道社交化表层下的同质化困境逐渐显现，解构了微信的品牌价值与创新传播。在技术的牵引和依赖下，基于微信的虚拟交往让人们产生了某种程度的焦虑、恐惧和空

---

❶ 孙玮. 微信：中国人的"在世存有"[J]. 学术月刊, 2015 (12).

虚,生命的丰富情感和完整意义被瓦解。

(一)同质化困境

同质化"在新闻媒体中是指产品内容的来源、含量、品质基本雷同,选择内容的标准、视角、价值大同小异,产品载体的版面、画面、外观几无区别,千报一面,百台一腔,创新乏力,使得受众无法仔细识别和区分,难以找到差异和特点,并形成品牌认知"。❶ 在新闻传播过程中,同质化就如同一个"毒瘤",逐渐腐蚀传播肌体,直至复制、克隆等产品产生,新观点、新思维、新理念不见踪影,媒介产品成为一个可机械化复制的虚饰品,很难吸引受众注意力。当前,微信客户端亦难逃窠臼,正陷入同质化困境,具体表现在以下几个方面:

第一,工具属性的同质化。微信是腾讯公司研发的一个基于移动客户端的即时通信应用程序,它不仅满足人际交往的聊天、通话需求,还支持跨运营商、跨操作系统进行的商业流通。其中,作为技术属性的微信客户端与易信、QQ 等在理念定位、表现形态等多个方面存在高度的相似性。一是理念定位的同质化,微信与易信都把自己定性于社交软件,它们为人们提供人际交往和人际沟通,而且人们的交往都采用实名制。同时,它们都对社交功能进行了拓展和延伸,把游戏、娱乐、商业等不同元素嵌入应用软件,以提高用户黏性。微信与易信服务理念较为雷同,是创新力缺乏的一种表现,一定程度上削弱了微信的品牌建构。二是表现形态的同质化,微信和易信都是基于手机载体的应用客户端或聊天软件,它们在添加好友、朋友圈、聊天(单聊和群聊)、红包、视频等多种表现功能方面如出一辙,具有高度的同质性、相似性。此外,微信与 QQ 是腾讯公司研发的两款不同的社交软件,二者在聊天、位置、红包、视频等方面出现了高度重合,一定意义上消解了微信的品牌认知。

第二,传播内容的同质化。内容作为微信传播的文本,既关涉符号的生成与表达,又与传播话语进行深度关联。在微信文本中,符号固化和话语定式是其同质化的主要体现。一是符号的固化。微信公众号作为代表不同立场、传达不同声音的新

---

❶ 邵培仁. 新闻媒体同质化的根源及突破 [J]. 传媒评论, 2014 (4).

兴平台，其信息传递、文章推送出现了高度重合。一旦某一公众号推送了一篇精彩文章之后，其他公众号就蜂拥而至进行转载，有些文章同时被几十个不同公众号进行信息推送。当然，能够引发多个公众号、多人朋友圈关注的信息文本，很大程度上源于文本的符号化。基于对微信用户喜好的考量，文本生产与传播往往刻上"标签化"形象，诸如"医患关系""农民工问题""拆迁问题"等，通过富有戏剧性和冲突性的语词表述激发好奇心，吸引更多用户关注其文本建构过程。对事物进行"标签化"是文本符号传播的一种刻板成见，它固化了传播符号的能指，破坏了作为所指的文本价值。二是话语的定式。微信新闻报道的同质化集中表现为话语秩序的同质化，即话语形成一种固定的模式。英国语言学家诺曼·费尔克拉夫认为，"话语秩序强调了话语的组织规则，而这一规则渗透于报道文本的语词、文类、文风等各个方面，从报道主体的解说方式和行文安排均可透露出解说者内在权利的关系定位"。❶ 传统媒体的新闻传播者与信息接收者呈现出一种"自上而下"的"交流"模式，这种模式是一种不对称的信息交流。在微信传播过程中，"自上而下"的模式并没有被改写，有时还有所加强，微信在拥有优势资源和话语权语境下进行素材收集与信息传播。"自上而下"的精英式传播模式本质就是一种话语定式，作为微信内容本质化的重要表征而存在。

（二）技术焦虑

作为工具属性和社交意义的微信已植入人们的日常生活，接近 7 亿的庞大用户群体，每天大约 6.4 亿用户通过微信晒状态、微聊天、发红包，毋庸置疑，微信已经成为生活中不可或缺的重要组成部分，甚至支配用户的大量业余或工作时间。对于微信的"超级"依赖，用户患上"微信依存症"。学者郭庆光在分析受众对电视媒体的过度依赖时，提出了"媒介依存症"所具有的几个显著特征："过度沉湎于媒介接触而不能自拔；价值和行为选择一切必须从媒介中寻找依据；满足于与媒介中的虚拟社会互动而回避现实的社会互动；孤独、自闭的社会性格；等等。"❷ 这些特征在微信用户身上都有着明晰的印痕，他们逃避现实中真

---

❶ 宋建武，张琦悦. 互文视阈下的媒体公众号：同质化表征及成因 [J]. 编辑之友，2016（8）.

❷ 郭庆光. 传播学教程 [M]. 北京：中国人民大学出版社，1999：152.

实的人际互动，把大量时间消耗在虚拟聊天中，虚拟空间成为日常生活的依托。由于对微信的过度依赖，用户会产生一种技术焦虑，形成虚拟人格，自闭、孤独、自我、空虚等性格特征展露无遗。

第一，深度意义逐渐"平面化"。微信包罗万象，无论是时政新闻，还是娱乐八卦，抑或生活常识应有尽有。有了微信，用户把大量的时间都花费在微信阅读上，挤压了读书看报的时间维度，导致读书时间碎片化、阅读深度平面化，读书危机席卷而来，用户的思想深度被削弱，久而久之，用户就会陷入一种知识恐慌，产生烦躁、焦虑情绪。此外，从现实层面来讲，微信具有很强的独立性，它体现的是一种个体行为。因为操作微信的仅仅是用户本人，这样的独自活动与行为是对传统仪式感的破坏。传统文化的仪式具有凝聚共识、形成想象共同体、群体精神鼓舞等重要价值。而如今，大众通过微信感受仪式现场的氛围，替代性完成其虚拟想象、集体意识、现场的"群体振奋"与微信客户端的"孤独狂欢"构成了一种新的冲突，使得社会人的受众存在感消失殆尽。

第二，主体价值趋向"断裂化"。由于用户对微信有着很强的依赖感，其主体价值被解构，走向断裂。一是语言表达碎片化。微信的语言具有随意性和碎片化特征，它的表达无须经过慎重思考，带有感性色彩。长时间使用微信语言进行虚拟交流，走进现实生活却不能进行话语转换，其语言逻辑延续微信样式，导致语言表达碎片化。二是行为方式模式化。朋友圈是微信吸引用户的重要功能之一，刷或晒朋友圈已成为用户习惯，这一习惯是用户喜欢分享的一种表现。正如美国学者马克·哈奇所言："我们每一个人本性上总是喜欢炫耀自己做的东西。制作过程本身能够带给我们很多的满足感，但真正的回报来源于分享。"[1] 作为分享意义的刷或晒朋友圈行为，一旦形成一种习惯，既有损具有肉身指向的手指健康，又很容易养成一种被固化的行为习惯，从而丧失灵活性、创新性。三是价值观念浅薄化。由于用户长期接触和使用微信，其价值观念的选择依赖于微信传播的指向。而基于虚拟实在的虚拟价值阐释，很多具有娱乐性和肤浅性，很容易

---

[1]　马克·哈奇. 创客运动：互联网+与工业 4.0 时代的创新法则 [M]. 杨宁，译. 北京：机械工业出版社，2015：5.

诱导用户偏离主流价值观及立场。

二、微信用户社会交往行为的异化

当下网民对微信社交形成的过度依赖，以及微信网络交往自身呈现出的与现实交往脱节性、工具性、模式化、人性化缺失等特征，不可避免地让用户的交往产生了一些异化行为，带来了不良社会影响。

(一) 微信"圈子文化"干扰了身体在场的用户交往行为

如果说，社交网络如微博等更注重以传者为中心，那微信则是以用户为核心的社交式传播。因此，用户的微信朋友圈，是建立在"熟人为主"的社会关系网络上，在强关系为主导的与弱关系网呈交织状态下，形成的一个相对封闭的社交圈。在这个"圈子"里，用户长期的一系列活动如朋友圈转发的信息、互相点赞、评论等内容、行为一起构成了微信独有的一种文化形态——圈子文化，它是指一种开放度不高、参与者寡、参与主体之间黏性大的小众文化。

一方面，微信这种圈子文化的存在及发展，有利于用户交往行为的开展，因为除了基于血缘关系建立起的好友关系外，微信用户好友之间多具有地缘相近性、兴趣爱好相近性、时空接近性等特点，除此之外，人们之间的互动频率高、情感强度大、沟通障碍较小，有利于双方相互理解与达成一致；另一方面，微信圈子文化作为一种熟人之间的小众文化，由于其具有封闭性较高、范围较窄、成员流通性小、充满"自恋式文化"等特点，微信用户与外界的沟通与交流、拓展其他人际交往关系存在一定局限性。从人的本性来说，人人都愿意与自己志趣相投、熟识的人打交道，而微信好友之间恰好具备这种关系，因此，有了微信这一熟人之间的圈子文化，微信用户与圈子以外的人打交道的意愿与动机就会减弱，用户更愿意在这个圈子范围内活动，而忽略甚至主动逃避与圈子外的世界沟通与交往。并且，看似亲密的朋友圈从广泛意义上而言是一个"松散"的网络，充斥着大量的"点头之交"和"似曾相识的面孔"。另外，由于微信圈子不再变得像当初那样有趣和纯粹了，朋友圈就成了各种负能量、"毒鸡汤"，甚至八卦的集散地，听一些无图无真相的言论，在朋友圈里，陌生人越来越多，朋友却越来越少，尤其缺乏真正的朋友。于是不少人想要逃离，这些都无疑弱化了微信用户对外交往的机会。而且，从理论上看，微信朋友圈的圈子文化是与现实生活中的人际交往圈子存在一定程度上的耦合，但现实中人际社交更注重人与人之间的实际联系，也就是需要主客体双方的身体都在场，需要双方在一定场合、一定时间投入一定的情感与尊重才能达到相互交流的目的。而微信社交往往以用户的"自我"为主，或者说他们享受在以自我为中心的社群文化中把握主导权，所有被纳入他朋友圈的人都处于被支配地位，这不仅脱离了社群文化的本质，也远离了民主协商精神。再有，沉溺于微信圈子里的人容易导致现实自我的社交焦虑，微信迷沉浸于自己在网络上构建的虚拟世界当中，在此，"我微信，故我在"，以至于网民常调侃："世界上最遥远的距离就是：我明明就在你身边，而你却在刷微信。"确实，微信成瘾者们都具有多面的"属性"，只有保持微信在线他们才能确定自己是谁，一旦微信下线，他们便会发现自己几乎没有可以交心的朋友，于是便变本加厉地沉溺于微信当中，形成"越微信，越疏远"的恶性循环。

（二）微信垂直功能的丰富性降低了用户面对面的交往能力

随着微信钱包等线上支付功能的开通，用户通过微信可以实现一系列在线支付：电影演出赛事、微信红包、手机充值、生活缴费（水费、电费、宽带费、油卡、有线电视费等）、火车票机票等垂直领域的相关功能一应俱全。微信集诸多功能于一身，极大地满足了用户多样性需求。因此，在微信已成为智能机标配的大语境下，一方面，以前需要人们去电影院现场购票、需要去实体店缴费的时代将一去不复返，微信为大众释放了生产力，带来了极大便利，为人们节省下大量的时间空间，投入真正需要精力与时间的事情中去；另一方面，这种在线操作方式已经对用户过去的交往方式产生了颠覆式变革。在"微信时代"以前，人们需要通过各种各样面对面的社会交往活动，才能实现相应的社交目的，而在此过程中，能增加陌生人与陌生人之间结识的机会，此时社交活动显得更有黏性、更富有人情味。然而，微信的普及却在某种程度上抹灭了人与人面对面交往的机会与场景。与面对面的交往行为相比，微信用户之间通过冰冷的移动终端建立联系，由于微信垂直功能的丰富性使得微信用户与人打交道的需求、与现实生活中的人进行交往的频率都大为下降，用户可以足不出户便完成相关操作，习惯了线上垂直功能的操作且不需复杂的程序便能完成，这在一定程度上也降低了用户面对面的社交能力。

(三)"点赞"式的浅层次快速社交

微信朋友圈"点赞"的勃兴，使社交网站中的人际传播摆脱了以往以评论为主导的方式。由于点赞的动机多样、表达的含义丰富，因此，点赞行为风靡朋友圈，文字评论越来越少，用户也习惯于用点赞来表达自己的态度。点赞参与构建了微信朋友圈中的人际关系。朋友圈因其构成多来源于现实社交中的熟人，因此朋友圈既相对封闭，又深刻地影响着现实中的人际交往，共同的朋友可以在朋友圈中看到彼此的言论及动态，能通过评论和点赞进行跨越时空的沟通和交流，从而建立起自己的网络与现实相结合的人际关系网络。点赞以其省时省力的特性，成为朋友圈里一个便捷快速的社交手段，既能轻松地表现关注、表达态度，又可作为言语交流的补充，更能在某些特定情境下避免彼此的尴尬。可见，在朋友圈时常点赞既可以获得存在感，又可以轻松联络感情，它开创了一种新型快速的网络社交方式。点赞是快捷而又显得"蜻蜓点水"式的交流方式，美国加州州立大学的心理学教授涂克勒（Turkle）研究发现，点赞行为其实对人与人之间的真实了解起不了作用，它并不一定可以转为现实中的人际联接，点赞所维系的只是浅层次的交流。❶ 点赞的便利性迅速催生了微信领域的"快餐式社交"，这种流于表面的只有简单寒暄而无实际感情交流的社交形式，造成微信好友之间缺乏稳固的情感基础和长期的交往互动。究其原因，则更多的是在社会转型期的大环境下，用户长期处于心理压力超载的状态，容易出现各种各样的心理问题，诸如焦虑、紧张、压抑、空虚等，在这些不良心理状态下，微信顺应了此类用户的交友心理，为滋生这种"快餐式"社交提供了温床，成为其社交利器。同时，与这种社交形式共生的隐患也令人担忧，浮浅的交往语境下，安全危机、道德危机，以及微信诈骗、微信网恋欺诈等事件也屡见不鲜。

---

❶ 朱月荣. 微信对人际传播的新型建构——以"点赞"功能为例 [J]. 东南传播, 2014 (11).

（四）微信成瘾消解社交价值

也许，还有人记得微信的启动界面图像：一个小人站在黑暗的地面上，独自面对着一颗星球，仿佛展示着人类本质上的孤独状态。微信在增强人与人之间的沟通、帮助人们解决孤独问题的同时，也让人与人之间变得更冷漠、孤独。无论是在独处时还是在与他人聚会时，无论是在路上、在车上还是睡觉前、醒来后，人们无时无刻不在刷着朋友圈，混淆了现实世界与虚拟世界、真实身份与虚假身份、公共空间与私人空间。显然，我国的"微信依赖症"或"微信成瘾症"正在形成。

在一定意义上，微信已经"绑架"了人们的情感与生活，极大地改变了人与人之间的交往方式。"朋友圈里大家情意绵绵，现实生活中却很少相见"的情况早已成为不争的事实。在"微信时代"，对微信上瘾所产生的精神孤独感似乎已经成为普遍现象。首先，人们的生活已被微信"绑架"，人们的日常状态就是：微信见。微信好友之间不少成为"最熟悉的陌生人"。微信让网友变成了朋友的同时，也让朋友变成了网友。人们对微信的态度是复杂的，既严重依赖，又不堪其扰；既有错过的焦虑感，又有病态的强迫症。这是"微信时代"的迷幻剂，人们早已上瘾，欲罢不能。但随着陌生人和"点头之交"之人不断增多，各种不确定性因素也随之增加。其次，网民将微信当作一种逃避问题的港湾或缓解不良情绪的途径。"当我们哭泣时，需要的是一个肩膀，而不是一条信息。"患有"微信孤独症"的人减少甚至放弃了其他的兴趣、娱乐与社交活动，仅满足于屏幕的方寸之间带给自己的满足与虚荣感。微信成瘾症不仅消磨了时间，更吸走了人们大部分注意力资源，消耗了精气神。不少人深有体会：微信群里大家七嘴八舌之时觉得热闹非凡，渐渐说话的人少了，孤独感便慢慢侵蚀了人的身心。

当前，用"早上不起床，起床就微信；微信到天黑，天黑又微信"这句网络流行语来描述有些网民的"微信成瘾"症状丝毫不为过。微信朋友圈虽然也是在现实生活中的朋友圈基础上建立的，但过度依赖和使用微信不仅会在动机上大幅度降低现实交往的频率，也会使用户毫无节制地进行着虚拟的社交行为，从而不断地淡化社交主体的价值与作用，出现"我微信，我茫然"的社交焦虑与恐慌，最终导致自我的迷失。并且，微信成瘾者沉醉于圈子消费而导致自我"缺位"。由于微信成瘾者多是过度关注自我的"自拍党""秀恩爱党"等，微信成为他们自我表演的舞台，或炫耀自己，或发泄自我，或取悦他人。他们不放过任何一个将自己公之于众的机会，将个人生活的方方面面赤裸裸地展现给朋友看。然而在费尽心机得到朋友的点赞与评论使虚荣心得到满足后，却沦入更深的孤独与空虚，从而把自己陷入"越表演、越寂寞、越焦虑"的迷失状态中。朋友圈中的一个话题、一张图片都会被他们当作一种生活仪式去观看，他们太过频繁地转发不仅没有通过此行为提升自身在朋友圈的影响力，也使朋友圈中他人的阅读质量受到损害。网民慢慢被淹没在思维垃圾中，没有获得真正有营养有价值的东西，逐渐也丧失了自我思考和选择的能力。

交往是人性的本质，也是作为社会个体的必然需求，对于正常存在的社会人，只要不想被孤立，就需要朋友来获得社会归属感或精神慰藉。但微信成瘾者的社交需求明显高于常人，不管需要与否，经常寻找交流对象，但由于每个人的交往心理与生活节奏的不同，情感与思想交流方面的深度互动很难进行。对微信的过度依赖让人们逐渐丧失了最基本的人际交往这一社会正常运行的桥梁与纽带，人与人之间的沟通交流都只依赖手机屏幕，原本心与心、面对面的社会交往变成了无线电波之间的相互传送，社会交往价值由此大打折扣。

三、"点赞文化"与"红包文化"的异化

(一) 微信"点赞文化"的异化危机

1. "点赞文化"的源起背景

(1) "点赞文化"兴起的社会因素

社交网络中的"赞"源起于 Web 1.0 时代，2009 年，国外社交软件 Facebook 首次推出点赞插件，即手指轻轻一点，不需要过多的程序，就可以对 Facebook 上好友发布的信息表示认同、喜欢，它很快就成为最受网友喜爱的网络语言。Facebook 官方用户帮助页称，Like 功能是"让用户可以对于一些关心的留言和页面给予正面回应和联系"。微信是国内最早引进点赞功能的社交网络应用之一，也是助推"点赞"文化形成的重要力量。随着当下人们朋友圈的不断扩大，

信息量越来越大，面对纷繁芜杂的信息，越来越多的用户在处理这些信息时感觉应接不暇，此时全能型意义替代符码"赞"的出现迅速被赋予了多层面的情感意义。为了更好地维系情感与互动，"点赞"符码被催生出了更强大的语义指涉功能。随着"点赞"这一来自互联网社交媒体中的语言开始被国家高层领导运用，点赞逐渐从虚拟网络社交世界中跳脱出来，深入大众的现实社会中。

（2）"点赞"兴起的文化因素

"赞"，顾名思义，就是赞美之意，而赞美是发自内心表达肯定、赞同的一种方式。恰如其分地赞美能让人如沐春风、心情愉悦，让我们能更好地实现人际交往，更好地维系情谊。在我国的唐诗宋词里，有许多赞美的诗句，古人时而赞美大自然，时而赞美某一种精神境界，点赞这一行为符合我国传统文化里最简单而真诚的赞美。赞美也是中华民族的一种传统美德，在称赞他人常常需要字斟句酌以达到理想的赞美效果，而"点赞"这一行为，既简单又言简意赅。因此，在朋友圈中适度地为朋友"点赞"，不仅赞美了他人，也带来了交流上的乐趣，朋友亲人之间的感情也因这一个小小的"赞"而升温。

除了传统文化背景之外，"点赞"文化也是网络社交语境下"快餐文化"与"微文化"的典型产物。Web 2.0 时代信息传播格外快捷与迅速，这样的环境使人们更加注重效率，追求快速高效的人际交往。点赞很好地契合了大众的这一心理，互动点赞让人们的沟通交流变得更直接、便捷，不仅满足了人际交往中的基本需求，还节省了社交交流的时间成本。同时，"微文化"是互联网文化的一种新的文化标记，它反映了网络交往的"去中心化"与自由性。"人人都有麦克风"的时代，每个人都可以是信息的发布者与传播者。点赞作为一种新型的表达态度、情绪的方式，使人们感到巨大参与感的同时，还可享受到互联网带来的自由、随意、平等的"微参与"。

（3）"点赞文化"兴起的经济因素

社会发展的每个阶段都会衍生出新的需求。随着经济水平的不断发展与人民生活水平的提高，我国人民的生理需求与安全需求得到了充分的满足，人们的社交需求被提升到前所未有的高度，为"点赞"文化的兴起奠定了重要基础。另外，专著 *The Like Economy* 的诞生和受人喜爱也促进了众人对"点赞经济"一词的关注。点赞行为本身就具有较强的经济效益，同时，"点赞热"触动了"集赞"商机，人工智能、大数据、5G 时代的扑面而来都为点赞经济、点赞文化赋予了新的价值。微信"集赞"是一种方便快捷、双向互动的营销方式，各种各样的微信公众号为了"集赞"营销而诞生，网民可以通过"集赞"享受到一些礼品或商品优惠。而且由于点赞在某种程度上是最有力的对朋友的支持方式，好友之间相互点赞及卷起的"从众效应"不仅带来良好的传播效果和经济效果，还出现了为自己喜欢的人或热文"点赞打赏"的直接的经济获利方式，让"为喜爱而付费"成为常态。此外，还有其他诸如广告流量、付费内容、玩微信程序小游戏有红包等多种变现方式。简而言之，点赞不仅有助于商家更精准地了解用户的需求，有效地控制成本，还助推了我国"O2O"（Online To Offline）经济模式的出现。同时，"点赞经济"也与用户构建起了一种良好的网络生态环境，助推了"点赞"文化的持续发展。

2. "点赞文化"的异化表征

微信朋友圈点赞最初是一个对消息与内容表达赞同、予以肯定的单一功能性按键。但是随着人们实践同复杂网络空间的碰撞，点赞的内涵有了进一步的延伸，形成了新的外延意义与内涵意义，发展成为一种生成于数字信息时代的独特文化景观。然而，和所有事物大同小异，在"娱乐文化"和"微文化"语境下催生的"点赞"文化也具有很强的多面性。对于点赞这一独特网络文化现象的探讨，我们不能以偏概全、轻易论断，而是应当理性、客观、多维度地对其进行评价，尤其是它对个人以及社会可能带来的负面作用。

"点赞"是一种表现手段，是一种互动行为，也代表着一种人际传播的新形式。正确的点赞行为可以在一定程度上满足人类人际交往的需求，增强点赞者与亲朋好友的关系、情感互动。不过，如果点赞行为不当也会存在一些潜在的风险。正如一些学者指出，随着时间的发展，"某些情况下点赞作为人类的劳动成

果反而成了指导、限制甚至'奴役'人的异己存在物，导致'主客易位'"。❶

首先，当网络交往成为与现实社会交往同样必要的一种形式后，各种约定俗成的"网络礼节"也应运而生。点赞作为网络交往的重要方式，在使用过程中也有意无意地被建构了新的使用意义与规则，例如，在转发好友内容之前应该先点赞，当别人给你点赞后要适时地回以点赞等。重要的是不能"乱点赞"，当别人发的信息是表达不愉悦的心情、窘境与困难时不能使用点赞互动的形式。这种盲目点赞不仅不能维系彼此之间的联系，达到增强互动的效果，反而可能会导致互动意义的贬损，影响好友间的感情。因此，我们应该理性点赞、文明点赞，积极地遵守网络交往的"潜规则"和伦理规范。

其次，对"点赞"这种一键式懒惰社交的过度依赖，也有可能会使"点赞"沦为一种无意义的交往行为。点赞是一种浅层次的互动形式，其能够传达的意义是有限的，大多情况下只是一种关系维系的方式。纯粹的依靠点赞这种人际互动形式，难以增强人际关系的强度从而转换成个人的社会资本。周懿瑾等学者通过问卷调查，分析了个体的点赞行为对于他们社会资本的影响，然后发现评论行为能够增加个体的桥接型和凝聚型社会资本，而单独的点赞行为对这两类社会资本的增加都没有积极影响。❷ 因此，在点赞的同时，我们还应该重视文字评论、私聊，以及线下"面对面"交流的重要性，只有这样才能充分发挥点赞行为对我们人际资源与社会资本的补充作用。

除此之外，当点赞发展成为一种无意识的习惯时，也有可能不断加深人们对技术的依赖。点赞功能设计的初衷是便于人们在网络空间中便捷地表达自己喜爱、支持、赞同、欣赏等正面的情绪。然而，一些微信用户开始习惯性地对每一个看见的朋友圈点赞，这样的行为背后没有真正的情绪刺激及对朋友圈内容的思考，而是一个剥离了理性与情感的无意识惯性行为。与此同时，"赞"还会培养人们对周遭信息进行暴力地快速分类、快速理解和快速判断的习惯，而这将让人

---

❶ 张冠文，刘红心. 微信朋友圈"点赞"的情感诉求与主体异化 [J]. 编辑之友，2018 (6).

❷ 周懿瑾，魏佳纯. "点赞"还是"评论"？社交媒体使用行为对个人社会资本的影响——基于微信朋友圈使用行为的探索性研究 [J]. 新闻大学，2016 (1).

们难以充分了解事情真相，观察事物的眼光有可能越发变得单一片面甚至极端。❶ 长久以来，这样的状态极易加剧人们对技术的依赖，影响他们的思考、批判与语言表达的能力，损害个人发展。

由此可见，点赞文化出现与盛行的背后蕴含着深厚的社会、文化与经济因素。然而，作为一种新的交往方式，"非语言"的点赞社交似乎与哈贝马斯倡导的交往理性与公共领域建构背道而驰。因此，在新的交往语境下，我们应当如何正确使用点赞功能仍然是一个值得探究的议题。

（二）微信"红包文化"的异化危机

收发红包，是我国传统习俗，可以追溯到明清时期。国人含蓄、委婉的性格、品质，让人们觉得似乎把钱直接塞到对方手中是一件比较唐突、不够文雅的事情，于是大家便习惯于把钱先放进充满吉祥祝福寓意的红包里，再把红包送给对方，似乎这样就显得温馨与含蓄。于是，红包便成了人见人爱的物品，长期以来，红包文化在我国传统文化中具有礼尚往来和维系人际关系的重要功能。但随着人们物质生活条件的不断提高，红包本身的意味发生了微妙变化。逢年过节发给孩子的红包要比较，朋友结婚的新婚红包也要攀比，导致现代社会不少人听到朋友新婚或是过年过节，都是先为送红包感到发愁，而不是衷心的喜悦。这时，红包可能变成了一种负担，甚至在某种意义上让人与人之间的关系变得尴尬。在此背景下，微信红包的诞生可谓对人际关系的一次冲击和刷新。从某种意义上说，微信红包的出现的确打破了这种紧张、尴尬的局面，它融合了传统文化和现代科技元素，在人际关系网络上激起片片涟漪，起着积极促进的作用。然而，微信红包也是一把双刃剑，在微信红包炫耀和热闹的背后，也存在一些不得不让我们正视的异化问题。

1. 缺乏仪式感，毁掉春晚

在我国，一年一度的春节习俗和仪式并非一成不变，从看花灯、逛庙会、祭灶，到舞龙舞狮、贴春联等，有些已经被人们淡忘，有些则被吸纳进现代元素

---

❶ 曹冉. 媒介依赖视域下社交媒体"点赞行为"研究 [J]. 新媒体研究，2018（7）.

中。春节承载着阖家欢乐、辞旧迎新、祈求丰年等价值内核，年俗也是我国传统文化、价值观念的集中体现。

一方面，"抢红包"为传统节目提供了新的兴奋点和社交网络的新娱乐方式。比如，微信"摇一摇"让传统节目与网络微信双向连接，实现跨屏互动，是一种有效的收视调查工具。另一方面，羊年春晚在某种程度上却给微信红包做了"嫁衣"，变成了"摇红包为主，看春晚为辅"。节目播出期间，几乎每个人都凝神屏气，肾上腺激素飙升，不断滑动着指尖，让人欲罢不能。为了抢红包，很少有人完整地看完了春晚中的一个节目，精心准备的春晚被一个个小红包打败了。热闹非凡的春晚表面上看是其乐融融、万民尽情"摇摆"，实际上我们的注意力却被不停地"摇一摇"碎片化了，关注度离散了，到最后还要帮人报喜。以至于《人民日报》发文惊呼，"抢红包这个春节的'伴奏曲'盖过了亲情的'主题歌'，抢红包正在毁掉春节"。

原本，传统红包寄托了亲人、好友的美好祝福和心愿，但电子红包本来就没有传统文化那种仪式感、亲切感和交流感，也与一些传统习俗相悖，诸如孩子们所拿的红包大多要上交给父母等。对于春晚而言，尽管微信与央视的合作带来了狂欢的传播盛宴，吸引了无数观众眼球，但是，红包也在逐渐吞噬着春晚，更无法真正拯救收视率日益下跌的春晚。

2. 人情味和亲切感缺失

一直以来，春节是我国最盛大、最热闹的传统节日，"礼物"这个词本应以"礼"为主，以"物"为辅。但逐渐地，有些本末倒置，"物"的特征日益凸显。而微信电子红包助推了传统习俗的"数字化"转变。

众所周知，诸如"新年快乐、吉祥如意、恭喜发财"之类的吉祥话是中国人过年过节时面对面的问候语，但微信红包让送祝福的感觉和味道与从前不一样了，人们面对"能用红包解决的，尽量不要用语言"，所有的祝福都可以用电子红包替代了。甚至有人喊出"不发红包莫拜年"的声音；还有人出现了心理负担，"塞钱太少，不过瘾，红包厚了，有负担"。实际上，就算是再亮丽的"红包"，也没有亲人温馨的笑脸重要，也比不上和爸爸妈妈多说几句知心话或给家人一个温暖的拥抱。

虽然羊年央视的传播面、影响力和收视热度有所上升，然而微商们把朋友圈变成线上的传销平台，国人一年一次的温暖时刻、团聚时刻被变成一场营销盛宴。从此意义上看，"我们"不再是网络商业巨头纯粹意义上的用户，而是互联网工业流水线上低成本、高收益的产品。春节、除夕夜原本是一家人欢聚一堂的难得时刻，我们不应埋头只顾看手机。一言以蔽之，任何事情都要适可而止，我们不应让商业红包冲淡亲情；不应被红包、被外物所"役"而沉沦，不能自拔。

3. 红包上瘾综合征

羊年春节的一阵阵"红包雨"让屏幕前的众人眼睛牢牢锁定着手机，全神贯注、心跳加速，就连去厕所都拿着手机。害怕错过任何一个微信红包或支付宝红包。人们的心情、情绪，也随着能否抢到红包或红包大小而呈现出各种情状，或欣喜若狂或无可奈何等。我们一个个被红包绑架了，"盯得眼花、戳得手疼"，红包成了全民疯魔的游戏，抢微信红包时的不断戳戳戳和摇摇摇，没抢到红包时的无奈或抢得太少时的失落，如此恶性循环让不少网民得了"红包上瘾综合征"："越抢红包越寂寞，越寂寞越抢红包"。

面对这一场场"红包雨"，有网友使出浑身解数，浪费了大量时间，不停地"戳、戳、戳"，最后还是"颗粒无收"，要么就是抢到一些没有实用价值的优惠券。"从长远来看，春晚红包将是对朋友圈生态的又一次抗压测试，历经摧残、劫后余生的朋友圈曾经成为段子圈、鸡汤圈，也曾经当过传销圈，这次变身为广告圈"，❶ 网民必然心跳加速。正如莎士比亚的名言："一个懂得克制自己、懂得珍惜时间的人，才是一个真正成熟的人。"面对数字化时代，缺乏自控能力的人类，也许终将毁于自身发明的虚拟世界中。

4. 信息泄密与金融风险

微信"红包"在火爆一时的同时也促成了鱼龙混杂的格局，其中存在着个人信息泄露和金融风险等问题。由于当前的手机支付主要依靠本机短信校验码，

---

❶ 腾讯网. 微信红包傍春晚，朋友圈情何以堪？ ［EB/OL］. http://xian.qq.com/a/20150105/012334.htm.

其很有可能被恶意软件截获。比如"抢红包软件"的钓鱼欺诈网站，它依托"抢红包"软件下载，悄然植入木马病毒或钓鱼软件。而且，该软件如果被不法分子利用，则容易泄露微信用户的账号、密码以及个人信息，隐私被倒卖，垃圾信息骚扰不断，甚至可能导致金融风险。

因此，我们在如何利用微信优势探寻稳定盈利模式之时，还需要警惕互联网金融产品的固有风险。比如，美国 PayPal 公司可谓互联网金融"余额宝"的先驱，其一度辉煌，但最后因在金融危机大环境下难以支撑而垮台，它是互联网与金融的融合后引发金融风险的明证。有研究者指出，当前微信支付主要有三大潜在的风险："一、微信支付须绑定个人身份证、银行卡账号及手机号码等信息，几乎将与支付相关的个人信息全覆盖。二、微信作为新生事物，缺乏传统金融业长期发展的制度沉淀，巨量支付的过程中可能产生的风险难以掌控，行为也难以追踪，有可能成为洗钱或者金融犯罪的另类渠道。三、缺乏传统金融业的金融储备和金融监管，片面追求大规模，还容易爆发'支付危机'。"❶

由此可见，目前微信红包支付存在的问题有：首先，智能手机的支付安全系数远没有电脑终端高。在此混乱复杂的背景下，谨防"抢红包"变成"抢黑包"。其次，微信红包是"发红包者的资金借助微信支付进行分配，除微支付系统本身在饱和冲击下运行的可靠性之外，微信红包尚未涉及金融风险管理的核心环节"❷。微信支付用起来之所以十分方便，主要是与银行卡捆绑，并极大地削弱了原来银行网银或手机银行强有力的安全认证。微信是第三方支付平台的典型代表，但我国目前第三方支付沉淀资金方面存在诸多空白，如何实现第三方支付平台、用户、金融机构的共赢还有待进一步探索。最后，由于市场参与者人数众多，如果发生大面积的风险问题或隐私信息泄露问题，而这些问题又不能得到有效、及时的解决，就可能对我国市场经济、金融环境甚至社会稳定带来不良影响。因此，如何让微信用户在收发红包时避免风险，用得安全、安心、放心是关键。

---

❶ 吕胜根. 微信支付虽便捷，风险防范要切记［EB/OL］. http://news. china. com. cn/live/2015-02/06/content_31251234. htm.

❷ 绍三白. 央行肯定也困惑！一个经济学家眼中的微信红包［EB/OL］. http://shaosanbai. blogchina. com/2386677. html.

微信红包是传统习俗和现代移动科技相结合的新兴产物，它以无声的语言传递着信息，对人际关系的建立和维系发挥着很大的积极作用，让原本刻板的社会关系建设、发展和维护变得自由、方便。然而，它所存在的弊端也不容忽视。"娱乐至死"膨胀以及对现实人际交往的压缩尤其值得我们注意。我们要以辩证的眼光看待微信红包，以扬弃的方式发展微信红包，这样才能更好地发挥其优势以便更有利于现代社会的发展与进步。

综上所述，在传播渠道日渐"扁平化"的今天，以技术驱动为支点的微信客户端完成了其社交化想象，并成为当今社会的主流话语平台和主要舆论工具。但是，"技术偏倚"加速了微信的同质化进程，解构了微信的个性化生产与创新性表达，引发了"红包文化""点赞文化"的异化。与此同时，用户还在技术依赖中，产生了恐慌、烦躁、郁闷的焦虑心理，如此种种都对个人的社会交往与自我发展带来了负面影响。鉴于微信客户端正在走向"异化"之路，我们急需从内容、品牌、用户、连接等多个层面重构微信平台的生存之路，建造健康可持续的微信传播空间。

第三节　微信与媒介经济生态的异化

一、微信作用下营销实践的异化

互联网时代，企业越来越重视与消费者直接对话，微信打开了营销的新窗口，二维码扫描、朋友圈、微信支付等一系列多媒体与支付功能孕育出了 H5、互推、集赞、转发、群裂变等新型营销形式，催生了微商、内容电商等移动社交新型商业模式。在微信营销时代，基于微信的营销实践带有很强的互动性，它们与消费者对话的能力远远超过传统媒体；更为重要的是，依靠腾讯公司巨大的互联网用户体量与多年的大数据沉淀，微信营销通过与整个腾讯生态数据共通的形式可以扩展产品营销市场分析时的维度，弥补数据鸿沟，帮助产品有针对性地实施营销实践。这样，企业就能够有的放矢地为客户提供更优质的服务，最大限度地利用营销资源，节约营销成本。然而，不同于传统的线上购物平台，微信的门槛较低，通常以自然人的交易行为与营销行为为主，任何微信用户都可以在朋友圈或注册公众号展开营销活动，整个营销市场具有一种无序性与不稳定性。由于微信营销属于新兴事物，目前我国相关的法律法规还不完善。在内部与外部因素的双重作用下，微信平台出现了一系列营销乱象，其不仅影响了微信生态环境的健康与可持续发展，还带来了一系列异化问题。

（一）微信营销运作的黑箱

2016 年 9 月 29 日，微信系统改变了原本的程序，将接口"key"改为"cookie"，技术屏蔽了"刷量"工具，使得所有的"刷量"工具无法工作。很多"大号"公众号的真实阅读量立马大幅度缩水，现出了原形。例如，公众号"严肃八卦"文章的阅读量从 29 号以前的平均十万阅读量以上缩减至五千，差量近 20 倍。大量专门从事"刷量"业务的私人企业露出头角，一条成熟的微信"刷量"黑色产业链被揭露。在淘宝搜索栏输入"微信公众号阅读或吸粉"，有高达数十页的商家提供价格低廉的相关服务，包括买卖粉丝、刷转发量、刷阅读量、加盟代理等，某些商家的成交量高达 5 万以上。微信"刷量"通常有两种，第一种是人工刷量，即用金钱作为诱饵，吸引大量网民手动点击刷量；第二是机器刷，利用一种名为"微自动化大数据营销系统"的"群控"技术将上百部手机投射在电脑或电视屏幕上，进行批量"刷单"操作，可以在极短时间内实现成千上万的阅读量。"群控"刷量以其高效率、易操作性与低成本等优势，成为刷量的主要手段。自 2016 年起，腾讯公司持续加大了对刷量等暗箱操作的打击力度，力图清理微信刷阅读量、购买粉丝等虚假行为。这样不仅封杀了大量涉嫌刷量的违规自媒体公众号与网络水军公司，还在公众号后台推出了"阅读来源"分析功能，帮助广告品牌方识别文章阅读量的组成成分，比如好友转发、朋友圈、历史消息等，从而辨别阅读量的真实性。但从目前的状况来看，这些措施收效甚微，因为"刷量"公司的技术也在不断升级，制造出了对新的数据造假技术，规避了平台的监督与审查。

据统计，"80.6% 的营运类运营者在微信公众号运营过程中有过刷量行为，公众号刷量市场的规模连续三年持续上升，截至 2017 年已达到 378 亿元"。❶ 公众号"刷量"黑色产业链严重破坏了整个微信营销生态系统。数据显示，微信公众号自媒体平台已经成为商家用户信息传播的首要选择。❷ 作为与消费者对话的重要营销平台，公众号自媒体受到了各大品牌的重视，被纳入了品牌的营销计划中，与微信公众号合作进行产品推广在品牌的营销计划中占着很大比重。刷量造成的虚假数据会影响品牌的整个传播营销规划，误导其做出错误的市场判断，从而影响品牌效益。另外，有的企业公关部门为了"漂亮的"数据或为完成绩效指标而默认刷量行为，放弃基本道德和职业素养，对个人以及企业都会造成巨大的损失。更为重要的是，刷量行为严重干扰了公众号自媒体运行的公平性及其秩序。对于公众号自媒体来说，品牌流量价值与发展潜力指数是综合竞争力的体现，而粉丝数量、评论数、点赞量、阅读量与粉丝增长速率是重要的评价指标。当某些公众号通过刷量获取好看的数据，利用用户的从众心理，欺骗用户关注，垄断了"头部"最为主要的关注和订阅量时，拥有优质内容的微信公众号则很难被关注到，其变现能力将受到巨大的损害，长此以往很有可能退出公众号平台。利用虚假数据欺骗用户与商家，影响用户及商家的体验，促使微信公众号平台形成恶性循环，逐渐失去商家、广告主、用户及自媒体人的信任，致使整个传播生态受损，合理、规范与有序的传媒营销市场将难以形成。

（二）微信广告市场乱象丛生

1. 大量广告入侵微信群、公众号及朋友圈

微信广告主要可以分为官方广告、个人或自媒体广告两种类型。通常而言，官方广告是指微信平台的官方广告部门。2015 年 1 月，微信朋友圈出现了第一批商业广告，标志着微信官方开始涉足广告业务。据腾讯财报"2018 年第一季度综合业绩数据显示，腾讯社交及其他广告收入增长 69% 至人民币 73.90 亿元"。❸ 近年来，"微信不断地扩大其广告主基数从而提高微信朋友圈广告的填充率，

---

❶ 中国市场调研在线：《2017—2023 年中国微信营销市场分析预测及发展趋势研究报告》。

❷ 艾媒咨询. 2017 中国新媒体行业全景报告［EB/OL］. http://www.iimedia.cn/53957.html.

❸ 中国日报网. 腾讯发布 2018 年第一季度财报，社交广告收入同比增长 69%［EB/OL］. http://caijing.chinadaily.com.cn/chanye/2018-05/17/content_36218933.htm.

2018 年 3 月底开始，朋友圈广告已经由之前每天一条增加至每天最多两条。媒体对腾讯内部人员的采访也印证了这一趋势，近几年，腾讯计划将广告营收占公司总营收的比例提升至三到四成"，❶ 目前的比例约占 15%。微信作为腾讯公司最为主要的社交媒体产品，我们可以预测，未来腾讯将加大利用微信平台丰富的用户标签的数据发展其广告业务，微信平台内的广告将会呈现出持续增长趋势。

微信朋友圈是官方广告的主要阵地。朋友圈广告是典型的硬广告，即把产品的推广信息直接呈现在用户朋友圈。不过，微信大多采用的是个性化广告推荐形式，利用大数据对用户行为进行分析，进而进行精确的广告投放。从 2016 年第四季度开始，微信继续推出了"公众号互选广告"，它在公众号与广告主之间搭建了桥梁，方便他们互选广告，把广告与其适配内容相匹配，更精准地面向受众。非官方广告集中在公众号、朋友圈与微信群三大阵地。首先是公众号自媒体人在文章中设置的"软文"广告。据调查，微信公众平台单条软文的价格在 5000 元到 10 万余元不等。一个两三人操持的公众号，每年能创造几百万元的利润。❷ 朋友圈广告最典型的代表是"集赞""转发集赞"与微商广告。"点赞""转发点赞"广告是指商家为了传播品牌信息以优惠、折扣等为诱饵，鼓励用户将广告信息转发到朋友圈，并指定完成一定的集赞个数才能领取优惠。微商广告是朋友圈的第二大广告形式，大量销售商品与服务的个人密集地在朋友圈传播产品营销信息。2014 年 6 月 6 日，微信团队出台了《微信公众平台关于清理集赞行为的公告》，试图对微信空间大量的广告进行整顿，但从目前情况来看，收效甚微。微信群中的广告形式更为纷繁多样，文字、语音、图片与视频各类传播要素有机结合，创造了活动式的漂流广告、互动型的游戏广告、陪聊式的对话广告等五花八门的营销形式。

我们可以看到，各种类型的广告通过微信群、公众号平台与朋友圈相互连接，已经充斥在微信平台的各个空间了。作为私人化的社交"圈子"，微信的各

---

❶　36 氪网. 腾讯高管：近几年拟将广告收入提升至腾讯总收入的 30%－40%［EB/OL］. https://36kr.com/p/5139835.html.

❷　余人，王令薇. 微信广告发展与监管思考［J］. 编辑学刊，2016（1）.

个角落已经逐渐被商业信息覆盖，造成了一定程度的"广告拥堵"现象。"广告拥堵"是指"繁多的广告信息到处争夺受众的眼球，使受众应接不暇而对广告产生厌恶感，这样他们就会想办法屏蔽那些不想接受的信息"。❶ 从微信用户角度来看，无孔不入的广告极大地影响了其在微信平台上的使用体验，干扰了用户的正常、有序的社交活动。另外，对于企业与广告主来说，"广告拥堵"会阻碍他们与用户的沟通，对信息的传播、广告促销效果与营销转化都将造成巨大的影响。

2. 广告与科技共谋，消费主义盛行

随着 Web 2.0 时代的到来，科学技术对营销领域的影响力逐步增强。互联网与科技融合一方面导致了电视广告等传统广告形式的衰落；另一方面，在精准大数据算法成为广告营销的基础设施后，不合理、非理性的消费文化开始兴盛。首先，在"注意力经济"时代及利益的驱动下，商家们为了吸引用户的眼球，在广告中掺杂庸俗、色情、暴力等信息，造成了微信文化的庸俗化、媚俗化、低俗化，如此一来，极易对大众的文化审美、情怀与价值判断产生不良的影响。其次，朋友圈作为个人生活、态度与价值观的展示平台，人们将大量的时间、精力花费在朋友圈的"经营"上，大量眼花缭乱的商品广告信息会左右用户的价值判断，会在一定程度上激发不良的消费风气，使享受奢侈之风蔓延，出现"夸示性消费"等非理性的消费行为。并且，在 2017 年第一季度，微信还推出了"微信指数"功能，利用大数据帮助商家、品牌方深入洞察与理解用户兴趣，帮助其针对社交热点实现广告精准投放。准确的用户行为及心理理解一方面可以通过匹配的商品推送减少用户商品筛选的时间与精神成本；另一方面易使消费者掉进商家的营销"陷阱"。商家通过大量的营销广告创造需要，实际上，"这种需要是生产的产物"。❷ 这种通过大数据、移动定位技术、智能算法创造出来的"虚假需要"具有很强的仿真性，刺激着消费者多种冲动、非理性购买行为。从长远来看，这种形式的科技与广告营销的共谋极易形成消费主义的"乌邦托"，进而会

---

❶ 邢栋. 从消费者角度看微信广告的缺陷 [J]. 中国地市报人, 2015 (6).
❷ 罗钢, 王中忱. 消费文化读本 [M]. 北京：中国社会科学出版社, 2003：14.

对整个社会的消费风气带来不良影响。

3. 利用信任机制进行虚假宣传

从用户的层面上来看，微信好友间"点对点"的商品互荐、微信群、朋友圈"点对面"的商品推荐形式降低了用户信息筛选与商品选择的时间与精力成本，为用户带来了不少便利。另外，"拼团""砍价""助力"等互助形式能创造新的聊天话题，从侧面巩固用户的社交关系。但是，利用微信平台上的信任机制进行的商品营销也带有较强的信誉隐患。

首先，熟人之间的商品推荐会使用户很难辨别产品信息的真实性与合法性。由于有相对信任的人作为推荐人，用户可能会无意识地选择相信产品的营销信息，导致微信用户买到假货、伪产品，这种新闻屡见不鲜。由于缺乏法律机制规范，加上平台监管能力的有限性，消费者的权益得不到有效的保护，维权之路十分艰难和漫长，最后导致用户权益受到损害。

其次，由于公众号的门槛较低，微信公众号平台存在着部分缺乏媒介素养和职业道德的自媒体人。在经济效益的驱动下，为了增强其公众号的影响力，实现更多的流量变现，有些自媒体人把新闻道德抛在脑后，用夸大、煽动、低俗的标题等吸引受众眼球。在此情况下，微信出台了"封禁违规标题"的规定，禁止公众号标题使用夸张、惊悚、极端的词语和数据夸大其词；标题使用侮辱、煽动、低俗词语，使人不适；标题过多使用无实际意义的标点符号吸引眼球等。但是，短视频这种新型信息传播形式的出现极大地增加了微信平台利用机器算法监督公众号内容的难度。短视频以其高仿真度的记录客观现实的优势吸引了大量用户的使用，其已经成为图片与文字内容之外的第三大内容表达形式。但是，相较于文字与图片，包含更多细节与时间轴逻辑的短视频格式的信息体量比图文格式大得多，这就加大了智能算法对短视频内容信息识别的难度。因此，微信平台对于含视频内容的公众号文章的监管通常只能被动依靠用户投诉。这种方式具有很强的滞后性，当投诉的视频被平台审核员认定违规而被"封"时，视频内容已经传播出去，不良后果也已产生。因此，净化微信空间不仅需要更为完善的监管措施，也亟待更为先进的算法科技的助力。

4. 营销广告对个人隐私权的侵犯

隐私权一般是指自然人享有的私人生活、私人事务不被他人侵扰、知悉、利用和公开以及对私人资料自由支配与控制的一种人格权。❶ 通常情况下，微信中容易侵犯个人隐私的人员主要包括政府部门、企业商家、网络服务商和网络个体等。其中，大多隐私侵权行为发生在企业商家与个体用户之中。有不少商家喜爱用一些吸引人眼球的、贴近用户心理需求的方式诸如"测人生运势图""测试你的前世今生"之类的营销小广告、小游戏将微信用户的个人信息以及微信号等个人资料擅自储存在后台中，造成了用户隐私信息的泄露。在这一过程中还存在被动信息泄露的现象，当用户某一好友的微信数据被读取时，与其相关联的该用户信息被泄露的可能性也很大。因此，信息泄露已经不是一个用户个人独立存在的问题与后果，在一个以"连接"为核心的社交平台，微信信息的泄露行为往往是以"组团"的形式发生。另外，微信的地理位置属性也容易暴露用户的信息。作为一个基于位置信息的社交软件，很多营销链接会要求读取用户的地理信息，为了获取优惠或者体验某种游戏，用户往往会妥协。地理位置信息不仅与用户隐私紧紧相连，还关乎着用户的个人安全问题。除此之外，微信红包等在线资金流动行为也存在着巨大的风险，各类由微信支付功能引发的诈骗案件不胜枚举。由此可见，在我们享受微信完善功能便利的同时，个人化的诸多数据也存在着许多隐患。

对数据的利用主要有外部使用与内部使用两种形式。首先，有些不良商家会非法出售用户的数据，在未经许可的情况下将用户的个人数据贩卖给第三方，获取商业利益。将数据泄露给不明身份的第三方会给用户的工作与生活造成巨大的影响，包括电话或短信骚扰、诈骗行为等。大量公司将通过营销活动收集到的与用户相关的个人隐私作为内部使用。携程网、滴滴出行等平台被揭露的利用大数据"杀熟客"就是典型的案例。携程网对每个用户的网站消费数据进行分析，总结出每个用户的消费习惯、经济能力和行为偏好等，然后利用这些隐私进行

---

❶ 王琳. 我国刑法对公民隐私权保护分析 [J]. 科研, 2015 (32).

"价格歧视"，即为不同价格承受力与经济水平的用户"设计"商品价格。这种通过信息区隔、大数据"作恶"而获得价格控制权的行为不仅违背了商业道德，还侵犯了用户的隐私与知情权，将用户置于被动不利的处境。因此，在合理平衡国家、个人与从业者三者关系的前提下，相关法律法规应该对企业对大数据的利用进行合理的规范与限制，重视对个人敏感信息的使用。只有个人信息、财产等安全问题得到保障，相关的保护措施不断得到完善，才能使更多的用户源源不断地加入或对微信平台保持长久的忠诚度。

（三）分销机制搅浑社交环境

1. 微信分销机制盛行

微信功能的完善与信息通信技术的革新催生了一种独一无二的移动互联网与分销的混合形式。微信分销机制是其中典型的代表，其主要是指一种分销分佣系统。例如，A 关注某一公众号购买了商品后，就自动成为第二级分销商的身份，当他把这个商品分享给 B，当 B 购买后，A 会得到相应的提成。这时 B 就成为第三级分销商，当 C 购买了 B 推荐的商品后，B 与 A 都会有相应的提成，再到 D、E、F……分销层级可以无限延伸与扩展。相较于传统电商，微信分销具有四大独特的优势：第一，微信具有巨大的用户数量。作为我国目前最大的社交平台，以微信作为分销平台做宣传推广、发展分销、售卖商品不用担心用户基数与流量问题。第二，微信有着完善的分销活动的基础设施。微信群为分销代理提供了沟通交流的渠道，公众号则为商品或品牌信息宣传提供了最佳的阵地，朋友圈则是极佳的销售推广渠道。第三，由"强关系连接"为主，"弱关系连接"为辅的微信平台便于建立信用体系，充分利用用户的碎片化购物习惯，进行"裂变式"口碑营销。第四，微信为分销活动提供了丰富实用的插件，可以助力分销实践的有效开展。比如"砍价插件"，产品方在后台添加了砍价插件后，用户可以通过将砍价链接或口令分享给好友、群与朋友圈参加活动，实现几何般的商品信息传播，刺激销量的增长。在这些优势的刺激下，微信已经成为商家企业分销营销实践的重要阵地。

2. 微信分销机制存在的隐患

随着分销营销方式在微信平台的盛行，大量的问题也凸显出来。从源头上来看，由于平台门槛较低，审核不严格，大量没有合格证的"三无产品"进入微信平台。这些产品利用虚假或夸大的信息误导消费者，引发了诸多社会问题，典型的有"假面膜"事件、"三无保健品"等。从传播渠道上来看，由于每个用户都能成为分销商，销售体系的人员素质参差不齐，部分缺乏职业道德、价值观扭曲的分销商容易破坏整个微信营销环境，比如用下级分销商一夜暴富的"真实案例"做诱饵发展新的分销商等行为被不少营销人员模仿，这不仅扰乱了整个微信平台的合理结构，还对社会风气造成了不良影响。从接收端用户的角度来看，本来私密的朋友圈、公众号、微信群被各类分销广告信息包围，极大地影响了微信用户的社交体验。另外，由于分销商素质不一、鱼龙混杂，某些人收钱后就消失，成为纯粹的诈骗行为；还有一些用户在购买假货或不合格产品后无法退货和获得赔偿。此外，法律监管困难，平台规范不全面、力度有限，造成了大量用户权益受损。我们可以看到，一个无序的营销环境，无论是对微信用户来说还是整个媒体平台都是存在隐患的，长此以往，各方利益都将遭受巨大损失。

3. 分销变传销："网络传销模式"的兴起

除了上述微信分销对用户权益的影响外，微信"强关系链"属性主导的分销机制还成为传销违法犯罪活动的温床。近年来，有不法商人利用微信公众号的关系链来发展下线分销，并诱导用户关注线上传销，以此获取利润，这种模式大多具有欺诈等非法性质。这里，笔者将其称为"网络传销模式"。"网络传销模式"主要是指塑造和影响营销活动本身的并不仅仅是其产品或品牌的形态，还包括促进营销活动传播的形式与手法。依靠微信平台所提供的技术资源，传统的传销模式组织形态发生了改变，比如分销商、微商等新型组织关系的诞生。"网络传销模式"具有的技术化程度高、多面性强与人员流动性强等特征将其微妙地与传统传销行为区分开来。

《禁止传销条例》规定，三级以上的分销行为可以被定义为传销活动。传销是牟取非法利益、破坏社会主义市场经济秩序、影响社会稳定的行为。虽然微信也发布了《关于整顿非法分销模式行为的公告》，禁止三级以上的分销活动，一旦发现此类账号将会严惩不贷，但由于传销的法律机制主要针对线下现实生活中的违法分销行为，加上分销与传销之间界限相对模糊，部分商家还是在新型商业模式保护伞的掩盖之下在微信平台上大肆开展传销活动。

比如，云集微店是微信电商中成功的典型代表，它通过对电商、直销、微商、社群等营销模式的综合利用，被标榜为"新社交零售平台"。"云集微店中的店主曾经高达 200 万人，2017 年 3 月销售额达 2 亿多元，6 月破 7 亿元，7 月破 8.6 亿元，并于 2016 年 12 月完成 2.28 亿元 A 轮融资。"❶ 2017 年 7 月 16 日，云集微店因其部分推广形式与《禁止传销条例》冲突而受到了来自杭州滨江市场监督管理局 958 万元的处罚罚单。不久之后，云集微店所属的"云集服务号"账号与"云集微店官方"账号也被微信平台永久封号。据媒体报道，成为云集微店店主需要缴纳 365 元的平台服务费。店主不用囤货、不用打包、不用发货，只需通过微信朋友圈发布商品信息，并引导销售完成，就可轻松赚取佣金。同时，云集还鼓励店主向他人发出注册邀请，每邀请一位新人能得到 150 元的培训费和 15% 的销售佣金。只要成功邀请 160 位新人成为店主，原店主就能升级为"导师"，团队人数达到 1000 名时，即可申请成为"合伙人"。❷ 这种分销模式具有较大争议，其本身定位为社交电商领域的移动端零售众包，但滨江市场监督管理局认定此种模式与《禁止传销条例》相悖，是多级分销制的地推模式，于是被严厉处罚。除了云集微店外，"小黑裙""千聊""环球捕手"等账号也因涉嫌传销活动被微信永久封号。

由于对线上平台传销行为的定义不明确，有人为云集微店等被封号的账号打抱不平，认为微信官方与执法部门有些矫枉过正。线上分销与传销活动模糊的边界给平台以及国家对它们的规范造成了一定困难。因此，分销与传销的界限需要得到明确的规范，否则，很多以分销机制为掩护的"网络传销模式"将会极大

---

❶ 和讯新闻. 200 万人掘金的云集微店，微信怎么说封就封［EB/OL］. http://news. hexun. com/2017-08-12/190419196. html.

❷ 搜狐新闻. 云集微店被封，这事真的怨不得微信［EB/OL］. http://www. sohu. com/a/167187808_114732.

地破坏微信公众平台的良好生态。微信以其独特的平台属性与优势催生了各式各样的新型商业模式，例如拼多多的"拼团"、薄荷阅读"Hook 上瘾模型"的人际裂变模式、享物说的"砍价"模式等，但只有在法律与平台的完善规范下，这些创新型商业模式才能推动整个互联网经济生态的繁荣，为我国经济的长效发展带来新动能。

二、微信"礼品经济"背后被遮蔽的商品性

（一）微信与礼品经济

1. 礼品经济的意涵及其演变

"礼品经济"（Gift Economy）这一概念来自马塞尔·莫斯的著作《礼物》，莫斯通过对西北美洲及南太平洋地区部落的交换形式进行调研，提出了著名的"礼物之灵"一说，揭示了原始部落时期回礼义务的隐含意义。❶ 在这之后，布罗尼斯洛·马林诺夫斯基、马歇尔·萨林斯等西方学者均开始了对礼品关系及礼品经济的研究。"礼品"这一概念吸引了大量的关注主要是由于其"反商业"属性——非等价交换原则。❷ 但有关"礼品经济"的研究仍集中在西方学术圈，中国学者对这一理论关注不多。国内目前最主要的相关研究是阎云翔所著的《礼物的流动》，其通过对我国北方的一个村落下岬村进行田野调查，分析出了中国社会与西方不同的礼物交换模式及"礼品文化"，揭示了中国"礼品经济"的诸多特殊性。❸

互联网的出现复兴了"礼品经济"这一理论，越来越多的学者发现了互联网经济中的"礼品"形态，将礼品经济的概念引入互联网研究，认为"礼品"对信息时代"非商业""免费"等信息交换形式具有很强的解释力。其中最有代

---

❶ 马塞尔·莫斯. 礼物：古代社会中交换的形式及理由［M］. 汲喆，译. 上海：上海人民出版社，2002.
❷ 姜齐平. 高技术礼品经济——自然经济与信息经济比较之二：原始礼品经济与后现代礼品经济［J］. 互联网周刊，2013（1）.
❸ 阎云翔. 礼物的流动［M］. 上海：上海人民出版社，2000.

表性的是英国学者巴布鲁克（Barbrook）的《高技术礼品经济》（1998）一文。❶
巴布鲁克认为互联网信息的交换规律同原始部落礼品交换有很强的相似性，呈现
出自愿、奉献、合作与共享等特性。他认为，信息本身可重复、共同使用及非独
占性的属性超越了以利益为中心，私有制、商业化为杠杆的资本主义运行规则，
将成为赛博共产主义形成的基础。巴布鲁克对于"礼品经济"的研究聚焦于政
治意识形态方面，试图预测资本主义未来的走向。但是，如果我们将视野放开阔
一些，网络出现带来的新的人类活动不仅对政治生活产生了影响，经济、文化皆
牵涉其中。

　　基于上述内容，本研究将结合微信的生命历程与追溯中国文化语境下社交媒
体运营方与使用者的实践行为，试图获得一种对微信媒介生态的总体理解并进而
回答：是什么因素塑造了微信平台的"礼品"属性？又是怎样的转折点使"礼
品"向"商品"转变？这样的转变凝聚了怎样的意识形态和社会价值观？

　　2. 微信的"礼品"形态

　　自诞生以来，微信经历了从通信工具到社交工具，再到平台化的演进，显而易
见，微信"礼品"属性的核心是"免费"。从我们在应用商城下载微信 App，到利
用微信进行通信，在朋友圈发布状态，甚至创建自己的微信公众号，这一系列过
程，人们都不用支付一分钱。因此，微信的经营动机并不是金钱，支撑微信平台运
营的是一个"免费经济"商业模型。那么这个免费模型具体是怎么运转的呢？

　　原始礼品经济相互馈赠的是实体的物，微信等网络平台上交换的则是一种
"行为"——我们彼此间免费为别人做的事。❷ 这种行为在微信平台上随处可见，
比如，电影发烧友建立自己的微信公众号，定期向关注者分享最新的电影资源或
影评；英语爱好者分享英语学习心得，甚至建立微信群组织群体学习等。如果我
们仅仅将这种行为看成完全的"利他"与"奉献"就略显片面。安德森借用亚

---

❶　Barbrook R. The Hi-tech Gift Economy［J/OL］. First Monday, 1998, 3（12），http://firstmonday.
org/ojs/index. php/fm/rt/printerFriendly/631/552 .

❷　克里斯·安德森. 免费：商业的未来［M］. 蒋旭峰，冯斌，璩静，译. 北京：中信出版社，
2009：251.

当·斯密的观点指出：人性中最强大的力量是"理性而开明的利己主义"，任何"义务劳动"行为都是有"利己性"的，携带着丰富的个人原因。其中的用户心理分析可以借用马斯洛的"金字塔需求层次"理论，网民在微信上免费"工作"并不是因为网民有了更多空闲时间，而是网民选择的结果。正如克莱·舍基的"认知盈余"理念所说："受过教育，并且拥有自由支配时间的人，他们有丰富的知识背景，同时有强烈的分享愿望，这些人的时间汇聚在一起，产生巨大的社会效应。"❶ 微信平台不仅为广大的"空闲劳动力"提供了一个"免费的交换市场"，也为对精神有更高追求的人们提供了表达与展示的空间。这就是以微信为代表的社交媒体"免费经济"商业模型得以兴起及繁荣的内在推动力。

（二）"礼品"向"商品"的转向

可以注意到，"礼品范式强调的是为满足需求而给予的重要性，它是需求导向，而不是利润导向的"❷。这一范式并不能对当前社交媒体的经济行为做出合理的解释。随着互联网礼品经济学的发展，越来越多的学者开始质疑互联网"礼品"及"免费"等属性，并试图挖掘其中蕴藏的商品化结构。

交换是商品身份的基础，交换价值是商业化的核心。然而，依靠关系网络的社交媒体商业呈现出了与一般物品相反的模式，使用价值才是其商业价值实现的必要条件。在马克思理论中，物品的使用价值是其"有用性"，是一种具体的、天生的、自然的属性。鲍德里亚对这一含糊的定义进行了摒弃，重新开启了对使用价值的研究，提出"使用价值，即有用性本身，是一种抽象，一种需求系统的抽象"❸。鲍德里亚否定了使用价值的客观性，因为他认为"需求系统"本身是由资本主义系统定义的，而个体的需要是由这种被界定的、结构化的需求系统生产出来的。换言之，人们常以为是自己本身需要，或许并非人们真正的自我表达。鲍德里亚这一具有洞察性的观点将引导我们接下来对微信作为平台的商品属性进行探讨。

---

❶ 克莱·舍基. 认知盈余：自由时间的力量［M］. 胡泳，译. 北京：中国人民大学出版社，2012：3.

❷ 姜奇平. 高技术礼品经济——自然经济与信息经济比较之二：原始礼品经济与后现代礼品经济［J］. 互联网周刊，2013（1）.

❸ 罗钢，王中忱. 消费文化读本［M］. 北京：中国社会科学出版社，2003：26.

假设微信本身是"商品"，那微信作为商品的使用价值是什么？学者陈先红以"关系传播"作为理论支撑，提出了"媒介即关系"的观点，主张新媒介作为"关系的居间者"对"人"本身产生了全面的影响。❶ 研究者谭天和王俊将这一理论做了进一步扩展，从关系本身延伸到关系的连接，提出"媒介即连接"。其本质在于挖掘、处理、运用传播过程中的各种关系，并提供与之适配的内容与服务，从而增强媒介与人和物的连接，为新媒体将社会资本转换成运营资本奠定了基础。❷ 谭天和王俊的这一延伸意义重大，因为他们创新性地指出了新媒体的经济属性。遵循他们的思维，我们可以发现，微信作为商品的使用价值就是它对于用户的使用价值。对于用户来说，微信最大的使用价值是帮助他们引发连接、建立关系、维护关系。而微信作为商品的使用价值正体现在这些关系网络上，通过对社交关系网络数据进行挖掘，微信具有了转换成商品的使用价值——个人化数据。

平台与用户使用价值的重合解构了微信的"免费"商业模式。"免费"商业模式即"先免费后付费"，它是商家为了在短时间内迅速吸引公众，获取大量用户资源，实际上是通过提供免费服务以实现最终赢利的目的，它带有独有的经济属性和服务规则。人们往往会忽略免费的目的，正如茹毛饮血的原始部落的送礼行为往往是为了维护统治者的权力和地位，并非简单地馈赠。微信等社交媒体的免费商业模式也有相同之处。商品并不是静止的，而是具有多义性和时间性的。同一种物品，有些人把它看成商品，而另一些人则并不这么认为。此时被定义为商品，彼时则不是，这背后的转折点意义重大。我们可以把 2015 年 1 月 21 日朋友圈广告初次上线作为微信商品化的转折点。虽然，在此之前，微信公众号已经成为广告商的聚集地，但朋友圈一直保持着一个"社交圈"的定位，还是一片净土，就算是面对扰人的微商，用户也可以选择屏蔽或删除好友。但微信平台推送的朋友圈广告却是无法屏蔽的。朋友圈广告的出现标志着微信运营商开始将用户个人当作商品进行出售，而微信商品化的实质是人被商品化。数据显示，2017

---

❶ 陈先红. 论媒介即关系［J］. 中国传媒大学学报，2006（3）.
❷ 谭天，王俊. 新媒体运营：从"关系"到"连接"［J］. 编辑之友，2017（12）.

年第三季度微信所属公司腾讯的网络广告收入涨幅为 48%，达 110. 42 亿元，其中有一半以上的广告收益得益于微信朋友圈及公众号的广告业务。❶

　　学者科普托夫曾详细研究了奴隶制，认为奴隶制是最典型的人被商品化的例子。他从一个"过程"的视角发现，奴隶并不是一个固定与单一的身份，而是有着一系列的转换过程。"奴隶只有在被俘虏或初次出卖和获得新的社会身份之间的相对短时期里才明显的是商品。"❷ 这一思考提醒着我们，不能过分夸大微信的商品化特征，实际上，微信的"礼品"与"商品"属性是一个实时渗透的过程，两者间存在着丰富的转换程序与可能性。一方面，微信的"礼品"属性是其商品化的前提，只有通过免费这一噱头才能吸引用户，创造流量价值，达成盈利目标。另一方面，微信通过个性化广告等将人们社交关系价值变现的行为也是一个赠礼过程，人们免去了信息筛选的过程，既省时又省力。从"礼品"到"商品"再到"礼品"，两者相互转换、融合与影响，生产出了单一属性无法塑造的平台生态。因此，充分认识微信平台中被遮蔽的商品属性对推动微信生态系统的良性运转意义重大。只有揭开免费使用背后神秘的面纱，我们才能保持警惕性，避免平台逐利性力量带来的大量颇具危害性的衍生后果。

第四节　微信与媒介法律生态的异化

　　由于目前我国针对移动互联网的相关法律法规不够完善、成熟，加之微信对个人名誉权和隐私权的忽视、微信红包存在的金融风险等因素，微信成为诸多法律问题易滋生之地。

一、微信空间中的侵权问题

　　微信作为我国的一个重要信息交流平台，在助力人们信息传递与分享的同时，其独特的信息生产、传播与消费逻辑也伴生着一系列侵权问题，譬如在微信

---

❶　中文互联网数据咨询中心，http://www.199it.com/archives/653630.html.
❷　罗钢，王中忱. 消费文化读本 [M]. 北京：中国社会科学出版社，2003：399.

传播过程中出现的知识产权侵权与隐私权侵权两大问题。

（一）微信公众平台成为侵权行为多发地

微信公众平台作为互联网自媒体中的成功典范，为人们的日常社会生活带来诸多便捷。但凡事都有两面性，微信公众平台光鲜亮丽的背后也是网络侵权行为的多发之地，且这种侵权行为正呈发酵之势，尚无完善的相关法律作为保障。目前，微信公众平台中的侵权行为大致分为两类：侵犯他人著作权、署名权和侵犯名誉权。侵犯他人著作权、署名权主要有如下表现：转载注明原作者、来源，但未经媒体与作者授权同意；未经同意就摘录、整合媒体报道。比如《人民日报》的微信公众号"侠客岛"，曾针对"南海仲裁案"发布了原创文章《这就是中国，一点都不能少》，在不到一天的时间之内，许多时政性与非时政性微信公众号都充当起"搬运工"的角色，将"侠客岛"的原创文章"偷走"，不少公众号还"偷梁换柱"把原文章中的"岛叔""岛君"等称谓改成了"小编"，再重新配几张图或直接在原图上加几个文字，一篇"崭新"的文章便完成。侵犯名誉权是指"文学作品、通告文字、行为语言或其他形式对当事人产生了名誉上的消极影响所构成的一种违背人权的行为。行为人要负法律责任"。❶ 一些公众号为了吸引眼球、博取人气往往"语不惊人死不休"，各种转载的"心灵鸡汤"、未经证实的"内部传言"和依据及效果均存疑的"养生秘方"等内容充斥其中，媒体的理性与文明日渐式微。如在2014年2月4日名为"自然医学与养生"（微信ID：ziran178）的微信公众号发布了一篇名为《微波炉厂家打死都不说的惊人秘密》的文章，其中写到"微波炉烹饪会极大地破坏食物营养，其辐射会危害人体健康而致癌"。加之微信公众平台与搜狗合作推出的"微信搜索"功能，该信息的影响规模在社会上呈几何级扩散，虽然央视《焦点访谈》栏目很快进行科学检验并代表官方发声，对该事件进行辟谣报道，但作为法人代表的微波炉厂家的名誉权已受到实实在在的伤害。"侠客岛"及"微波炉"事件仅仅是微信公众平台侵权行为的冰山一角。总体而言，微信公众平台中的侵权行为有如下特

---

❶ 百度百科，http://baike.baidu.com/link?url=QgslTCvOG_Q6dcZyyPhlpTsAqh2jA_m5BHmDbitkv-iB-pRFNJ2UlNPTXoq5ivqYpGcrtR36Y6HfKInsyKr-NORwJ17q7hffI0ZOKxmAL5m3DRdK5h6FlDOv8BhOgoEZZ.

点：第一，侵权主体具有多元性。由于微信公众平台的自媒体属性，任何政府、组织和个人都具备运营资格，故其运营主体多元性特点得以彰显。每个运营者都未经允许转发原创内容，侵权主体便也具有了多元化特性。第二，侵权范围具有"病毒式"的扩散性。基于"六度分割理论"，具有侵权性质的信息被大量推送给用户之后，用户将之转发给亲朋好友，转瞬之间这些信息就会以"病毒式"的速度被传播开来。第三，侵害与补救具有两极性。对著作权侵害的两极性体现在：备受大众青睐的文章被侵权的数量多、范围广、影响大，而一些"小众"文章却不存在被侵权现象；补救行为的两极性则是：形成社会影响的侵权行为有关部门会紧急制定措施与政策进行补救，但不少未被发觉的侵权行为却维权无门，默默承受着被侵害之困苦。

（二）微信朋友圈中对个人隐私权的侵犯

隐私权一般是指"自然人享有的私人生活、私人事务不被他人侵扰、知悉、利用和公开以及对私人资料自由支配与控制的一种人格权"。微信朋友圈中侵犯个人隐私权的主体主要分为朋友圈内人员和圈外人员两种。朋友圈内人员侵犯个人隐私权是指，故意或意外泄露朋友圈好友的个人隐私和未经他人同意擅自利用圈内人员隐私侵权的主要行为。如转发及二次转发好友及其家人子女的照片、视频等个人隐私信息到自己的朋友圈或分发给其他微信好友、即时通信（QQ）好友甚至微博；又如未经好友同意擅自将好友拍摄并发布在朋友圈当中的照片、视频等用于商业用途以谋取利益；另外，朋友圈中的代购、广告信息的刷屏对用户个人生活空间造成了打扰，也是侵犯个人隐私的行为表现。侵犯个人隐私的微信朋友圈外人员主要有政府部门、企业商家、网络服务商和个体网民。其中，大多隐私侵权行为发生在企业商家与个体网民之中。企业商家通常通过诸如"测试你的前世今生"之类的小游戏将微信用户的真实姓名、好友姓名及微信号等信息未经许可储存在后台中，存在较大泄露风险。而个人网民侵犯他人隐私的侵权主体主要有普通网民与黑客两种，黑客通过技术侵入微信用户的手机获取权限之后，便可以盗取个人信息进行非法贩卖或诈骗活动；普通网民利用"附近的人"、查找微信号码和微信里"允许陌生人查看 10 张照片"等功能可以轻松获取微信用户的姓名、照片、居住地等个人信息，让个人隐私和名誉无处躲藏，这些行为都是对个人隐私权的一种侵害。

二、微信红包的法律风险与各类新式诈骗

（一）微信红包的法律风险

微信红包在本质上与其他金融产品存在共性，即资金从一方流向另一方，主要涉及用户、钱款以及转款服务商三个要素。作为新兴互联网金融产品的微信红包，一经推出便深受广大用户的喜爱，用户在享受其带来的巨大便利的同时，也应注意"微信红包具有一般互联网金融产品所具有的法律风险，如资金流动所引发的沉淀资金利息归属问题、由于缺乏完全自主知识产权及先进互联网金融设备支撑而潜在的技术安全风险问题"。❶ 首先，微信红包中，用户隐私存在泄露风险。微信运营商后台服务器中保存着用户微信红包的收发以及红包提现绑定的银行卡、真实姓名及手机号码等敏感性个人信息，而目前微信红包并没有针对用户手机中的第三方软件恶意盗取信息的防范机制，一旦信息被复制、盗用，用户就存在个人信息泄露和财产损失的风险。其次，微信红包中沉淀资金的法律监管不到位，易催生非法集资、洗钱和恐怖融资，甚至贿赂等犯罪活动。对于未实名绑定银行卡的用户，红包中的钱款无法提现，从而沉淀在平台内，久而久之，平台内会积累巨额的资金，而微信不具备商业银行的储蓄资质，也缺乏相应的牌照，这种吸收公众资金的行为有非法集资嫌疑。同时，微信红包虽然需要实名认证，但落实并没完全到位，虚假的认证也有可能，这就使"微信可能成为洗钱和恐怖融资活动中中转非法资金的互联网支付平台"。最后，微信红包作为电子红包，自然具有"送礼"的功能，并且不受时间和地域限制，且发红包之人与收红包之人无须直接接触，比传统红包更具隐蔽性，一旦被别有用心之人利用，便有可能产生行贿受贿行为。

（二）微信空间中的新式诈骗

网络诈骗一直以来都是网络信息传播中未曾根除的痼疾，而微信公众平台的

---

❶ 王依，杨毛毛. 微信抢红包引发的法律问题 [J]. 法制与社会，2016（16）.

出现，又给网络诈骗提供了新的技术手段，衍生出许多让用户防不胜防的新型诈骗形式。

比较常见的诈骗方式主要有以下几种：首先，微信公众号优惠、促销诈骗，此类诈骗方式主要是冒充权威的官方公众号，向微信用户发送抽奖、优惠消息，再以各种名义向用户索要验证码或者小额费用。一旦用户上当发送验证码，微信钱包里的金钱就会瞬间被盗。此外，有公众号会以推广名义送精致的礼品，比如价值 199 元的钱包、手表、保温杯之类，而且会真的寄送商品给用户，但要用户垫付一定金额的运费，而寄过来的商品大多是残次品，除去运费诈骗者依然有一定的利润空间。其次，比较常见的还有二维码诈骗，诈骗者会以较为诱人的条件引导用户扫描二维码，实际上二维码中会携带木马病毒。扫描安装就会导致手机中病毒，而用户手机上的银行信息、密码等都会随之泄露。还有代购诈骗，不少看似包装精美的微信公众号店铺，打着海外代购的幌子，多是通过所谓熟人的朋友圈找到类似公众号，然后店家会以各种名义保证货品的真实性，再以比如货物被扣需要缴纳关税的名义，要求用户支付一定税款，一旦用户上当，微信号、公众号亦会瞬间被诈骗者清零。除此之外，微信公众号还有诸如话费诈骗、求职诈骗、感情诈骗、点赞诈骗等各种诈骗方式。人民日报微博曾专门对微信朋友圈的诈骗方式做过统计，其中微信公众号诈骗赫然在列。

此外，微信红包也易诱发诈骗犯罪行为。微信红包诞生之初是为增进亲朋好友之间的情感，但有些不法之徒却利用它来进行诈骗，且花样不断翻新。诈骗手段主要有：一是诱导信息和诱导加群。如在朋友圈中常出现的"靠谱互助配对微信群，投资 500 元即回 1000 元，缴 50 元注册费即可待匹配收米"。很多人经不住诱惑，缴费进群后，便按照先后顺序等待拿回款，可许多人眼看着就要轮到自己，群主却突然间把微信群解散了。二是诱导链接和诱导中毒。此类诈骗主要是在链接中放置"木马"病毒，一旦受害人将个人信息在链接中输入，"木马"便会将其上传到诈骗者手中，诈骗者再利用所获取的受害人信息将其银行卡内的钱转走。2015 年 2 月，南通市民陈小姐收到了好友发来的微信链接，上面写着"最高抢 500 元代金券"。陈小姐在诱惑之下点击后发现自己竟然中了"大奖"，欣喜之余她没来得及多想便按照"兑奖要求"填写了自己的身份证号码、手机号码、微信账户等个人信息,随后,陈小姐微信绑定的银行卡中便少了1万元。❶

可见,犯罪分子主要还是利用大多用户对手机应用安全意识不高,对手机病毒防范意识不强,以及"贪便宜"心理来施行诈骗。而针对借助微信平台进行的层出不穷的诈骗行为,腾讯也曾启动打击网络黑色产业链的"雷霆行动",先后封停了3万个假货公众号以及数十万的恶意链接;对微信平台上的"集赞"行为进行了清理和规范,并作出相应的"梯级处罚机制"。如用户公众号累计发现1次有"集赞"行为,封号7天,发现2次封号15天,发现3次封号30天,发现4次则永久封号,不可解封。

目前,我国法律虽然对相关网络诈骗行为有了相应的惩罚规定,但由于微信公众号的可匿名性以及诈骗犯罪的低成本,使微信公众平台上的诈骗信息屡见不鲜。我国《刑法》以及《最高人民法院、最高人民检察院关于办理诈骗刑事案件具体应用法律若干问题的解释》中都对诈骗罪给出了相应的规定,对于诈骗金额在3000元以上的分别作出不同的处罚规定,特别规定"通过发送短信和拨打电话或者利用互联网、广播电视、报刊杂志等发布虚假信息,对不特定多数人施行诈骗的",依照刑法第二百六十六条的规定要酌情从严处罚。而通过微信的诈骗是符合本条规定的,但对于诈骗金额3000元以下(有些地区2000元)的并不符合诈骗罪的立案条件,而且微信犯罪的追罚难度相对更大。所以,单纯靠技术上的规制很难完全根治借助微信平台的诈骗犯罪,要维持和保障微信的安全运营使用环境,打造有序的微信网络生态,不但需要立法上细化条文的规制,更需要提升用户的风险意识,使用户懂得预防和自我保护,让犯罪分子无机可乘。

三、微信空间中的低俗、色情信息传播

2018年,微信官方共封禁及处理发送低俗类内容的账号115540个,删除相关文章174825篇,封禁及处理夸大误导、标题党类的账号24822个,删除相关

❶ 太仓日报. 警惕"抢红包"诈骗陷阱 [EB/OL]. http://www.szdu shi.com.cn/news/201502/2015123036.shtml.

文章 76265 篇。❶ 近年来，关于微信平台传播色情低俗、标题党、传播谣言等违规行为的新闻频现，引发社会广泛关注，因为这类低俗信息不仅严重影响了人们的阅读体验与青少年身心的健康成长，还损害了微信平台的内容生态以及整个媒介生态环境。

在"流量经济"的刺激下，大量微信公众号为了博受众"眼球"，扩大影响力，在推送的微信消息中大量配发与文章内容不符的低俗、艳俗、媚俗图片，或者推送与标题信息不相吻合的文字或视频，来获取微信用户的关注和阅读，导致微信内容生态呈现出低俗化、标题党泛滥、色情信息隐秘传播等不良态势。其中较为典型的形式就是以夸大其词的标题来"诱导"用户关注，甚至引导他们认同所传播的信息。比如"震惊了""删前速看""转疯了""是中国人都该看""史上最震惊"之类的夸张词汇层出不穷，而实际上文章真正的内容质量并不高或者文不对题，大多数是猜测性、未加证实的言论或低俗的搞笑内容。纵然有些信息中含有明显的恶作剧提示词，普通大众并不会因为此消息而引起过度的惊慌，无损任何他人利益，充其量为一个博眼球的"标题党"，更不会扰乱公共秩序。但是，以夸大其词的手法命名标题，误导用户的思维走向，这在现实的微信公众平台信息传播中是不可取的。根据我国法律规定，"扰乱公共秩序罪"包含以下几点：聚众扰乱公众场所、交通秩序；编造、故意传播虚假恐怖信息等。虽然有些文章的信息表明此文为搞怪恶作剧行为，并不会让公众产生对此条信息的误解、误读与扰乱公共秩序。但相关部门只有明令禁止此类行为并进行相应的处罚，才能真正意义上唤起全民对此类信息的关注，引导他们不去转发、传播类似信息，不犯"狼来了"之错。

基于微信独特的传播模式，微信公众号如果批量转发色情信息，则极易形成病毒式传播，引发舆论爆点。一个比较具有代表性的案例就是 2015 年 7 月 15 日发生在北京三里屯的"优衣库"不雅视频事件，该事件最初通过微博视频传向微信朋友圈，一度被误认为是优衣库的营销炒作。网友疯狂地在微信群里分享链

---

❶ 腾讯网. 2018 年微信封禁低俗类账号 18 万个［EB/OL］.（2018-11-12）. https://cq.qq.com/a/20181112/004813.htm.

接，在链接被微信删减之后，仍然有大量的小视频在微信圈里疯传，而这些链接也都依托于各种各样的微信公众号。而大量包括微信公众号在内的自媒体对此事件的推送报道，更提升了此话题的热度。纵然在 15 日下午，国家互联网信息办公室约谈了新浪、腾讯负责人，随后微博以及微信等平台上的视频被删除，话题也没有再登上热搜榜，但随后大量微信公众号对此事件的错误解读，继续引导公众对此色情信息来源的猎奇心，让此事件在真相未公布之前持续发酵。包括《优衣库事件：实体店向电商宣战》《营销策划——优衣库的成功为何难以复制》等类似的优衣库营销阴谋论的猜测不断在各大公众号中扩散。各类衣服品牌厂家甚至还借此炒作，助长了不良舆情的膨胀，一时间该事件充斥了整个微信公众平台和朋友圈。

另外，还有不法分子利用公众号信息"自动回复"功能传播色情信息。微信公众号对话框中的回复提取消息的功能，也为淫秽色情信息的传播制造了一定的空间。不少低俗的微信公众号利用自动回复功能，来躲避微信公众平台对违规内容的审查。他们会利用微信公众号里面的文章或者相关联的微博引导用户去索取相关信息，之后公众号会以自动回复的形式向用户发送相关链接，以此来完成整个色情信息的传播过程。而其公众号文章通常都以符合规定的八卦娱乐或用其他信息来做伪装，使得腾讯微信后台无法通过识别网站链接对其进行拦截。此外，微信上还有通过"拉人头"方式来获取免费看片资格，把"漂流瓶"功能当成传播色情的媒介，由此，2018 年 11 月，腾讯宣布将"漂流瓶"功能暂时关闭。更为严峻的是，在各部门重拳出击、严厉打击学习类 App 存在的涉黄、不良信息泛滥等乱象时，学习类 App 中的涉黄内容、网络游戏在高压之下，被悄悄转移到微信公众号、小程序中，挂羊头卖狗肉，继续对未成年人传播涉黄信息。这种以牺牲未成年人利益去攫取流量、获得经济利益的行为严重影响了我国青少年人生观、价值观的正确形成。

微信中的低俗信息泛滥、标题党频出以及涉黄信息的传播是微信空间传播伦理失范的具体表征。虽然传播伦理失范问题早在微信等社交媒体出现之前就已存在，但微信低门槛、裂变式传播、交互分享等传播特征一旦与低俗、色情暴力内容结合，其产生的危害是远远大于其他传统媒介的。目前，对于文化"三俗"问题的治理已成为我国政府媒介生态管理层面的一项重要工作，我们应当从受众、媒介与社会等多维度去思索如何净化微信空间内容的治理问题，遏制此低俗类信息的肆虐之风，重构绿色、和谐、健康的微信内容生态。

第四章
微信与媒介生态环境
的建构

第四章

微信与媒介生态环境的建构

第一节　微信与媒介政治生态建构

一、新媒体语境下政治话语建构与传播形式的变革

截至 2018 年 12 月，我国的网民规模为 8.29 亿，互联网普及率达到 59.6%，其中 20~29 岁年龄段的网民占比最高，达 26.8%。[●] 网络媒体已成为我国年青一代获取信息的重要渠道。互联网的广泛参与性赋予了人们新的话语表达与政治参与形式，媒介的政治功能被提到了前所未有的高度。习近平在全国宣传思想工作会议上深刻地指出：“如果我们党过不了互联网和新兴媒体这一关，可能就过不了长期执政这一关。”[●] 新媒体语境下，对舆论与话语的管理成为我党把握意识形态工作领导权的重要环节。Web 2.0 时代，全媒体、自媒体与大数据、人工智能算法等高科技相互结合形成了一种特有的传播语境，即传统的传播形式和旧的社会传播结构日渐削弱。这种语境引发的是话语构建主体及形式、话语传播形式与权力结构的大变革。

[●]　中国互联网络信息中心（CNNIC）. 第 43 次中国互联网发展状况调研统计报告［EB/OL］. http://www.cac.gov.cn/2019-02/28/c_1124175677.htm.

[●]　过不了互联网这一关，就过不了长期执政这一关［N］. 人民日报，2016-03-21.

(一) 政治话语建构主体及形式的变革

"新媒体语境是一种人人都可以相对方便和自由披露信息和发表意见的语境。"❶ 其核心是"多元的话语格局"。不同性别、年龄、学历、职业与收入水平结构的人,借助微博、微信等社交媒体新型传播平台与移动信息科技拥有了低成本的麦克风与摄像机。新媒体的发展进入快车道,自媒体发展正处于红利期,新媒体经济、自媒体经济引领着我国数字经济的发展与未来。我国新媒体运营行业从业人数在 2017 年已达 300 万。庞大且不断增加的自媒体群体不仅改变了我国的社会职业结构,更引人注目的是,自媒体群体在一定程度上削弱了政府及主流媒体对话语的定义力、解释力与垄断力。新媒体在我国社会政治中的地位亦将借此被重新定义和建构。

没有任何一种变革可以用单一的变量来解释。除了互联网科技的发展外,全球性话语和议程设置形式的转变也给我国政治话语建构形式的变革提供了合理化来源。西方国家 Facebook、Twitter 等社交媒体积极参与政治事务的实践也促进了我国政府与人民关于公共话语建构的思考与行动。另外,我国内部的其他因素也在发挥作用。我国改革开放四十多年,社会改革已进入深水期。"改革越剧烈,被抛离分配游戏的局外人就越多,利益表达的意愿就越强烈。"❷ 改革带来了社会阶层与权力结构的重构,在这一背景下,无论是改革过程中的利益受损者还是得利者,都有着强烈的表达意愿。另外,我国与日俱增的政治、经济国际影响力也激发着人们沟通、连接世界的愿景。

当各类新媒体平台成为广大民众意见与情绪表达的主要窗口时,我国话语场域的主客体关系也随之发生变化,国家与社会权力之间的界限呈现出越发模糊的形态。所谓场域,是指"社会空间中各种力量形成的相互竞争的空间"。❸ 场域是诸多权力对弈的原因及结果。国家与社会权力之间最典型的是"零和博弈"的对弈格局,即当国家掌握了权力,社会就相对丧失了权力,反之亦然。但这种

---

❶ 丁柏栓. 自媒体语境中舆论特点及政府与之关系辨析 [J]. 中国出版, 2013 (5).

❷ 李永刚. 我们的防火墙 [M]. 桂林: 广西师范大学出版社, 2009: 154.

❸ 罗钢, 王中忱. 消费文化读本 [M]. 北京: 中国社会科学出版社, 2003: 45.

"对立型"的国家与社会零和游戏关系模式的缺陷在新媒体语境下暴露无遗。微博、微信等社交媒体赋予了人们极大的创造与传播话语的权力，然而，这并不意味着国家权力的缺席。国家也创造了一系列符合现实价值体系的政治话语在新媒体平台流通，为政治秩序服务，例如，协调、稳定、发展、和谐、民主等。这些政治话语的传播同样作用于人们的心理与日常网络实践。因此，新媒体真正带来的应该是国家与社会权力之间日益模糊和重叠的边界。话语的构建成为主客体，即国家与社会大众共谋的实践。段媛媛等学者将这一范式定义为"主体的主体间性范式"。他们从传播主体的视角指出，"在新的传播语境下，'主体—主体'的对等范式能够使政府舆论引导走出'客体化陷阱'，将客体公众主体化为引导力量可以形成互动协商式的合力引导"。❶

（二）政治话语传播路径的变革

21 世纪，逐渐宽松的户籍管理制度促进了我国人口的大迁徙，农村人口向城市流动、内陆人口向沿海城市流动的浪潮一波接一波。人口迁徙与流动性的不断扩展对我国的政治、经济、社会、文化等各个方面都产生了巨大影响。这一影响中有些是具有创造性的、积极的，比如，大量沿海企业的建立推动了我国经济结构的转型与市场经济的繁荣。另外，大规模的人口流动也直接或间接地促使了我国不同地区经济发展不均衡、社会分层与地区差异、农村人口骤减，甚至社会抗争活动等事件的发生。这些都是物理空间人口流动带来的必然结果。与之类似，互联网、移动互联网、社交媒体、自媒体等新兴传播平台带来的"流动性"对我国政治、经济、文化等各个方面的发展也意义重大。人们借用移动设备在虚拟空间实现了跨越时间与空间的流动，这种高流动性直接引发了政治话语传播路径的大变革。

在我国传统的"动员型政治"模式的指导下，我国政治话语的构建与传播在很长的历史时间里采用着"话语生产—话语传播—话语实践"的单向传播模式。但多方实践已揭露了信息"删堵"的单向话语控制范式的落后性与无效性。在新媒体主导的传播语境下，"人是复数的，每一个人都能提供新的视角和做出

---

❶ 段媛媛，徐世甫. 论微博场域中政府舆论引导的主体客体化 [J]. 南京社会科学，2014（10）.

新的行动"。❶ 人的主观能动性使得公众的话语实践对话语生产产生较强的反向作用力。在网络空间中，公众自下而上的反馈能够影响甚至改变话语的表达方式、传播强度与效果。这样，话语的建构与传播就形成了新的范式，即国家与公众相互提供信息与分享信息的辩证式互动模式。

在具体传播过程中，话语信息的传播通常不是单向度的传递或互动，而是以一种无序周期反复的形态进行实践。多元的话语格局使每个网民都能够对原始的话语信息进行加工。另外，传统媒体、自媒体、主流媒体等多方信息媒介的参与，进一步将整个传播环境复杂化。这样，话语转变为舆论的路径也变得更为弯曲、多面与难以预测，甚至还带有一定程度的随机性。有时一件已经淡出民众视线的事件可能会因为一个小小的网络言论而被重新激活、引发广泛讨论，并形成新的舆论场；某些热点可能只会持续很短的时间然后就被新的事件掩盖，但依旧存在那些能够打破"媒体疲惫"规律的长时间的舆论现象。而且从事件本身的性质来看，舆论热点涵盖的范围之广，既包括衣食住行等民生问题，也包括一些社会事件，而且这些舆论事件皆处于动态的变化中。我们可以看到，新媒体语境下的话语传播不但挖掘出新的传播路径，还突破了传统的舆论发展规律，从而使得整个传播与舆论环境变得越发复杂与难以掌控。

二、微信政务建设与网络舆情传播优化之路

随着社会的不断发展，我国政府逐渐认识到了新媒体语境带来的外部性，包括越发难以控制的舆论走向、数据监管、国家秩序与安全维护等。特别是网络虚拟空间与现实空间相结合时的重大影响力，让我国政府意识到了构建绿色舆论环境对于我国政治、经济以及文化发展的重要性。在国际层面，2017 年年初，外交部和国家互联网信息办公室共同发布了《网络空间国际合作战略》。该战略以和平发展、合作共赢为主题，致力于推动国际社会各方切实遵守和平解决争端，力图构建一个和平、安全、开放、合作、有序的网络空间，建立多边、民主、透

---

❶ 阿伦特. 人的境况［M］. 王寅丽，译. 上海：上海人民出版社，2009：5.

明的全球互联网治理体系。❶ 为了更好地保障网络安全，维护网络空间主权和国家安全及社会公共利益，我国于 2016 年 11 月 7 日发布了《中华人民共和国网络安全法》，初步完成了网络空间治理的顶层设计。在我国网络信息的空间安全与治理的革新过程中，网络空间"治理"一词的内涵和外延也有了新的延伸，从控制、管理、操纵向合作、互动、协商逐步演进，舆情管理与电子政务工作的指导思维以及行为实践也经历了相应的转变。

我国的市场经济和社会改革已经在多个层面发展了 40 余年，我国社会结构、经济体制、文化生活各方面都发生了深刻的变化。同时，我国市场的自主性不断扩大，流动性增强，我国成为在国际上举足轻重的现代化国家。在这一过程中，国家"全能主义"政治框架的弊端越发彰显。另外，在新媒体"多元话语格局"的助推下，国家与社会权力之间日益模糊和重叠的边界，使话语与舆论场的构建成为国家与社会大众共谋的实践。国家与社会之间"零和博弈"的对立格局随之破产，一种"对话式""合作式"的关系模式成为国家与社会之间的主导模式。学者李景鹏将这种模式定义为"后全能主义"，即国家与社会合作共治的管理模式。❷

零和思维向对话思维的转变有三个核心内容。第一，坚持以人民与公共利益为中心。新媒体打通了民众与政府及国家之间对话的通道，民众在网络公共空间中表达意见的同时，政府部门及国家机关也可以利用新媒体平台进行信息、话语传递与舆情管理。只有赢得人民群众的信任，话语传递过程的效率及有效性才会更高，政府的号召力与公信力才能得到最大限度的彰显。第二，积极平衡三大主体，即个人、从业者与国家，在网络空间中的权利运行。我们应该将中国特色国家治理体系延伸到网络空间中。在立足国情的基础上，界定个人、从业者与国家三者的权利及义务，将三者的网络空间实践纳入法律法规的监督中，树立三者的责任观。第三，调整政府的考核模式，优化中央与地方政府、地方政府与民众的对话模式。目前，网络民意与新媒体建设已成为政府政绩考核的标准之一，这一

---

❶ 新华网. 中国发布《网络空间国际合作战略》［EB/OL］. http://www. xinhuanet. com/2017-03/01/c_1120552256. htm.

❷ 李景鹏. 后全能主义时代：国家与社会合作共治的公共管理［J］. 中国行政管理, 2011（2）.

做法具有与时俱进的现实意义。但如果矫枉过正，过于强调"网络业绩"则会产生一些负面效果。中央对地方政府的管理考核应该是多方面与全方位的，地方政府要有效利用微信、微博等网络工具了解公共舆情，掌握民意民情。

自2016年"互联网+政务服务"被首次写入政府工作报告以来，政务微博与政务微信已成为我国网络政治工作开展的两大主要阵地。数据显示，2016年我国共有政务微博号164522个，公职人员微博占总数的24%；民生政务类微信公众号已经超过10万个。❶ 从内容层面来看，政务微博与微信主要有六大功用：政务资讯发布与解释、政务公开、政务舆情回应、形象宣传、权威辟谣与政务正能量。从传播方式来看，政务微博、微信与新媒体技术深度融合，充分利用语音、图文、视频、H5、动画、漫画、MV、VR、无人机航拍、网络直播等多媒体传播方式，及时、主动、充分地公开政府信息。另外，各政务微博、微信平台还积极利用大数据、机器智能算法、云计算等技术了解民意、解读舆情，进而反哺政务微博与微信平台的建设。从组织结构上来看，当前，微政务对传统政府管理、组织结构、业务流程都进行了重构。各地区、区域的政务微信还形成了多矩阵的联盟，以集群的合力打造服务型政务微信。例如，四川省"成都市建立了市、区（市）县和市级部门、街道（乡镇）和区（市）县部门、村（社区）的四级政务新媒体集群体系，4000余个政务微博（微信）一网覆盖、互联互通，真正地实现了便民利民"；❷ 再如，广东省基于微信构建了"广州智慧河长"移动应用，形成了一个高效运作的河长制组织形态。❸

政务微信作为一种新型媒介形态，对于我国网络舆情管理以及政治生态的塑造具有不可忽视的意义。新媒体语境中的舆论产生呈现出诸种新特征，让政府面对公众舆论时要有新的应对举措和要求。在"对话式"网络空间治理思维的引领下，网络政治参与已成为我国政治现代化建设、智慧政府建设的重中之重。而

---

❶ 清博大数据. 2017上半年政务新媒体发展态势报告［EB/OL］. http://www.sohu.com/a/160017 504_114751.

❷ 人民网舆情监测室. 2016年政务微信发展报告［EB/OL］. http://www.sohu.com/a/135458343_ 570248.

❸ 腾讯. 企业微信与政务微信行业发展白皮书［EB/OL］. http://www.199it.com/archives/797200.html.

微信本身就是舆情生发地之一，它能够形成网络舆论和达成公众共识。以 2018 年轰动一时的"昆山正当防卫案"为例。该案发生第二日，昆山市公安局就在其官方微信平台发布了"警情通报"向公众公告该案件。调查结束后，昆山警方再次通过其政务微信平台向大众公布最终处理结果，通告对案件的基本情况、侦查认定事实、案件定性及理由皆做了细致说明，并且，对引发舆论争论的各类周边事实也做了回应，该通报被网民们赞誉为"年度最佳公文"。昆山公安机关利用政务微信与网民群体展开了充分的话语互动，这一话语互动将普遍存在于舆论民意与司法公正之间的紧张关系"舒展"开来，执法机关话语的"涌力"及时阻断了由网络言论过度的"离心力"引发的舆论极化或舆论审判等乱象。可见，只要善加利用，微信政务在应对突发舆情事件、化解舆情危机、政府舆论引导、提升政府舆情管理效率、鼓励公众参与政治、积极倾听公众声音、减轻政府舆情压力等方面都能发挥重要作用。

经过不断的探索发展，微信电子政务已成为除政府新闻发言人制度、政府门户网站以外第三种政务公开的渠道。但从目前情况来看，我国政务微信的建设水平参差不齐，提升我国政务微信的整体服务水平已成为一项迫切任务。构建优质政务微信的核心是需要精准把握该政务微信平台的受众需求。林海涛等学者曾针对受众对政务微信平台的需求做了细致的分类（见图 4-1），他们发现主要有四大要素影响着政务微信的传播："第一类要素是信息的文字质量；第二类是信息来源的可靠性和有用性；第三类是迎合用户阅读使用习惯的相关因素；第四类是满足用户编辑、利用信息进行二次传播需求的关键因素。"❶ 因此，要打造真正为民、便民、利民的政务微信应当从以下方面入手。首先，坚持"内容为王"的原则。在这个信息爆炸的时代，时常让人感觉"信息太多，却无多少有用的"，显然，内容的价值始终是提升用户留存率、忠诚度的核心。无论是多精美的界面设计，多丰厚的参与奖品，都没有信息内容本身的价值更能吸引用户积极关注，更能保证政务微信的可持续发展。其次，坚持以服务为导向。要充分利用

---

❶ 林海涛，许骏，吴梦苪. 基于用户需求的政务微信舆情处置功能的实现和效果提升研究 ［J］. 情报科学，2019（6）.

大数据分析等新技术充分理解用户的个性化或多元化需求，不断地增强政务微信的有效供给，实现微信舆情的有效治理。再次，坚持信息发布的时效性，尤其是在面对突发舆情时，要保证"民有所呼，我有所应"。要实现政务微信对舆情的及时回应，可通过建设快速响应的微信舆情监测体制、实时的微信舆情预警体系与良好的微信舆情监管应对机制等路径快速应对突发公共事件，掌握主动权和话语权。最后，政务微信还需保持一定的"身份意识"，避免流于"俗艳"。理解用户需求不等于无底线地迎合，作为政府部门的舆论"喉舌"，政务微信在建设过程中要牢记自身"身份"，把握活泼与严肃间的有效平衡，提升政府公信力，把微信打造成微信问政、微信执政的重要平台，促进政府"第一时间"抢占舆论高地，助力政府政务建设更智慧、更公开、更透明。

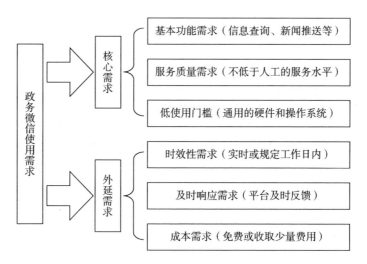

图4-1 政务微信用户对平台的核心需求和外延需求

无论是从思维转型还是具体的实践层面上看，我国的"微政务"工作与舆情管理方式都做出了顺应时代潮流的革新。其中，微信政务作为极其符合时代需求的产品，它的高信息到达率，舆论引导的高效及时，低政府管理成本，与公众相互信任感和沟通的交互性更强、具有可控性等特征使其在构建健康的舆情管理环境与"绿色的"媒介政治生态方面脱颖而出。近年来，我国各级政府部门积极将政务工作与微信等新媒体融合，经过多年实践，已逐渐形成了"三微一端"

的微政务，即"微博+微信+微视频+客户端"的政务信息传播与舆情管理格局。然而，媒介生态环境还在持续不断地发展，除了两大社交媒体巨头——微博与微信之外，今日头条、抖音、快手、知乎等平台的兴起以及人工智能、大数据、5G、区域链、物联网等新技术的迭代发展与技术集群让整个网络舆论的发酵路径与形式变得更为复杂和难以预测。在这个动态变化的时代趋势下，我国的微信网络问政、舆情管理工作应该在坚持保障人民的知情权、参与权、表达权与监督权的基础上，优化与平衡国家、媒体与个人三者间的关系，持续探寻舆论形成、传播与发展的规律，不断开拓新思维、尝试新实践，让国家与民众合力共建清朗的网络空间。

第二节　微信与媒介社会生态建构

一、我国网络交往现状与数字化时代新型交往观分析

人际交往、人际关系传播是社会发展的必然产物，有助于统一社会态度和支配他人的行为方式等，是促进一个社会发展的重要前提。在互联网时代，网络交往作为现实交往的重要延伸和隐射，对网民的现实生活、现实人际交往影响巨大，已成为人们社会生活中不可或缺的部分，其中，在社交媒体盛行的今天，微信交往也已成为网民虚拟社交、虚拟化生存的生活方式之一。

交往，是指在一定历史条件下，人与人之间互相往来，进行物质、精神交流的社会实践活动。在信息技术日新月异的今天，"网络交往"作为新时代的产物，已逐渐渗透到我国民众的日常生活中。所谓网络交往，是指在生产生活实践过程中，交往的主体之间为达到某种目的，而在以电子计算机为载体，以互联网科技为技术支撑的网络空间中，以虚拟化、数字化的符号为媒介条件而进行的物质和精神上的交流，实现资源在一定程度上的共享，从而达到互相作用、彼此联系和共同发展的目的。简而言之，不同于传统社会"面对面"的亲切交往，网络交往是人们借助"数字化中介"而进行的以满足物质和精神需求为目的的交

流互动形式。

（一）我国网络社会交往现状分析

网络社会交往千变万化、光怪陆离，具有异常多的丰富性，因此，对于我国网络交往现状的考察应该遵循一种"复杂思维范式"。用"复杂性思维"解读网络交往时应该把虚拟社会与现实社会这两个看似分离的观念联系起来，容纳界限的模糊性，理解网络社会的真实复杂性以及网络社会中各要素之间的关系连接。但与此同时，我们也要清晰地了解虚拟社会与现实社会存在的不同。网络空间有着自身独特的组织连接、维持、成形与改造的系统，它有自己的规则、原理、习惯与效果。只有找到网络空间自身独特的运行规律，我们才能正确地认识它，进而优化改造它。遵循这种思维，下面将细致地对我国目前网络空间交往主体、交往形式与网络交往影响的双重性进行讨论。

1. 丰富的网络交往主体群

网络交往的主体应该是参与网络交往的所有自然人和组织，包括通过网络获取信息、通过与他人沟通获得满足的网民，以及网络经营服务者和网络管理人员。将网络经营服务者纳入网络交往主体的范畴是因为他们提供了网络交往的平台，例如"微信"软件的制造者，他们建构的微信交往平台是广大网民进行网络交往实践的基础设施，因此他们应该被纳入网络交往主体群中。而将网络管理人员算作网络交往主体则是因为他们在一定程度上制定了网络交往行为规范，协调着网络交往过程中的矛盾，是网络交往不可或缺的主体。

进入 21 世纪，互联网生活已成为我国人民生活中不可缺少的重要部分。截至 2018 年 12 月，我国网民规模达 8.29 亿，普及率达到 59.6%。❶

"从网民的性别结构来看，网民男女比例为52.7∶47.3，网民性别结构与人口性别比例正在逐步接近；从网民的年龄结构来看，10~39 岁群体占整体网民的67.8%。其中20~29 岁年龄段的网民占比最高，达26.8%；10~19 岁、30~39 岁群体占比分别为17.5%、23.5%；从网民的学历结构来看，网民中具备中等教育

---

❶ 中国互联网络信息中心（CNNIC）. 第 43 次中国互联网发展状况统计报告［EB/OL］. http://www.cac.gov.cn/2019-02/28/c_1124175677.htm.

水平的群体规模最大。初中和高中、中专和技校学历的网民占比分别为 38.7%、24.5%；从网民的职业结构来看，网民中学生群体规模最大，占比为 25.4%，其次为个体户和自由职业者，比例为 20.0%，企业和公司的管理人员和一般职员占比合计达到 12.9%，我国网民职业结构基本保持稳定。"

从上述统计数据中，我们可以看到，随着互联网技术、设备及理念的普及，我国网民的性别、年龄、学历及职业结构都呈现出了横向的广度。网络交往不再是年轻人或高收入人群的专利，不同年龄、学历、性别的大众聚集在网络世界中，开展着各式各样的交往实践。这些网民自身独特的身体特征、文化结构、行为需求与社交动机组成了一个复杂的、不确定的网民交往主体群。

除了丰富的网民构成结构外，网络交往组织、网络经营服务者和网络管理人员的结构也呈现出越发成熟、清晰与丰富的形态。自 BBS 论坛出现以来，我国社交媒体已有 30 年的发展史，不同功能与受众的社交平台不断地迭代更新。每个社交平台都有着其设定好的规则，包括"隐性规则"与"显性规则"。"隐性规则"蕴含在平台的设计中，包括添加好友的方式、对话的形式、信息发布的字数与内容形式等。这些规则一方面决定了该社交平台的整体形态与适宜人群，例如，微信主要通过通讯录导入好友，而陌陌则以 LSB 地理定位的方式添加好友，这就形成了微信"强关系连接"的社交形态与陌陌的"陌生人社交"两种不同的模式。这些规则的设置也影响着人们的交往模式与交往观，例如，微博通过140 字的信息发布限制，隐秘地改变了人们网络社交的话语形式。网络表情包、网络语的流行也是社交平台"隐性规则"影响人们交往模式的典型例证。"显性规则"是指平台对外发布的公告与通知。类似这样的规则有很多，主要是为了规范用户行为、维护平台安全与商业竞争的需要等。例如，腾讯官方发布的《关于进一步升级外链管理规则的公告》，提出外部链接不得在未取得信息网络传播视听许可等法定证照的情况下，以任何形式传播含有视听节目的内容❶。这样，抖音、快手、火山小视频等超过 32 款短视频软件在腾讯媒介生态内，尤其是微信

---

❶　快手收购 A 站剑指抖音，短视频行业竞争升级 ［N］. 通信信息报，2018-06-13.

平台的传播链条就被截断。"显性规则"通过限制、禁止等措施直接影响网民在平台中的交往实践，是网络交往组织、网络经营服务者和网络管理人员强制性改变网民网络交往行为的手段。

流动性逻辑是网络空间的支配性逻辑。"信息社会将会关注一种以流动为特征的空间形式——流动空间，这种空间形式将深切地影响到我们的生产生活。"❶不同个性的交往主体带着差异化的社交目的在不同的社交空间流动、聚集与互动，构成了一个复杂的社交空间。这个空间是一个有序与无序共在、相互作用、动态的主体组成的网络交往系统。具有较强不确定性的网民以虚拟或"半虚拟"的身份与其他网民在他们共同选择的社交空间上进行分享实践、自我组织与数字化社会关系网络的搭建。通过长期的、无意识的"主体间性"的作用，形成了一个个看似独立的虚拟"自我"，这些虚拟主体的流动与交织实践形成了复杂动态的网民交往群体。另外，社交空间之间的流动实践也越发普遍与隐秘。我们每天使用微信、微博、快手、抖音、秒拍、梨视频、西瓜视频等社交功能的平台与人进行交往，不同的社交空间看似算法不一样，受众分散，彼此不相关，但通过诸种数据互通互联，它们逐渐汇聚成为一个强大的、不间断的系统。网民间的流动、平台间的流动与网民在平台间的流动共同构建了一个复杂的网络交往主体网络。

2. "动态式"的网络交往方式

信息科技、社交媒体、算法技术、人工智能的高速发展永无止境地推动了人们交往方式的变革。工业革命时期，火车等交通工具的发展扩展了人们活动的物理空间，使得面对面交流更为便利。信息技术的发展则完全消解了人们交往实践在时间与空间上的局限，由此，人们可以将社交平台作为中介随时随地开展交往活动。中介化的交往方式促使人们不用亲临现场就可以与人开心畅谈，拓展了人与人交往的边界与网络交往的内涵，大众的网络社会交往实践呈现出了极强的丰富性与多样化。《2018年中国社交应用用户行为研究报告》显示，当前我国社交

---

❶ 沈丽珍，甄峰，席广亮. 解析信息社会流动空间的概念、属性与特征 [J]. 人文地理，2012 (8).

应用市场主要有三种类型，第一大类是以微信、QQ 为代表的即时通信工具，其主要作用是满足人们交流互动的社交需求，使用率达到 90% 左右。第二大类是综合社交应用，例如新浪微博、微信朋友圈、QQ 空间等，它们主要是为人们提供了一个网络主体展示自我、与他人交流、沟通的社交需求平台。第三大类是垂直细分社交应用，主要包含婚恋社交、知识社区、职场社交等，旨在为特定场合、领域的人们提供社交关系连接。在这三大类社交应用中，通信工具的使用率最大，综合社交应用类其次，垂直细分社交应用的使用率最低。除了类别间的差异外，每一类中的社交应用也呈现出不同的特征。以综合社交应用为例，微信朋友圈与 QQ 空间是从即时通信工具中衍生出来的社交平台，因此多以"强关系连接"的熟人社交为主，他们多以分享个人生活信息、维系关系连接。而新浪微博则是一个信息传播的公共平台，人们可以在平台中获取新闻资讯，同时也可以发布资讯。相较于微信朋友圈和 QQ 空间，新浪微博平台上的交往行为具有更强的公共性、公开化与媒体属性。

　　网络交往方式并不是变动不居的，相反，在科技的助推与媒介融合的共同作用下，新的网络交往互动形式也在不断地涌现。2016 年，我国"直播社交"方式火热，网络直播为人们提供了个性化展示的平台，受到了广大网络用户的追捧，到 2016 年 12 月，网络直播用户规模已达 3.44 亿，占网民总体的 47.1%。❶与 2016 年中期相比，网络直播的用户规模和在网民中的整体占比皆出现下降趋势。而自 2017 年起，"视频社交"作为一种全新的社交形式异军突起，发展成一种主流的网络交流与交往形式。视频生产与创作的门槛远远高于图片与文字，但随着人工智能技术、算法科技、移动互联网技术和各类视频工具加工功能的日渐完善，人人都可以制作高质量、多样性与趣味性并存的视频成为可能。以我国目前用户量最多的抖音视频平台为例，2018 年 6 月的统计数据显示，在一年多时间里，抖音国内的日活跃用户已突破 1.5 亿，月活跃用户超过 3 亿，而且这个数量还处于高速增长期。从"直播社交"的衰弱到"视频社交"的爆发井喷，我们

---

❶　中国互联网络信息中心（CNNIC）. 第 40 次中国互联网络发展状况统计报告［EB/OL］. http://www.cac.gov.cn/2017-08/04/c_1121427728.htm.

可以看到，网络交往形式变革的速度之快、规模之广、影响之大。

对网络交往形式"动态式"的解析揭示出了我国网络交往方式"不确定性""多元化""复杂性"共存的图景。除了传统的主流交往形式外，新型的交往方式也在不断涌现。但这些交往方式之间并不是绝对的"零和游戏"，因为人们往往会根据自身需求选择多个社交平台开展交往实践。微信主要作为家人、朋友间的沟通工具，QQ多用于办公信息使用，新浪微博用于资讯的获取，而抖音等则是自我展示与娱乐的渠道。这些社交平台并不是一种绝对竞争的关系，因为"跨平台交往"是当今最为主流的网络交往形式。在这些背景下，网络交往空间呈现出独特的丰富性与复杂性。

3. 网络交往的双重效应

与所有事物一样，网络交往的影响也具有双重效应。一方面，网络交往方式加速推动了人的全面发展。与现实社会相比，网络空间的"去中心化"、平等性、便捷性使得人们可以超越时空、阶级、身份、资本的限制开展个性化的交往活动，促进了人们个体创造力、交际能力、语言表达能力、审美能力等的全面发展。另一方面，复杂动态的网络空间具有很强的不确定性，这种不确定性也引发了各种各样的问题，比如网络交往一定意义上弱化了现实人际交往的规范性与权威感；网络交往主体的身体和身份的缺席大大降低了其社会关系对其交往行为的束缚性等。可以说，网络交往所伴生的诸种问题与信息化虚拟交往产生的积极作用同样夺人眼球。

近年来，网络暴力事件不断，微博、微信等社交平台成为众多网民的聚集地，他们在这里自由发表自己的观点和看法。然而，并非所有网民都是理智的，很多时候，网络公共平台极易发生"群体无意识"的现象，对事件相关人进行人身攻击，形成网络暴力。网络暴力经常给他人带来精神上的巨大压力，有时甚至引发惨剧。网络交往中的隐私危机也是一个严重的问题。微信及微博等社交媒体平台经常出现"人肉搜索"现象，发布者将自己获取的当事人身份信息、照片、单位，甚至住址发布出来，请网民协助寻找。而这往往因为发布者认为被"人肉"者应该受到大众的批判，遂煽动大家一起在网络上对某人进行"扒皮"，公开其隐私。这种情况不仅使当事人在网络虚拟社会中受到攻击，还会影响到现实生活。近年来，利用微信等新媒体平台的隐匿性对他人进行有目的性的欺诈，涉及金钱或情感，导致对方遭受巨大损失的事件层出不穷。随着微信等社交软件不断开发新功能，利用微信红包、微信支付等进行网络欺诈的情况也越来越多。因此，如何妥善利用网络社交这把双刃剑是当下值得我们深思的问题。

"复杂思维范式"为我们打开了网络交往空间之门。通过对我国目前网络交往主体群、交往形式与交往双面性的分析，我们发现了一个被丰富性、复杂性与不确定性包裹着的网络交往空间。网络虚拟社会是由差异化与个性化的网络交往主体、交往形式相互的、动态的、长期的交织活动形成的。因此，对我国网络交往状态的研究应该是一项持续不间断的工作。

（二）数字化时代的新型交往观

如果说人们的交往形态是冰山一角，数字化的交往环境则是支撑它的庞大的冰山，由人们的交往形态体现出来。因此，对数字化时代人们交往模式、交往形态、交往观念的描绘意义重大。通过对人们新型交往行为与交往观的描绘、分析、总结与理解，我们可以了解现实社会文化对人们交往方式的影响，可以理解新型交往观产生的背景，可以推导出理性社会交往模式和环境的搭建方式，进而在优化人们交往体验的同时推动整个社会和谐、有序地发展。

我国数字化进程很快，以网络信息技术为代表的科技发展对我国民众交往模式的影响是巨大的。网络交往依托的载体不尽相同，使得网络交往的内容非常丰富，形式也十分多样。按照关系纽带的强弱来看，我国有微信与微博两大主流社交平台；按照交往方式来看，除了图文、语音交往外，还有抖音、快手等视频社交模式；甚至还有新型的"弹幕社交""问答式社交"等。正如尼葛洛庞帝所说：数字不只和计算机有关，他决定着我们的生存。[1] 这些互联网催生的交往模式不仅极大地丰富了人们的社交生活，也改造了人们的交往习惯、理念与态度。一种数字时代的"新型交往观"逐渐成为当今社会的主导交往观，呈现出了三

---

[1] 尼葛洛庞帝. 数字化生存 [M]. 胡泳，范海燕，译. 海口：海南出版社，1997：15.

大特征。

1. "身体不在场"匿名的交往形式

不同于面对面的在场交流，数字时代的社交是以一种交往主体"隐身"的状态进行的实践。"隐身"主要分为"全隐身"与"半隐身"两种形式。"全隐身"是指陌生人交往，比如依托社交软件"陌陌""探探"等类型的交往活动，这些交往软件通过地理位置信息，例如发现"附近的人""摇一摇"等形式帮助人们建立连接并开展交往实践。陌生人间的交往实践是网络社会催生出的独特交往模式，不同于现实社会中的"萍水相逢"，网络虚拟空间中的陌生人交往具有极强的匿名性。"半隐身"则是指实名或半实名的社交方式，这种方式最为常见。目前，我国主流的"半隐身"社交平台是微信与微博。在这类平台中，交往主体可以以真实的个人身份出现，也可以采用"昵称"等方式模糊自己在现实社会中的真实身份。

无论是"全隐身"还是"半隐身"，网络交往主体的物理身体是隐退于交往空间中的，属于一种"身体不在场"的交往方式。"社会规范不允许人们实现自我的多元组成，这种情况下人们的自我是'不完整的'。而电脑网络空间由于身体不在场的匿名化，使人们有可能实验多元自我中的其他形式，从而摆脱社会压抑。"[1] 从这个层面来说，身体缺席的匿名交往形式代表了一种曾经被视为"乌托邦式"的平等交往模式。交往主体可以摆脱现实生活中真实身份的束缚，自由、轻松、随意地发表自己的看法，表达自己的态度，抒发自己的情感。

当然，网络空间物理身体缺席的交往方式也具有一些隐患。比如，目前网络上经常发生的"人肉搜索""网络暴力"、散布谣言等行为均与数字化时代"身体缺席"的匿名交往模式有关。匿名会使网民的责任意识减弱，忽略社会规范，甚至还易激发出人性中具负能量的"本我"。当人们将现实社会中遭受的压力、不满与负面态度通过匿名方式在网络上发泄时，各类网络传播乱象也就随之产生。这不仅会破坏网络空间的良好秩序，甚至会波及、影响现实社会，这是网络

---

❶ 金萍华，芮必峰."身体在场"：网络交往研究的新视角 [J]. 新闻与传播研究，2011（5）.

匿名伴生的消极方面。

2. "虚实结合"的交往形式

现实空间与虚拟空间并不是独立的、分割的，而是紧密相连、相互交叠和影响的。从此意义而言，网络空间"身体不在场"的交往模式是一个悖论，因为身体具有社会性。"身体不仅是生理性的存在，而且还是精神性的、文化性的、社会性的存在，是人存在于世界的实体表征，身体总是社会身体。"❶ 网络交往会受到交往主体个人属性的影响，从某种意义上来讲，网络交往活动依然与现实社会中的社会地位、文化、身份和职业等息息相关。虽然交往主体的"个性"以语言、表情等符号形式在虚拟世界的交往实践中体现出来，但与此同时，现实社会对虚拟社会的影响也通过这些个人化的符号得以彰显。

由此可以推论出，虚拟社会与现实社会连接带来的是交往的"相对平等性"。首先，现实社会的交往从未在虚拟社会交往中缺席或隐退，相反，现实社会中的经济资本、文化资本和社会资本隐秘地、深深地嵌入网络交往中，作用于微信网络交往实践的展开。这就决定了事实上在网络空间中人们无法完全平等地进行交流与互动。例如，群组交流中的领导、长辈、群主等，在群组里的影响力通常是大于其他成员的，这样他们也就拥有一些其他成员不具备的交往"特权"。另外，从"技术逻辑"来看，网络公民的平权与"去中心化"也是相对的。微信等社交网络形态类的平台搭建通常以节点为单位，这些节点之间的连接就会形成网络结构，在此社交网络结构中，一个人很有可能找到与另一个从未交集过的人的一种连接，原本的弱连接变成了强连接。不过大部分平台为了最初更有效地吸引更多用户，通常会采用"无标度网络"（如图 4-2），"这种网络存在头部的枢纽节点，节点以幂次分布，比如微博大 V、微信网红等都属于这种典型的"无标度网络"。这些复杂网络中的枢纽节点具有重要性，他们的存在使得网络大世界变成了一个"小世界"，一旦枢纽节点短时间内大量离开网络，那么整个系统亦会瞬间崩塌，这也是它的脆弱性之一。"通过算法进行网络节点设置，

---

❶　金萍华，芮必峰. "身体在场"：网络交往研究的新视角 [J]. 新闻与传播研究，2011（5）.

就自然对用户进行了区分，第一类是能承载更多连接数的'枢纽节点'即'明星'，第二类才是普通用户。当把头部用户和普通用户纳入同一整体中时，平台本身就成了一个等级空间。"❶ 因此，无论是从现实逻辑还是技术逻辑来看，网络交往带来的平等性在一定意义上是一种相对的平等。

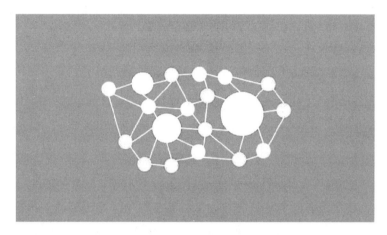

图 4-2　无标度网络

3."碎片化"的交往形式

在后现代文化的深层影响下，"去中心化""去深度化""扁平化""碎片化""元话语"等话语模式逐渐消解了传统的社会结构和话语模式。我们创造了工具，工具也创造了我们。❷ 我们在利用互联网与移动智能手机进行交往实践的同时，也在被技术所改造。通过习焉不察的"惯习"力量，人们逐渐形成了零散的、碎片化的信息传播与接收方式。在网络交往过程中，手机、平板电脑等便携式设备使得人们能够随时随地与他人交流沟通。除了硬件设备的支持外，以"异步通信"为主导的社交软件也助推了人们碎片化交往观的成形。"异步"是计算机通信中的一个重要术语，与"同步"相对。异步通信有两个主要特征，即"非独占性"与"不及时性"。对这两个特性的理解我们可以将电话通话与微

❶ 艾伯特-拉斯洛·巴拉巴西. 链接：商业、科学与生活的新思维 [M]. 沈华伟，译. 杭州：浙江人民出版社，2013.

❷ 马歇尔·麦克卢汉. 理解媒介：论人的延伸 [M]. 何道宽，译. 北京：商务印书馆，2000：7.

信对话做一个比较。电话交流是一个典型的"独占性"与"及时性"过程。首先，我们在对话的过程中通常不能同时与他人对话或处理其他复杂的事务。其次，电话对话是一个实时的双向沟通过程。微信对话模式与电话对话正好相反，当我们收到微信语音后，可以选择在更为合适的时间段回复，这就是"异步语音"特有的"等待"属性。

微信作为一种典型的异步通信工具，是一种"非强制性"的交流沟通模式，不同于电话交流的直接回复模式，在使用微信进行交流的过程中，人们可以完全按照自己的意愿选择合适的时间与地点发送和回复消息。在这种情况下，人们沟通的"战线"可能会持续很长，有时电话交流几分钟就可以沟通的事，微信需要几个小时。这一方面是因为交流主体可能不会及时回复，更为重要的是，电话是一个信息传递的工具，而微信更具有"社交属性"。相应地，网络社交工具的交流内容往往以零碎化的社交信息为主。非强制性、低压力、无须立即回复的碎片化交流形式给人们一种自由、随意的感觉，这种交往习惯是在碎片化的网络媒介生态环境中形成的，同时，它也推动了"碎片化"网络交往观的形成。

显然，网络交往实践是人类文明的成果，亦是现实交往实践的产物。因此，不同时代网络交往实践的表现形式是不一样的。通过对数字化时代新型交往观呈现出的三大特点进行分析，我们可以发现，网络交往首先是一种"技术逻辑"。交往主体的交互性、平等性，交往形式的多元化、便捷性等，这些新型交往形式所具有的特征来自网络技术力量对现实社会的推动。但网络交往并不仅仅是一种"技术逻辑"，因为我们还发现了现实世界与网络虚拟世界的交相叠合与相互影响，虚拟世界在依赖现实世界的同时也在默默改变着人类的现实世界。因此，如何正确地认识网络交往观形成的双重逻辑，对于理解我国网络交往现状、培养健康的网络交往观、塑造理性的网络交往环境意义重大。

二、塑造理性的微信社会交往模式和环境

（一）微信交往对人的发展的促进潜能

微信作为我国目前最为主流的社交平台，从 2011 年推出至今已拥有超过 10

亿的月活跃用户。微信最初建立是基于交流沟通的目的，其"异步通信"的方式极大地影响了人们的交流、交往习惯。随着人们对互联网的依赖性不断增强，移动智能手机、4G 或 5G 技术、无线 Wi-Fi 的普及，人的需求也伴随着时代的进步不断发展变化。基本的文字、图片与语音交流已无法满足人们多元化、多层级的需求，人们需要一个既可以对话，还能认识他人、建立新的社会关系、展示自我、维系社交圈子的平台。为了适应这些新需求，微信在通信的基础上开发了许多功能板块，例如朋友圈、小游戏、微信支付、微信运动、公众号等，这些功能设置扩展了其服务领域，增强了其社交服务水平，为微信赢得了大量稳定、忠诚、活跃的用户。

目前，经过近十年的发展，微信已成为我国民众最重要的网络交往空间。"这一空间中弥漫着社会关系，它不仅被社会关系支持，也被社会关系所生产。"❶ 在空间创造社会关系的过程中，微信空间中蕴含的思维与逻辑也逐渐融入人们的交往形态、生活方式与思维模式等方方面面，推动着网络空间参与者的发展。同时，微信交往中的表达和畅所欲言有助于人们最深层的、本真的自我体现；微信视频交流、语音实时互动沟通，让微信的社交方式具有可视性、亲切感和温度，助推了社交主体之间的平等性。通过微信交往，人们还能更好地了解社会文化、习俗、社会规范等。

下文将从人的社会关系拓展、人的个性化发展、人的全面发展三个方面分析微信对人的影响。

1. 微信与人的社会关系拓展

人作为社会中的一员，必然是生活在一定社会关系中的，微信则是一种信息时代新型的社会关系组织形式。微信最初的好友导入主要依靠通讯录及 QQ 好友，是一个以"强关系连接"，即家人、好友、熟人等主导的社交平台。但微信也不仅仅是将现实生活中的社交圈直接移植到网络空间中。据 2017 年微信用户数据报告显示，57.3% 的人通过微信找到了自己多年不联系的好友。可见，微信

---

❶ 赵红勋. 新媒体语境下新闻生产的空间实践 [J]. 新闻界，2018 (7).

发挥了"六度分隔理论"的作用，为人们提供了找回"旧联系"的可能。在 2.0
到 3.0 版本中，微信增加了"查看附近的人""摇一摇""漂流瓶"、生成二维码
分享等功能。基于 LSB 地理位置认识好友的方式使微信从一个熟人社交"强联
系"通信软件发展成为兼具陌生人"弱联系"社交功能的软件，微信的"关系
链"得到了极大的扩展。至此，微信成为一个既能维系熟人情感纽带，又可以开
发新社会关系的社交平台。

　　社会关系事实上对个体的发展程度具有决定性的影响。❶ 一方面，人们日常
的生产活动影响着其社会关系的搭建；另一方面，社会关系形态也直接作用于人
们生产实践活动的开展。微信拓展了人们社会关系的丰富性与多样性，使个体在
虚拟世界中有了"新身份"。网络身份作为一种新的社会角色，它的"虚拟性"
可以让人们在开展各种各样的生产实践活动时摆脱性别、年龄、学历、民族等限
制，进而建立新的社会关系。网络社会关系与符号化的交流互动推动了"微商"
"代购"等新型生产实践形式，在从事生产活动的过程中，人们的能力也随之得
到提升。因此，微信不仅作用于人们各种社会关系的构建，更为重要的是，微信
催生的新型社会关系推动着整个社会生产力的发展。

　　2. 微信与人的个性化发展

　　个性是一个多维度、丰富的、复杂的整体性概念，主要是指个体独特的心理
与精神状态，具体来说，其主要包括个体的情感、品质、价值观、素养等。个体
的个性形成通常既有先天遗传因素的影响又有后天成长环境因素的影响。就后天
因素来说，社会生活环境对人们个性的发展影响深刻。据统计，用户平均每天花
费在移动应用中的时间有 29% 都贡献给了微信。❷ 作为大多数人投入时间最多的
移动终端应用，微信必然将影响人们个性的发展。

　　首先是人们自主性的发展。自主性"一方面体现于人们在社会中的独立自主
性，另一方面体现于个体自行判别、自行制约、自行调整与自行行动的能力"。❸

❶　马克思，恩格斯. 马克思恩格斯全集（第 3 卷）［M］. 北京：人民出版社，1960：295.

❷　2017 年互联网趋势报告［R/OL］. https://www.sohu.com/a/145082322_425921.

❸　韩庆祥. 马克思主义人学思想发微［M］. 北京：中国社会科学出版社，1992：123.

自主性主要是指人的主体意识，是人的个性发展的核心部分。虽然在微信中，大众是以符号作为交往媒体进行交流的，但大众并没有变成一堆数字化的符号、表情或图形，并没有失去属于人的现实主体性。事实上，现实社会与虚拟社会是紧密连接的，交往主体对符号的使用有着极强的控制力。因此，虽然网民以符号的方式进行着他们在虚拟世界的行动，但人并不是符号的客体。相反，符号化的微信交往会激发人们自主性的发展。因为，虚拟、自由、平等的微信交往环境使得人们的主体观念凸显出来，从而能够使人们创造性地开展各类实践活动，例如超过 2000 万的微信公众号背后是无数的自媒体人，就是人们在微信平台中自行判别、自行创造、自行行动，充分发挥自主性的典型例子。

其次，个体个性化发展的另一个重要部分是人的差异化发展。个体之所以称为个体是因为每个人具有独特性，而社会的前进与发展来源于个体独特性的碰撞所带来的创造力和活力。在现实生活中，大多数人喜欢隐藏自己的个性和真实想法，以避免因锋芒毕露或"太有个性"带来不必要的人际冲突，而微信是一个深具包容性、开放性的社交媒体平台，人们可以通过文字、图片、视频等形式各抒己见。在微信平台中，人们自我发展与表达的形式主要有两种：一种是原创，即自己创造内容发布在公众号、群组或者朋友圈中；另一种是分享，也就是将自我认同或反驳的观点分享出来。无论是原创内容还是分享内容都是个体在微信空间中塑造自我身份角色的过程，都是一种个体个性化的表达。根据他们塑造的网络空间的身份角色，我们也可以认识到每个人有差别的兴趣、性格、追求、理想、能力等。从此意义上而言，微信也是一面镜子，能够在一定程度上反映出个体的个性、独特性。

最后，微信社交平台本身的创新性能够满足大众的多元化、个性化需求。如数十万活跃的微信小程序以个性化发展为目标，同时亦开发、实现了大众的个性化潜能。另外，微信社交圈里的个性化内容推荐亦随处可见。

3. 微信交往与人的全面发展

作为 21 世纪我国最为兴盛的社交媒体平台，微信最为巧妙的设计在于将虚拟社会与现实社会相连接，创造出了新的交往空间与维度，推动了人们在网络空间与现实空间的同步发展。微信连接现实社会的努力肇始于"微信支付"的开通。2014年1月27日，微信推出"微信红包"。2015年，通过与春晚互动，微信红包成为大年夜的主角，仅除夕夜收发微信红包的次数就达10.1亿次。随后，"红包社交"便成为人们建立连接、表达喜悦、感激的一种新型社交方式。同时，微信打通金融系统给人们带来了极大的便利，通过微信支付，人们可以完成线上与线下几乎所有的支付活动。除了利用支付手段将现实社会与虚拟社会相连接外，微信二维码连接出来的"小程序"还以"近场搜索"的方式将线上与线下的服务环境无缝连接，激发出了大量的"社交电商"的新型生产形式、生产关系与社会关系。

虚拟世界只有与现实社会相连接才能将网络空间中的社会关系转换成社会生产力，从而创造出巨大的社会财富，推动社会发展。通过与现实社会连接，微信给人们提供了发挥个人潜能与个性、满足精神需求、创造财富的多种可能性。个体在微信互动的社会交往系统中能构建真正的自我，获得社会身份、社会认同和归属感。在这些过程中，人们的综合素质与各方面的能力都能够得到有效提升。在微信活动的"开放与吸引"法则的推动下，其能够有效地促进人与人的社交素质、文化素质、媒介素养、道德素质、心理素质的发展。在这些素质的支撑下，人们的社交能力、创造能力、生产能力、社会关系等也会得到全方位提升。可见，微信交往在经济、社会、文化、价值理念等方面都极大地促进了大众更为全面的发展。

迄今为止，微信一路的蓬勃发展拓展了人们的交往空间，促进了人们社会关系的发展、个性化的释放与全面发展。微信交往开辟了新的人的社会关系疆域和社会交往范畴，改变了人与人、人与社会之间的关系，拓展了人的社会性。事实上，微信已远远超出它原本"即时沟通"的功能。集信息、娱乐、金融、运动等服务于一体的微信不断带给人们新的体验和新的发展空间，是我国民众实现"自由而全面的发展"的有力助推器。

（二）打造理性的微信社交模式和环境

在我国，网络交往占据了人们日常交际的主要部分，网络人生已成为现实人生之外的另一个人生及世界，微信交往尤其如此。近年来，越来越多由于微信交往行为失范引起的恶性事件破坏了网络社会的安全与秩序，微信传播与受众交往行为的异化加速了微信媒介生态的失衡、失序，甚至导致整个媒介生态系统链的断裂。因此，构建新型网络交往观，微信社交模式显得越发重要与迫切。网络交往模式与现实社会交往模式具有一定的共性，网络交往环境也与现实社会交往环境紧密相连。因此，塑造理性的微信网络社会交往模式和环境，要从现实社会交往模式和环境出发，将现实空间与虚拟空间联系起来。这样才能建立一个合理、有序的网络运行机制，塑造一个理性的社会交往环境。

1. 何谓"理性"的社会交往模式

对于"理性"这一概念，国内外都有非常丰富的研究成果。根据对我国情况的分析，这里将借鉴哈贝马斯的"交往理性"研究。虽然其批判理论是在西方资本主义社会中建立起来的，但对于我国的情况仍有很强的借鉴意义。哈贝马斯在重新审视市民社会批判理论、商品拜物教、人的"物化"理论等观点后，提出了一种"交往理性"，"交往理性"是工具理性与人的主体意识之间的桥梁。在哈贝马斯看来，一种社会关系的构建既不能完全依靠人的主体性，亦不能走向另一个极端——工具理性，而是要将二者有机结合起来，进而形成一种协调与平衡的关系。在这一思想的引导下，在构建"理性"的社会交往模式时，我们应该学会用批判的眼光而不是从单面化的角度看待现代科技与网络交往的联系，避免陷入工具性或技术理性的理念中。而且，对于人的主体意识我们也应该保持一个审慎的态度。

哈贝马斯的"理性范式"核心思想是将他者的"在场性"纳入对主体的讨论，摒弃主客体之间二元对立的划分观点。他认为，个体与社会、自我与他人是一种"主体间性"的关系。对于理性网络空间的讨论，我们应该将网络参与各方面的主体纳入其中。网民主体、网络经营服务者和网络管理人员并不是"原子式"的个体，相反，他们以主体的形式共存于一个网络空间，相互影响、相互作用。另外，我们不能忽视现实空间与虚拟空间的主体间性关系，现实社会交往过程中的缺点和陋习会蔓延到网络交往实践中，甚至会被放大，同样，网络社会中的交往行为也会不同限度地延续到现实社会中。因此，我们在试图构建一种理性的社会交往环境时，应该坚持"主体间性"这种"交互性"的思维逻辑，要全面、辩证、理性地对网络空间进行分析。

2. 如何打造理性的微信社交模式和环境

在某种意义上，网络社会是一种新的现实社会，网络交往也不再仅仅是虚拟交往，而是一种"不是现实甚于现实"的交往。新时期各种"实用主义""拜金主义"思潮涌入，加之信息技术日新月异，种种因素的结合给我国社会交往环境注入了诸多不确定因素，引发了人类道德伦理危机、责任意识淡薄、交往空间异化等不良现象。作为一个复杂的系统，社会交往环境必然是一个"多入口"概念。因此，为了探明构建理性社会交往环境的有效路径，下文将从交往主体、网络空间组织、法律法规与道德准则的建设、传统文化的利用等多个入口、多个维度展开讨论。

（1）培养理性的微信交往主体

作为网络空间的主要构成因素，人的行为表现、组织形式与结构将直接决定整个网络社会的形态，因此培养理性的交往主体是构建理性交往环境的核心部分。在网络空间中，每个个体都是一个交往主体，但交往行为是一个从"主体性"向"主体间性"转向的过程。当每个人的主体意识极强，都以个人为中心，以自身的利益为追求时，那整个交往空间就极易陷入无序与混乱。从这个层面上来看，理性的交往群体可以理解为一群可以相互理解、相互信任并且能够达成"共识"的交往主体群。那怎样才能使差异化的个体走向"共识"呢？哈贝马斯认为，语言是交往主体们达成共识的基础，认为交往理性是"建立在言语有效性基础上的理性潜能的体现"。❶ 换言之，培养理性的交往主体首先要培养交往主体的"语言理性"，要保证交往行动者们使用双方可以理解的、正确的、真实的言语进行交往行为活动。

为了实现这一目的，首先应该大力发展文化教育，提高国民整体素质与文化

---

❶ 哈贝马斯. 现代性的哲学话语［M］. 曹卫东，译. 南京：译林出版社，2004：367.

水平。只有当公众的知识水平、认知程度、价值观达到一定高度，交往主体们才会懂得怎么准确表达自己的观点，怎么倾听、理解他人的诉求，怎么控制自己的负面情绪、私欲以及怎么有效、理性地做出回应与互动。只有这样，交往行动者们才能互相理解、相互认同并形成共识。教育还应该培养交往主体的社会责任感。在社会交往中，我们应该不仅仅关注自身生产、生活状态，也应该有集体意识、社会责任感，积极关心整个社会的发展。社会的秩序需要大家共同遵守，在社会交往的过程中，每个人应当以社会主人翁的要求规范自己的行为，以诚信待人，自主维护社会交往秩序。除此之外，对微信网民媒介素养的培养也很关键。媒介素养是指人们选择信息、解读信息、评估信息、创造与生产信息的能力。媒介素养的提升可以帮助人们更加理智地把握自己在网络空间的言行，减少"乌合之众"的非理性、冲动和极端行为，是从源头上控制谣言、虚假信息散播的有效手段。

另外，微信交往空间还应确保交往主体们的平等地位。每个交往主体表达意愿的机会都应该是相同的，他们不仅有权去发表自己的观点、看法，还应该有权自由地去质疑、去批判某一事件与问题。只有在一个平权的交往空间中，每一个交往主体才会懂得去尊重每个人的表达权、尊重不同的声音、尊重个体的差异化思维。当然，这些所有的实现也需要教育的协助，全面的、长期的与深刻的素质教育是实现语言合理、行为合理的有效路径。我国应大力发展教育事业，可以将正确的交往理念、观念与规则进行潜移默化的宣传与推广，确保每个交往主体都能理解并将其根植于心中，让网民在使用微信时，能自觉成为理性的交往主体，做出理性的交往行为。

（2）加强对网络空间组织的行业治理

网络空间中的主体除了网民主体外，还包括网络空间组织中的主体，对网络经营服务者和网络管理人员的教育、管理与监督也是当务之急。微信、微博等网络交往空间的根本出发点是商业利益，其中隐含的是市场逻辑。在市场模式的驱动下，网络社交平台容易舍弃公共利益以换取商业利益，从而损害我国众多公众的利益。例如，过量投放广告、推送过度宣传或虚假的产品信息等。在这种情况下，对微信网络交往平台权限的监督与规范是重中之重。因为，当平台成为游戏规则的制定者，用户成为企业商业博弈的武器时，网络交往空间的公共性、公平性也将荡然无存，长此以往，受损的必将是广大的网络空间参与者。因此，对微信网络空间组织的行业规范与监督应该以一种"合力"的形式，坚持法律法规规范、民众监督、行业条规规范、社会教育与职业道德监督为一体，避免"群体极化"现象的产生，从而实现有的放矢的监督与管理。

目前几乎所有大型的网络交往平台都是以科技作为支撑，因此，技术人员占据了网络经营服务者的大部分比例。微信网络空间作为一个复杂的关系网络结构，流动着各种各样的可能性，创造出了新的信息生成、传播、反馈方式与世界图景。这对网络空间服务者与管理者的水平有了更高和更深层次的要求，仅仅依靠单一的技术思维与手段是无法准确、完善地对网络空间进行管理控制的。在此背景下，我们应该加强对微信空间技术团队价值观的培养，提升他们的人文主义修养，引导他们将公共理性置于工具理性之上，从而将其培养成为高素质、多元思维的、复合型管理人员。除了对技术人员进行全面提升外，我们还应当适量引入具有专业主义与文化修养的平台维护人员，平衡技术工作者与文职人员的比例，避免技术思维与逻辑垄断网络空间，打造一个平衡的、多样的与和谐的微信网络空间服务、管理群体。

（3）强化微信法律规范与道德准则建设

除了对微信网络空间交往主体与组织主体的教育与培养外，顶层设计和管理措施的设置也是十分必要的。从国家与政府的层面上看，首先应该完善相关法律法规及其他规定。虽然相关部门一直在努力，但我国针对网络个人行为失范的相关法律法规很少，针对微信的更是寥寥无几。目前仅有关于刑法的司法解释中"转发500次可判刑"的规定、《互联网新闻信息管理条例》以及其他针对互联网使用的规则等。这些法律对网络交往行为失范现象的针对性较弱，产生的效果有限。因此，相关部门应该积极跟进互联网发展最新动态，从法律法规的层面上更有针对性地制定与微信交往相关联的管理规则。其次，国家与政府应积极建立有效的管控机制。相关部门应适当、合理地干预网络交往，行使监管职能，协助网民规范网络交往行为，构建良性、健康的网络交往环境。国家互联网信息服务相关单位，对于微信网络交往过程中的失范行为应当予以纠正。政府相关部门应明确自身工作职能，制定相关管控机制，建立专项网络舆情监测团队，进而形成一个有法可依、有章可循的社交媒体交往环境。但值得注意的是，在各类法律法规的制定过程中，行政参与应该把握一个"度"，不要影响到网民交往活动的自主性与独立性，应在一个合理的范围内进行引导、规范与纠正。

除了国家层面的强制性措施外，从社会层面上看，还应建立共同的互联网及微信社会规范与道德准则，确保每个交往行动者在进行交往活动时，自觉遵守由他们共同协商制定的交往规则。这类规则被一些学者称为"共同文化"，一种整体共享的意义、道德观、文化信仰与价值观。为了形成这种"道德共意"，在规则制定时应坚持"普通化原则"，即这些道德准则与规范应该代表社会的主流意志。那怎么才能使这些规则得到主流的认可呢？哈贝马斯针对这个问题提出了一种"论证原则"。他认为，在制定规则的过程中应让所有人都参与进来，对于有分歧的内容应集体协商，而且这一协商、讨论的过程应该是反复的、持续的、广泛的与深刻的。这样，这些共同建立起来的社会规范与道德准则才是有效的，才是能够得到人们普遍认同的，才是当前微信交往主体们愿意自觉遵守的。

(4) 发挥优秀传统文化的精神引领作用

我国是一个有着古老、灿烂的文明和文化的国度，传统文化是我们重要且宝贵的精神依托。在这一独特的背景下，我国构建理性的微信社会交往环境应该充分发挥传统文化的精神力量。理性的微信交往环境最为重要的是交往行动者们相互尊重、理解，达成共识。我们每一个交往主体在进行交往实践时都是以自己的文化背景为基础对交往中的语言符号进行编码、解码，进而完成交往实践。教育、文化背景的差异，容易造成观点的差异与分歧。但是，如果每个交往个体都能将传统文化中的优良精神融入我们个人的文化背景与价值观中，那么整个交往主体群就更容易形成思想观念、交往行为上的相对统一。

传统文化代表着我国人民的整体气质与民族精神，是经过人类文明、历史的检验，得到我国人民普遍认同的精神财富。一个被优质传统文化精神包裹着的微信交往空间能够将交往行动者们有效地连接、组织起来，能够化解交往中的矛盾与分歧，能够将混乱的交往系统转化成有序的结构。传统文化是我国人民所共享的、共同认可的知识存储，它能够对网络交往主体们的交往活动进行指导、规范与限制。相较于法律法规发挥的强制性规范作用，这种隐含的精神力量的作用更为强大和深远。因此，在构建理性的微信社会交往模式与环境的过程中，我们应该不忘初心，充分利用我国悠久的宝贵的优秀传统文化，将其发展成为优化微信交往行动者交往实践的精神力量。

微信交往与网民的现实人际交往环境比较吻合，能弥补网民现实生活环境中的缺失部分，但是要改变微信新媒体技术使人的主体出现的异化状态，避免微信朋友圈对网民的异化和网民在朋友圈里的自我异化、主体性的丧失，我们需要用人文关怀、人性化遏制工具理性带来的人性遮蔽和扁平化，要改变虚拟交往世界带来的人的虚幻、自我迷失或分裂，需要更加注重人自身的价值，加强人与人之间面对面交往的频率和温度，重建人与人、人与自然的和谐关系。

总体来说，网络社会是一个动态的、复杂的、多方主体实践的场所，但网络空间并不是不可知、不可测的，相反，其具有独特的内在运行逻辑。在"复杂式思维范式"的指导下，本小节从我国网络交往的现状与数字化时代的新型交往方式出发，一步步探寻网络社会的运行机制，不仅从微信个案中发现了微信网络交往对人的发展发挥的重要作用，还揭示了网络交往的双重性特征。网络社会有其自我调节的内在机制，但社会交往空间的建设应该是一个"内外结合"的过程，我们在遵循微信交往规律的同时，对其交往行动主体理性的培养、空间组织的治理、法律法规与道德准则的建设以及传统精神文化力量的协助也必不可少。微信交往中出现的诸多偏差或问题需要我们去构建一个良好的虚拟交往环境，需要社会的网络伦理道德建设以及社会法律法规来共同营造一个风清气正的网络交往氛围和健康、理性的交往环境。显然，塑造理性的微信网络交往空间、社会交往模式及其环境之路是任重而道远的。

第三节　微信与媒介文化生态建构

一、微信文化异化形态的形成机理

（一）后现代文化作用下的微信文化

后现代文化起源于 20 世纪中叶美国的建筑学界与文艺批评界。当时主要表现为对工业社会异化现象的反抗，是一种对于西方建筑界现代性的反动。后现代精神的建筑样式运用新的材料、技术、创意、设计等，将传统与现代杂糅，将古典与时尚融合，将国际与国内联结，追求一种杂乱无章、非理性、反逻辑、去经典、去中心化等风格旨趣。❶ 之后，这股思潮迅速向艺术学、伦理学、自然科学、历史学等领域蔓延，并在 20 世纪后半叶占据了东西方社会的全学科领域。对于后现代文化的定义十分丰富，简而言之，哈桑将其称为"摧毁运动"，旨在摧毁一切"正统的"观念与事物。详细来说，后现代文化颠倒了文化原有定义，反对传统标准文化的各种创作原则，扬弃传统语言、意义系统、形式和道德原则。走向零散化、边缘化、平面化、无深度，通过各种炫目的符号、色彩和美的组合去建构使人唤不起原物的幻想和影像，满足感官的直接需要。❷

后现代文化在与互联网融合的进程中，两者拥有了很多契合处，产生了强烈的共鸣。可以说，后现代文化是互联网文化的一面镜子，精妙地彰显了网络文化的核心精神，而网络文化也在不断的实践过程中将后现代文化推向极致。在后现代文化学者眼中，后现代主义主要有几个特征，包含去中心化、反权威、叙述化、零散化、去深度化、解构性等。可以说，网络社会、文化中处处体现着这几大后现代文化特征，二者实现无缝对接。首先，网络空间是由无数节点串联成的网络，这个网络是一个无中心、多方参与的系统，这样，传统媒体机构的权威性、权力与资本垄断性的传播优势就被极大地削弱了。其次，网络空间的参与主体多元化，形成的话题、观点十分丰富。其中，每个人都被赋予了相对平等的话

---

❶ 孔正毅，吴慧珺. 试析网络语言后现代特征 [J]. 中国出版，2014 (6).
❷ 冯俊. 后现代主义哲学讲演录 [M]. 北京：商务印书馆，2003：7.

语权利与话语能量，能够依靠自己生产、消费、传播与再生产信息。在这样一个多方主体参与的复杂系统中，网络空间的叙事与语言编码模式也充满了零散化、无深度、微叙事的特点，各种反传统规则、反语言的网络语言涌现，这与利奥塔所说的后现代性对"元叙事"的否定相契合。显而易见，去中心化、反权威、叙述化、碎片化与平面化的后现代文化是网络空间的典型文化表征。

从我国网民主体的年龄构成来看，10~39 岁群体占整体网民的 44.3%。其中 20~29 岁年龄段的网民占比最高，达 26.8%，10~19 岁群体占比为 17.5%。❶ 可以看到，30 岁以下的网民几乎占据了我国总体网民的一半，整个网络空间呈现出年轻化的形态。我国的年青一代是在各种西方文化思潮的浸染下成长起来的，本身就带有丰富的后现代文化属性。比起 20 世纪 60 年代、70 年代生人，他们更愿意接受大众化的、流行的、新锐的以及充满消费文化的市场，更具有批判、否定与颠覆思维。因此，网络空间的后现代属性不仅助推着网民的后现代文化特性生根发芽，网民本身自带的丰富复杂的后现代属性也在日常生活实践中将后现代精神推向更为广阔与深刻的领域，网络社会形成了一个游戏的、娱乐的、杂糅的、戏谑的和充满消费主义符码的后现代文化图景。

微信公众号分为服务号和订阅号两大类。服务号主要是为客户提供服务的，偏向服务交互；订阅号则更多的是提供资讯和信息。微信公众平台提供的信息囊括了衣食住行、吃喝玩乐的各种攻略，同时还包括各专业领域的一些咨询信息。其被打造成为一个为了某一特定需求而提供信息的平台，人们根据自身需要去选择性地关注。从传播效果来看，这一功能是"使用与满足"的再现。用户基于某种特定的需求去选择媒介和接触媒介信息，得到自身需求的满足。随着"两微一端"融合进程的不断深入，大量媒体机构也开设了微信公众号，并将其作为新闻传播的重要路径。除了专业的新闻机构外，数量庞大的自媒体人也在积极生产着新闻信息。微信公众号中的信息生产主体与信息内容十分多元。纵观公众号所提供的新闻信息，其中的"软新闻"多于"硬新闻"，娱乐新闻多于时政新闻。

---

❶ 中国互联网络信息中心（CNNIC）. 第 43 次中国互联网络发展状况统计报告 [EB/OL]. http://www.cac.gov.cn/2019-02/28/c_1124175677.htm.

为了洞察微信公众号新闻报道的"选择行为"，笔者对 2017 年人民日报微信公众号一周（10 月 20—26 日）的信息进行了采样与分析。选择人民日报微信公众平台主要是因为它是我国最为主流的官方媒体机构，直接传达着中央政府的相关信息和新闻，是了解中国时政新闻的第一选择。并且，人民日报公众号的影响力长期稳居各大微信公众号排行榜之首，具有很强的代表性，体现出明显的后现代文化中的自由、平等、去中心化、扁平化等特性。

人民日报微信平台认证为人民日报社，其功能介绍为"参与、沟通、记录时代"。其采取每天三次的信息推送频率，分别集中在 9 点半、13 点半、20 点半三个时间点。本次选取的一周样本共有 77 条推送信息，对其进行分类后，发现其中包含新闻信息 22 条、资讯信息 22 条、娱乐信息 33 条。具体比例结构如图 4-3 所示。

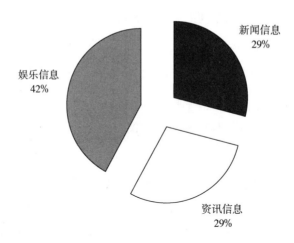

图 4-3　人民日报微信公众号信息比例分类统计

从图 4-3 中可以看出，人民日报公众号中娱乐信息所占的比例超出新闻信息和资讯信息，娱乐信息是其内容推送的重点。作为我国最具权威性与严肃性的全国性报纸，娱乐信息占到了人民日报公众号推送内容的 42%，其他种类报纸诸如都市生活类报纸、社会性综合报、社会服务性等报纸微信公众号中娱乐信息的比例更大。除了以上信息类型比例呈现出来的特点外，《人民日报》新闻信息与资讯信息的呈现形式也出现了图片化、符号化的特征。人民日报公众号中出现了大量的"图解新闻",即以图片、符号的形式将文字新闻视觉化,以图达意。"图解新闻"甚至已经成为《人民日报》网络报道的拿手好戏,特别是对一些严肃的时政新闻进行图解。例如,2014 年 10 月 24 日推送的《图解:九张图读懂依法治国升级版》就是采用九张图片的形式总体介绍党的十八届四中全会的会期、目标与主要内容。在之后的党的十九大报道中,《人民日报》继续延续了这种"图说"的新闻报道形式。与此同时,人民日报公众号的新闻写作模式也在一定程度上转向了"碎片化"。在解读文件、会议,撰写通讯、言论时大量采用碎片化言语与结构。人民日报公众号常用当下年轻人喜欢的网络流行语,例如,《国务院又放大招!这一城市奇景将彻底消失》《习大大遇到彭麻麻从此我的眼里只有你》《中央喊话:三种"任性"要不得》等。除此之外,与报纸中的长篇社论不同,公众号文章的阅读时间大多控制在三五分钟内,而且内容每天分三个时间段发布,这些文本的篇幅大多短小精悍、言之有物,有些甚至就是一张图片或一个标题式新闻。微信公众号文章中网络语言的使用、图片与段落式的娱乐型报道模式一方面有利于人们快速了解严肃深刻的新闻内容,与当今年轻人快节奏的生活方式与"浅阅读"习惯相契合;另一方面,这种零散性与碎片化的内容组织、发布形式也体现了后现代文化中娱乐性、叙述化、零散化与碎片化等典型特征。

朋友圈中最常用的"点赞"评论功能也是对传统交流文化的反叛和颠覆,体现了后现代文化反对同一性的结构主义特征。"点赞"行为的过程就是对于传统的一种解构和反叛。"第一次是点赞评论本身的出现,作为后现代的反叛武器,一键式点赞解构了传统语言表达与文字评论的形式。第二次表现在点赞评论功能的异化,即被逆向使用,这是点赞评论使用者对其本身的一种解构和挑战。"❶随着生活方式与符号意义的变化,"点赞"不再单纯地表示传统语义中"喜欢"或"赞扬",而衍生出了"朕已阅""呵呵"或"幸灾乐祸"等戏谑意味。朋友圈中时常出现对一些本不应该点赞的言论和状态进行点赞,比如好友生病、遭遇车祸等。这类戏谑的情感宣泄是对"点赞"功能的逆向使用,体现了传统点赞

意义的异化与颠覆，带有很强的后现代文化特色。

显而易见，微信本身具有的去中心化、抵抗性、颠覆性、草根性、戏仿等特性表现出明显的后现代文化和青年亚文化特征。后现代文化带有一个时代转变的意味，是信息社会与后工业时代的伴生物与表征物。如今，后现代文化不仅依附于微信的各种功能，它还与微信空间中信息的生产、传播、消费与再生产紧密相连，成为微信空间中一个意义深远的文化意象。虽然后现代文化在形成与解构文化时，在提高有鲜明个性的艺术和知识生活之秩序时或许具有某些价值意义，❶但是，后现代精神在与微信文化相互生成、再生成的"往复运动"中不断得到强化，逐渐内化为一种影响广泛的个体精神气质，这对个体以及整个社会的健康、可持续发展都将带来不小的负面作用。因为，在某种层面上来看，后现代文化是一种文化失序的征兆。去中心化、零散化、碎片化的生活方式和文化模式在无形中培养了大众的人生态度与价值追求，建构着"点赞文化""红包文化"等新型文化形式，但长期浸润在这些文化形态中易使年青一代失去独立思考的能力，失去对事物的思辨态度，失去对美好生活的追求。对数字技术的过度依赖，对虚拟文化的盲目追求，对狂欢式生活的无节制点赞，对制度的反叛，对未来的恐惧……诸如此类，只会进一步加深他们的迷茫与无知，进而使他们易陷入一种自我摧毁、自我垮掉的不良循环中。

（二）狂欢文化作用下的微信文化

巴赫金的"狂欢"理论认为，在官方世界之外还存在第二个世界（第二种生活），第二个世界打破了官方世界中传统意义上的各种区分与限制，是一个"颠倒的世界"。"这种世界感知使人解除了恐惧，使世界接近了人，也使人接近了人，它为更替和演变而欢呼，为一切变得相对而愉快，并以此反对那种片面的、严厉的、循规蹈矩的官腔；而后者起因于恐惧，起因于仇视新生与更替的教条，总企图把生活现状和社会制度现状绝对化起来。狂欢式世界感受正是从这种郑重其事的官腔中把人们解放出来。"❷从某种意义上来看，微信空间作为一个

---

❶ 迈克·费瑟斯通. 消费文化与后现代主义 [M]. 刘精明，译. 南京：译林出版社，2000：209.

❷ 巴赫金. 陀思妥耶夫斯基诗学问题 [M]. 白春仁，顾亚铃，译. 上海：三联书店，1988：223.

与现实世界息息相关的虚拟生活空间，就是一个典型的第二世界的"狂欢广场"。发红包、抢红包、"摇一摇""附近的人"，这些狂欢活动共同建构的"第二世界"打破的是我国传统文化结构中的某些模式化、形式化。比如，我国传统的交友观主张交友要谨慎，不能太轻浮、随意，而且对于朋友的选择也有很高的标准。例如，思想家孔子强调在交友中要注重对方的品德修炼，他认为我们应该与君子、仁人建立好友关系；庄子则认为交友是为了修"道"、得"道"，应该努力实现自我的提升。而"附近的人"和"摇一摇"的交友方式则是对我国传统文化的这种交友哲学与人生哲学的反叛。在各种西方思潮的冲击下，人们认为人生应该及时享乐，应该自由地按照自己的意志做满足自身欲望的事情，而不是仅为了一些责任或身份牵绊压抑自己或独善其身。微信"附近的人"和"摇一摇"带来的这种"巴赫金狂欢式"交友和生活方式与后现代文化中的"否定""反叛"、解构精神不谋而合，二者互相影响、互相促进，把狂欢文化推向一个更为深刻的层次。

同样，微信空间中盛行的"抢红包"活动也是一种感官情绪的狂欢式宣泄，具有很强的自由性、全民性和平等性。不需要在特定时间，没有真实生活中关于红包金额的隐性规则，更没有传统客套礼仪与谦让品质的约束，微信红包解构了传统红包收发的各种"标准"，通过一种操作简单、收发便捷、金额随意、主客体区分模糊的方式，让人们在获得精神愉悦与自我满足的同时，完成了与"第一世界"中效果类似的"仪式化"的人际交往。这一过程深刻逆转了那些规制着人们日常生活的各类显性或隐性的规则，是一种狂欢的力量。然而，虽然这种虚拟性的狂欢与快感具有某种解放的意味，但它同时也在煽动人们的"反叛性"，它在与传统文化规则对抗的同时，也颠覆与消解了一些主流的文化价值。同样令人忧心的是，微信虚拟空间狂欢活动背后隐含着的丰富的感官刺激易使人沉溺其中，引发现实生活与虚拟生活的错位，进而造成诸多社会问题。

（三）消费文化作用下的微信文化

微信朋友圈或是好友间分享近况，或是展示自我形象，或是进行自我表演，或是建立关系的主要阵地。朋友圈发布的信息不仅可以反映使用者的个人性格、特点、气质等各种信息，还可以彰显一个人的财富水平和社会地位。虽然本质上朋友圈是一个信息分享平台，但消费文化也隐秘地蕴含在这些流动的符码、信息中。朋友圈"晒优越感"、相互攀比、炫耀性消费是较为典型的代表。例如，某一好友在朋友圈中展示自己买的苹果手机、时尚名表，"同辈压力"、竞争思想等可能会激发圈中一些潜在的消费群体去购买同款商品，此类为了跟风、攀比和炫耀而进行的冲动型消费行为在朋友圈屡见不鲜。一些人通过将自己在知识服务型自媒体平台的学习信息分享至朋友圈，塑造个人好读书、酷爱学习的知识分子身份特征。正如有人评价的一样，在某种程度上，"罗辑思维"不是在制造知识，而是在制造焦虑。显然，朋友圈中的图片与视频充斥着大量品牌名称、Logo与商标，逐渐成为消费与商业符号呈现的载体。正如鲍德里亚所言，"在消费社会里，人们消费的不是商品和服务的使用价值，而是它们的意义，又称为符号价值；而为了某种社会地位、名望、品位而进行的消费，就是符号消费"。❶ 这种通过炫目符号所建构的"夸示性消费"遮蔽了物本身的价值，使人们迷失在不切实际的虚拟满足感中，而失去在现实生活中对物的原始幻想意义。朋友圈不再单纯地用来联络沟通感情，而是一种身份与地位的显示；不再是简单地更新自己最近状况，而是用来营销自己或者商品的场所；不再是纯粹现实社会的镜子，而是一种消费文化典型的欲望表达与虚伪狂欢。

除了大量存在的"夸示性""炫耀式"的物质消费外，微信平台所建构的媒介生态环境，不仅创造了新型文化消费渠道，还对当今人们的文化消费观念、态度、形式与习惯产生了显著影响，从而形成了具有微信生态特征的全新文化消费。近年来，随着我国经济发展水平的不断提高，文化开始成为我国人民的显性需求，越来越多的人愿意为知识付费。与此同时，不断加快的生活节奏、媒体的高度发达、巨大的信息量等时代特征使得人们的"注意力"成为一种稀缺资源。在这一背景下，人们越来越难以真正地静下心来阅读那些卷帙浩繁、学理晦涩，但对人的发展极有价值的经典著作，知识服务型的自媒体平台应运而生，成为许

———————————————————————

❶ 曹进，吕佐娜. 大众文化视角下的"新新"媒介探析——以腾讯微信为研究对象［J］. 东南传播，2012（9）.

多人知识文化获取的主要渠道。微信公众平台中的"罗辑思维"是其中的一个典型性代表。借助一个"知识中间商"的身份定位，"罗辑思维"将系统化、复杂的知识系统进行整合、解构、再组织重构，以一种符合当今人们碎片化、浅阅读、泛娱乐化的接受方式进行知识文化信息的传递。这类知识服务类平台自媒体蕴含着深刻的消费社会的运作逻辑，而当知识文化与消费文化相勾连时，知识本身已经成为这个时代的一个消费品。传统严肃、经典、深度的文化汲取形式在很大程度上被破坏，知识文化与娱乐、消遣、浅薄文化的界限越发模糊。并且，依托朋友圈这个展示性平台，当今时代的知识消费还容易与"夸示性消费""虚无主义"色彩结合。可见，当今文化消费者的大量需求以及各种"买买买"行为，都是被微信等社交媒体缔造出的各种符码和情绪制造、刺激而产生的，也许并不是消费者内心真正的需求。

二、微信文化异化形态的超越路径

正如尼尔·波兹曼所警示我们的那样，"毁掉我们的大多不是我们所憎恨的东西，而恰恰是那些我们所热爱的东西"。❶微信空间中"赞""红包"等新型符码大大地降低了人们社会交往的时间、空间成本，引发了社会、文化新潮流。而随着主客体异位、主体意识被削弱等异化表征的出现，如何超越新符码的局限性，使其真正助力于人类的发展已成为一个难以回避的议题。但这也并非无路可走，因为正如保罗·莱文森所说，"人是积极驾驭媒介的主人，不是在媒介中被发送出去，而是在发号施令，创造媒介的内容。对于别人已经创造出来的内容，人拥有自主选择能力"。❷人作为具有主体性的社会性动物，在媒介进化的过程中发挥着重要作用，而同时，媒介很少对社会产生不可避免的后果，更多的是带来一些新的可能性。因而不容置否，人具有抗衡、超越微信文化异化形态的巨大潜能。

---

❶ 尼尔·波兹曼. 娱乐至死 [M]. 章艳，译. 桂林：广西师范大学出版社，2004.
❷ 保罗·莱文森. 数字麦克卢汉 [M]. 何道宽，译. 北京：社会科学文献出版社，2001：7.

（一）坚持工具理性与价值理性的融合、统一

工具理性与价值理性经康德提出后，马克斯·韦伯也在《经济与社会》一书中对两者做了细致阐释，他将工具理性视为"决定于对客体在环境中的表现和他人表现的预期，行动者会把这些预期用作'条件'或者作为'手段'，以实现自身的理性追求和特定目标"，而价值理性则是"决定于对某种包含在特定行为方式中的无条件的内在价值的自觉信仰，无论该价值是伦理的、美学的、宗教的还是其他的什么东西，只追求这种行为本身，而不管其成败与否"。❶ 随着社会的发展变迁，价值理性与工具理性已经超越伦理、美学、宗教等传统领域，逐渐蔓延至媒介生态领域。在媒介生态系统中，工具理性是目的的合理性，即人们利用"微信红包""点赞"等各类新媒介技术、功能满足交往、沟通、自我表达的需求。而价值理性是人类追求个人进步、发展与社会和谐、繁荣的愿景，是基于信念与理想的合理性。由此可见，微信社交、微信红包、微信点赞文化等异化形态涌现的本质是工具理性与价值理性的非平衡发展，价值理性在人们的微信实践中被遮蔽，而工具理性随之大肆活动。因此，价值理性的回归，坚持工具理性与价值理性的融合统一是我们超越微信文化异化趋势的必由之路。

作为大众实践活动的指导，合理性如何发挥作用首先取决于微信运营商如何认识与理解工具理性和价值理性的关系。作为整个平台的总设计师，微信官方对于微信发展理念、未来蓝图、功能的确立与设计将极大地决定整个微信空间中工具理性与价值理性的博弈情况，因为人们的实践行为总是在其设定的技术、功能范围内发挥作用。这也是国家网信办等相关部门总是不厌其烦地约谈微信等主要社交平台功能设计负责人的原因。❷ 微信平台方对价值理性的坚守是用户实现工具理性与价值理性相统一的重要前提，如果在实际行动中，微信不具有责任感的伦理理性，单从目的和手段的层面进行经济收益的计算，那极易导致用户工具理性与价值理性的失衡和错位。另外，用户个体正确认识和理解工具理性与价值理

---

❶ 马克斯·韦伯. 经济与社会（上卷）［M］. 林荣远，译. 北京：商务印书馆，1997.

❷ 中国网信网. 国家网信办约谈约见四款新发布社交类应用企业［EB/OL］. http://www.cac.gov.cn/2019-02/01/c_1124077140.htm.

性的关系也尤为重要。从某一层面上来说，用户在微信平台中的社交行为、点赞行为以及收发红包的行为都是自发、自主的。对于微信用户而言，重要的是如何促进自我的长远发展，如果沉溺于点赞文化、红包社交等网络虚拟社交形式，"合理性"也将越来越偏向目的性、手段性，价值理性进而渐行渐远。而一旦形成这样的"合理性"偏向，人们所处的微信空间环境的结构将深受影响。微信功能的使用者终究是人，从这个层面上来看，微信生态的价值偏向关键是看人们选择怎样去使用这些功能。由此，微信用户应该通过接受媒介素养教育等方式提升自身的科学认识，在工具理性和价值理性的弥合下重新拾起个人的主体性、主导性，进而改善、纠正目前微信文化生态中存在的"合理性"偏向问题。

（二）加强现实文化与虚拟文化的对话、增益

本尼迪克特·安德森曾精妙地指出，民族其实是一个想象出来的政治意义上的共同体。民族是被想象出来的创造物，而非那些客观现实的集合。[1] 如今，微信文化快捷、热情、丰富的一面在某种程度上被遮蔽了，相较于现实空间，微信空间是一个"想象的共同体""文化共同体"。但同民族这一想象的共同体一样，微信空间并非是虚假意识的产物。它既不是虚构的共同体，也不是技术平台操控人们的幻影，而是一个与社会现实变迁相关，根植于网络时代人们深层意识的心理建构。正如研究者孙玮说道，"微信呈现了群体的共同在场，创造了人类社会一种崭新的'共在'感，在当前的中国社会状况中，构成了人们的'在世存有'"。[2] 以微信"点赞"为例，"点赞社交"作为一种线上虚拟社交的新形式，其实也是个体社会资源的一种补充，但这一补充的程度因人而异。这是因为每个人本身在现实空间中所携带的社会资本与潜在的社会资本有差异，这样，他们能够转换成实际社会资本的潜在人际资源也是不同的，这必然会影响到"点赞"这一功能的最终效果。可见，微信点赞文化、红包文化发挥作用的过程其实是与真实的生活世界紧密相连的，如果过分将微信文化与现实文化相剥离，就极易引

---

[1] 本尼迪克特·安德森. 想象的共同体：民族主义的起源与散布 [M]. 吴叡人，译. 上海：上海人民出版社，2016.

[2] 孙玮. 微信：中国人的"在世存有"[J]. 学术月刊，2015（12）.

发微信文化的异化。由此可见，当人们沉浸于微信文化之中时，应不断提醒自己"走出来"，并根据自身实际情况，寻找现实生活与虚拟生活的最佳平衡点，促进二者的相互增益。

（三）超越"微文化"，构建个人社会文化生活的多重向度

随着微信发展成为国民级的经典社交应用，其代表的"微文化"也逐渐成为我们时代的文化主角。虽然一些学者质疑将微文化抽象为一种文化典型的观点，但"微文化"的盛行确实是当今时代一个无法回避的现实。微信媒介承载了多种媒介的多重文化特质，它作为"微文化"的代表力量并不微小。微文化是一种注重向个体和微观发展的文化形态，其主要特征是离散性与多变性，微信空间中的点赞、语音、表情、红包等皆是微文化的主要构成。微文化在这个生活节奏不断加快的时代以一种短小精练的形式满足了人们的多样需求，然而，微文化的碎片化、快餐性与及时反馈的运作机理不仅导致人们难以集中注意力、只能"浅阅读"，损害人们深度思考的能力，也消解着文化的整体性、连续性、厚重性，以及严肃性，在影响文化知识的体系性累积和传承的同时，还易引发人们对现实生活中多投入、多收益与延时反馈的日常运作模式的不满，造成现实与虚拟生活错位等严重后果。因此，当代网民的"微信成瘾症"背后蕴含着诸多危机。鉴于此，即使微文化是当今时代的一个主要文化形态，其也不应该成为人们生活世界中唯一的文化形式。在提升微文化的内容，增强微文化的文化、社会与艺术价值的同时，人们也应该扩大自身的文化触角与视野，不把自己局限于微信空间的微文化之中，积极创造多样的文化形式、文化体验，构建多重文化向度的生活。

（四）净化微信文化空间，创新与传播微信先进文化

微信成为大众自我阐释的独立空间，由此促生出以社交为基础的微信文化，并在当代网络文化体系中占据重要地位。在微信提供的公共空间中，每个人都有较强的独立性。对话平台的充分释放，一方面带来丰盛的交流，另一方面容易导致大众"自我迷失"。同时，微信充斥着大众文化、消费文化和后现代文化的符码。公众一味追求张扬个性的自我话语表达不可避免地带来文化深度的消解，使微信文化空间充斥着喧哗、浅薄的消费文化和后现代主义碎片文化的符码。微信文化空间是新媒体时代社会大众文化生产的主要场域，显然，净化微信文化空间是促进现代网络文化健康发展的重要举措。

首先，净化微信文化空间，要传播先进文化。由于微信文化资源复杂多样，良莠不齐，我们有必要推进微信文化建设，净化微信文化空间，守好社交媒体这块文化阵地。要多传播先进文化，传播充满正能量的优秀文化，以社会主义核心价值观引领微信空间，构建健康向上的微信公共空间文化，引导公众建立正确的文化价值理念和健康的精神生活方式，让大众自觉远离"三俗"（庸俗、低俗、媚俗）文化。其次，要进一步创新、丰富微信网络文化内容和形式，如果一种文化失去了品位和内涵，失去了创新与反思意义，也就失去了其赖以生存的根基和长久的未来。一方面，我们要充分利用技术加强微信文化产业的深度融合，促进微信文化模式向多元化转变。例如，可通过加强新兴技术云计算、大数据、人工智能、5G 等新兴技术在微信文化产业中的融合进行创新。另一方面，微信文化的创新需要人们突破对数字化信息的盲目沉溺与崇拜，摆脱社会文化的浮躁与浅薄之风，需要深度思考与时间沉淀，以此满足新时代网民健康的、多层次的、有内涵的精神文化需求。

总而言之，一方面，我们要避免成为技术和工具理性的奴隶，要加强对现实生活文化的体验与创造，增加对社交媒体网络文化的多样化体验。另一方面，微信传播中的点赞行为、红包现象和圈子文化等在一定程度上带来用户主体性建构的异化，使社群文化呈现区隔之趋向。另外，为了消解微信文化异化带来的诸多弊端和风险，我们需要避免落入后现代文化、狂欢文化、消费文化等文化陷阱，因此，我们既要拥护健康的微信点赞文化、红包文化、圈子文化，减少隐藏其中的身份区隔和等级差异，又要突破碎片式的"快餐文化"、狂欢式的"快感文化"、炫耀式的"夸示文化"等带来的异化和物化，让当前日趋"原子化""碎片化"的个体都能在微信生态圈中找到真正的平等感和文化归属感，通过对社交媒体文化全面的、创造性与个性化的发展，缔造属于大众的健康、愉悦的精神文化，属于人们自己的快乐人生。

第四节　微信与媒介经济生态建构

一、互联网时代媒介经济格局变迁新图景

经济学与传媒业的交叉学科研究渊源已久，媒介经济学已自成体系与学派，形成了一套较为完善的传媒领域的经济规律和理论。同时，与媒介经济相关联的课程，如经营与传媒管理、传媒经济等逐渐纳入我国的学科设置，具有经济学素养的传媒人才培养的重要性也日渐获得社会认可。另外，随着微信生态的逐渐成熟，其经济属性也渐渐显现。因此，从媒介经济学角度探索微信生态是一个具有自身价值的独立论题，应该纳入我们对微信媒介生态的研究中。

媒介经济学的研究内容是由信息传播带来的一系列的经济活动和现象，而信息传播形式的变化，即媒介形态的演进将会直接作用于媒介经济形态。随着我国媒介整体形态的不断革新，互联网发展进入"下半场"、智媒化时代到来、机器智能算法"入侵"新闻业，经济学也紧追媒介实践前沿，对媒介新业态进行了与时俱进的解析，展现出了媒介经济学新的研究侧重点、理论阐释与研究思维。

（一）媒介经济学的本体研究

媒介经济学是旨在探讨"形形色色的媒介操纵者如何在各种资源均属有限而非无限的前提下，满足阅听人、广告业者和社会在咨询与娱乐等方面的各种欲求与需要"的跨学科研究。[1] 随着科技的发展，各类新媒体涌现，媒介经济学的研究领域不断扩大，其从最早的报纸经济学、广播电视经济学、电影经济学逐渐发展到新媒体经济学、互联网+经济学等。新媒介经济是指"互联网时代重构的信息传播活动以及网络媒体参与市场竞争所引发的相关经济活动和经济现象"。[2] 基于互联网科技的新兴媒体作为一种新的媒介组织，在经济运行的过程中呈现出

---

[1]　罗伯特·皮卡特. 媒介经济学 [M]. 冯建三，译. 台北：台湾远流出版事业股份有限公司，1994.

[2]　林翔. 新媒介经济发展逻辑的理论破题：平台概念和运作分析框架 [J]. 新闻界，2014（17）.

了其独特的规律与形态。

从媒介经济学的定义可以看出，资源的稀缺性是媒介经济研究的重点，这也是"注意力经济"与"受众经济"等经济学概念产生的原因。在传统媒体时期，注意力经济是抓住受众的关键点，菲利普·南波利曾从传播学传受关系的角度指出媒介（传媒）经济的核心是内容经济和受众经济。❶ 这也印证了媒体与受众之间松散的"一对多"的大众传播关系。而新媒体时期，用户与媒体的关系也更加紧密与"专一"，为满足用户的多样化需求，单一的媒体结构框架被突破，向多种媒介融合与多样的经济形态发展。在此背景下，研究者陈先红提出了"媒介即关系"的观点，创造性地将"关系传播理论"引入我国的媒介本体论研究，她在论述中指出了关系对内容的决定性作用。为了对新媒体的社会经济行为做更好的解释，学者谭天将其延伸为"媒介及连接"，最终从媒介经济属性的角度得出了"新媒体经济是一种关系经济"的结论。

以"关系"为核心的新媒介经济是怎么运行的呢？首先，我们可以从"关系经济"的定义入手，"经济行为和交易在以利益为中心、以关系为纽带的经济体制下所形成的经济状态，称为'关系经济'"。❷ 关系的转换与构建是"关系经济"的核心环节。我国学者对关系转换路径的研究主要集中在对法国社会学家布迪厄的著名理论"社会资本"进行探讨，基于微信的"强关系"连接与基于微博的"弱关系"连接成为主要研究案例。朱炜等学者以定量研究为方法，从社会资本视角出发，发现了微信的"结合型社会资本网络"属性与微博"桥接型社会资本网络"形态，揭示了微信和微博两个平台不同的"关系"转换路径。❸ 聂磊等着重肯定了微信朋友圈的社会资本培育能力，认为朋友圈是社会资本形成的重要途径。❹ 麦尚文则从"社会嵌入"理论寻找"关系"研究的出

❶ 菲利普·南波利. 受众经济学：传媒机构与受众市场 [M]. 吴训信，译. 北京：清华大学出版社，2007.

❷ 朱巧玲，杨威. 破解"关系经济"迷局——基于社会资本理论的分析 [J]. 中南财经政法大学学报，2009（9）.

❸ 朱炜，郑大庆，王文灿，等. 基于社会资本视角的微信和微博的对比研究 [J]. 情报杂志，2014（33）.

❹ 聂磊，傅翠晓，程丹. 微信朋友圈：社会网络视角下的虚拟社区 [J]. 新闻记者，2013（5）.

口，认为媒介对于关系嵌入形态的选择，决定了其本身的发展路径，比如人人网对"学源关系"的嵌入、微信对"亲缘关系"的嵌入等，皆影响了其产品的定位与商业模式的形成。❶

通过对媒介经济学本体概念的梳理，我们可以发现媒介经济研究侧重点从"内容经济""受众经济"到"关系经济"的变化。一方面，我们借此可以反推媒介形态的进化路径。另一方面，我们可以看到媒介经济学从"内容为王""受众中心"等"单向度"研究思维向"双向"研究思路的转变，即媒介与用户关系的生产与编织，这一思维的转向对我们探讨互联网语境下不断变化的媒介经营运作模式、机制意义重大。

（二）科技助推媒介经济生态大扩容

互联网时代，科技的兴盛发展与新兴媒介的相继涌出引发了媒介经济形态的重构，媒介产业的内外融合日趋紧密，媒介经济生态呈现出"兼容并收"的局面，各类不同性质的经济形态走向与媒介经济的融合之路。一方面，在传媒领域内，传统媒体、新媒体与新兴科技三者之间的融合被推入更深层次。另一方面，媒介经济兼收了领域外多样的经济形态，使得媒介经济的边界日渐模糊，正在被重新定义。

在 Web 2.0 时代，机器新闻、内容与算法的融合、智媒化时代等新趋势成为媒介传播的新范式，彰显了媒介经济的科技基因。技术作为新媒介经济的结构性变量，不断探索着新边界，创新着媒介经济商业模式，壮大着其经济生态空间。首先，机器智能算法强势"入侵"传媒业，以今日头条为代表的"千人千面"的个性化信息推荐模式重塑了信息推荐机制，形成了与传统媒体相匹敌的商业模式。"传统传媒业也积极与科技联姻，发挥内容生产的专业优势，运用 VR 技术建造虚拟的动物表演馆、夜间森林公园等服务项目，实现媒体的'内容变现'，拓展新的经济空间。"❷ 其次，媒介经济的重要部分——广告的运作模式也被改

---

❶ 麦尚文. "关系"编织与传媒聚合发展——社会嵌入视野中的传媒产业本质诠释 ［J］. 国际新闻界，2010（1）.

❷ 田鸢. 数据化、智能化：互联网"下半场"的逻辑与进路——2017 中国传媒经济与管理年会综述 ［J］. 新闻界，2018（3）.

写。在大数据技术的支持下，网络媒体可以转变传统媒体"一对多"的营销传播模式，实施精准的"一对一"广告投放。例如，微信朋友圈以及微信的个性化广告，都是在解析、整合用户数据，充分理解用户的基础上进行的营销战略实施。最后，随着移动设备、社交媒体、大数据、传感器的发展与融合，人与环境的时空场域在大数据与智能化科技的作用下实现统一，新型商业模式"社交+媒介"诞生于微博与微信平台，各类"社交电商""微商"呈蓬勃发展之势。

我们可以清楚地看到，在高科技的主导下，媒介经济市场已不再是传统媒体一家之天下，基于互联网的新媒体经济逐渐成为整个媒介经济市场的核心竞争力，从盈利能力和影响力来看甚至已经赶超了传统的媒介组织和企业。科技同时作用于传统媒体与新媒体，三者互融共生、相互推进，不断扩展着媒介经济生态。比如，数据化与智能化技术已经孕育出微博、微信两大社交媒体巨头，滴滴出行、共享单车两大出行工具，颠覆传统媒体的今日头条，影响人们衣食住行的美团外卖与大众点评等。我们有理由相信，未来在移动互联网、大数据与人工智能三大经济"加速器"的助推下，更多社会化媒体的商业模式、盈利模式将会涌现，整个媒介经济形态会有更深程度的革新与扩容。

（三）"平台经济"建构媒介经济新生态

在媒介经济生态的扩容过程中，单一的媒介组织与企业媒体形式已经无法适应新的经济环境，于是，部分媒体走向了平台化与产业化，社会化媒体平台经济兴起。平台可以简单理解为买方和卖方之间交换信息、商品或服务的交易场所。它或许是有具体的物理场所的，如大型超市或菜市场；也可能是虚拟场景，如电子商务平台。全球市值排名前列的公司，诸如苹果、微软、谷歌、腾讯等都是典型的平台型企业。换言之，"平台并不生产产品，而是资源的聚集地与关系的转换器"。❶ 与传统平台经济不同的是，互联网平台经济依托的是虚拟交易空间，是以大数据与算法作为它的生产要素，是一种新的利益生成机制。

从经济学研究视角来看，平台是一种新型的产业组织形式，围绕平台经济的

---

❶ 谭天. 基于关系视角的媒介平台 [J]. 国际新闻界，2011 (9).

核心概念是"双边市场"与"间接网络效应"。简单来说,"双边市场"就是在一个平台中存在两个或多个参与者,而平台对于买方与卖方实施不同的定价策略。传统的电视媒体与新兴的社交媒体都是典型的双边市场,从用户角度看,它们是一个"免费经济"商业模型。因为从成本角度分析,忽略极少的电视费用,用户收看电视基本上是零成本。微博与微信也是类似,对于二者基本功能的享用,用户不需要支付一分钱。但很明显,免费模式不能长期支撑一个平台的运营,这就需要对另外一部分平台参与者的行为定价,包括广告购买、用户消费、增值服务、资本运作等。我们可以看到,"基于互联网的'双边市场'一边是通过基础服务转化而来的海量活跃用户,另一边则是由用户流量带来的广告变现机会,以及被海量活跃用户吸引而来的第三方增值服务提供商"。❶ 双边市场的核心就是对"两边"实施"不对等"的价格结构逻辑,从而获得收益。"间接网络效应"的本质是一个"良性循环",即平台的规模越大,就会吸引更多的参与者,参与者的增加又会扩大平台的影响力。简而言之,平台的参与者越多,平台就越具有价值,其流量变现的能力也相应更强。

基于互联网的平台经济将"双边市场"与"间接网络效应"的特性发挥到了极致。平台经济主要分为"横向"与"纵向"两个维度。淘宝、京东等电商平台就是典型的同业态"横向一体化"平台。"纵向一体化"平台则是跨行业产业链的集聚,微信是"纵向一体化"平台的是典型代表。微信通过其带来的通信革命为更加复杂的"纵向"商业活动汇集奠定了基础。经过微信 1.0 到 6.6.7 几十个版本的升级,微信不断推进其产品的多元化,创立了基于社交的"朋友圈",基于自媒体的"公众号"平台,基于位置的"摇一摇""附近的人""位置共享"功能,基于消费的各类支付功能,基于场景的小程序入口,显然,微信已经远远超越社交媒体形态,演变成一个"长尾"平台生态系统。微信"纵向一体化"的平台结构给用户提供了更多的选择权,它不仅拥有更完善的规模经济的成长条件,而且还可以发挥"范围经济"效应,帮助更多小众、低频的应用

---

❶ 司晓. 北大–牛津–斯坦福互联网法律与公共政策研讨会,平台经济的商业模式和颠覆性创新[EB/OL]. http://www.sohu.com/a/122529745_498058.

产品发展。"随着微信连接到平台的市场和供给者的种类和数量越多，规模越来越大，其价值重组和交叉网络外部性的可能性也越来越多。"❶ 这样，微信发展成为我国最有影响力的社交平台型媒介，拥有超过 10 亿的月活跃用户，对整个媒介经济生态起着建构性的作用。

社交媒体平台化的产业组织形式带来了媒介经济的转型，不仅影响了人们生活的方方面面，带来了新的生活方式、娱乐形式、文化结构、社会关系，还重塑了整个市场和竞争的结构。它们不断延伸产业链，完善产业布局，频繁出现的并购实践加强了平台经济的垄断或寡头性质，以腾讯为代表的互联网公司寡头垄断逐渐成型。显而易见，以平台为核心的经济重组重塑了整个媒介利益格局，垄断、不公平竞争、权力等问题日益尖锐且不可忽视。以微信的外链管理规则为例，2018 年 5 月 18 日，腾讯发布了《关于进一步升级外链管理规则的公告》。❷ 市场上极具影响力的快手、抖音、微博、喜马拉雅等超过 32 款主流视频与直播产品被微信"封杀"，用户无法将这些软件的视频分享到朋友圈。腾讯企图通过遏制同类产品在微信生态圈的发展，以扶持自己的视频产品"微视"。随着平台从一种商业现象发展成为一种重要的经济形态，2018 年 3 月，"平台经济"一词首次被写入我国政府工作报告，可以预见，平台经济将成为我国未来媒介经济发展的主趋势。在种种背景下，我们更应该对平台经济在价值创造与价值分配上的生产方式、生产关系进行深入研究，因为，如果社会经济规则的制定权从政府手中转移至巨型平台手中，由平台决定社会的价值分配，整个媒介生态的秩序很可能陷入混乱。由此可见，对于平台权力的规范，法律的制定与实施等问题亟待解决。与此同时，学者们也应该积极融合经济学与新闻传播学知识体系，建立平台经济视域下相应的批判理论与框架。

（四）经济地理学视域下的微信经济生态

作为一个集信息平台、社交平台、娱乐平台与交易平台于一身的巨型平台组

---

❶ 林翔. 新媒介经济发展逻辑的理论破题：平台概念和运作分析框架 [J]. 新闻界, 2014 (17).

❷ 微信官方凌晨紧急发布：关于升级外链管理规则的补充公告！[EB/OL]. http://www.xudoodoo. com/detail/468. html.

织，微信已成为我国媒介经济的核心部分，其平台能力的输出具有撬动媒介经济的杠杆作用，建构着整个媒介生态环境。基于此，下文将聚焦微信平台，着重对微信这一新经济模式进行详细阐释，其中包括如下思考：微信经济生态的构成要素是什么？这些要素的产生与组合发生了怎样的演变？演变的路径和方式又是怎样的？其中蕴含着怎样的外延与隐喻？

地理学的核心是对环境、空间进行反思，经济地理学则是对经济行为活动空间进行探究。传统的经济地理学的重心主要是实体经济空间，例如城镇、购物中心、博览会等。"技术条件是经济活动区位和空间组织的重要决定因素。技术水平的提高，常引起经济区位的变化。"[1] 在新的时代背景下，社会经济空间及经济秩序不断发生变化，线上虚拟消费空间逐渐出现，经济地理学家们为不断变化的场所绘制与时俱进的地图，如戴维斯与博维斯对电视购物的考察。在 Web 2.0 新传播技术的作用下，线上经济活动已经从一种对线下经济活动的补充演变为与线下经济活动共生的关系。另外，随着微信生产性功能的完善，无论是把其看成一个社交平台还是媒体渠道，都有所偏废。作为一个数字生态王国，微信的经济形态已经成形，成为人们消费实践的重要平台。因此，从地理空间的角度探索微信经济生态应该作为一个有自身价值的独立论题。

1. 微信经济空间的布局

"尽管互联网上构成连接的主客体以及连接方式和价值逻辑在不断发生变化，但'连接'始终是互联网的要义。"[2] 从 2011 年成立至今，"微信不断加强'连接'能力，在实现人与人的连接、人与社会的连接以及人与商业的连接之后，微信开始探索如何进一步实现人与物品、人与环境的连接，以期激活更多线下服务与商业价值变现的场景"。[3] 微信"连接"形态的演变作为一种经济逻辑的映射展示了微信经济活动空间布局的进化。

（1）微信经济活动区位

---

[1] 李小建. 经济地理学 [M]. 北京：高等教育出版社，2006：15.

[2] 彭兰. 连接的演进——互联网进化的基本逻辑 [J]. 国际新闻界，2013（12）.

[3] 喻国明，程思琪. 从"连接"到"场景"：互联网发展的重要进阶——试析微信小程序的价值逻辑与市场版图 [J]. 媒介经营管理，2018（1）.

人们在微信平台上进行经济活动实践的场所主要集中在朋友圈和公众号，韦伯的"区位因子"理论对人们经济活动区位的选择做出了解析，他认为生产者区域选择的依据是"经济活动在某特定地点进行时所得到的利益即费用的节约，即不同场所生产成本及利益的差异"。● 朋友圈与公众号作为微信经济活动两个主要的实践区位，具有不同生产成本与收益形态。首先，从成本角度来看，朋友圈的经济活动是对个人社会资本的利用，比如微商、代购。作为朋友圈经济活动生产成本，社会资本是人们在现实社会结构中的关系网络形成的资源。而公众号经济活动的生产成本则是基于虚拟网络建立的信任度与影响力，公众号通过长期内容运营，积累流量，然后通过各类商业行为实现流量变现。这类公众号平台经营者被称为"内容电商"，指"通过文字、图片和视频的结合激发读者在阅读过程中的购买欲望，然后点击广告链接实施购买行为"。❷ 其次，从收益大小来看，通常来说公众号的收益大于朋友圈，因为收入与市场大小关系密切，公众号平台经济活动的市场远大于个人朋友圈。最后，相较于朋友圈，公众号平台经济活动的形态也更丰富，包括红包打赏、广告、小程序等。

（2）微信经济活动内容

从产业角度来看，微信平台上经济活动的产业主要集中在第三产业和第四产业。第三产业是指服务业，包括各种商业与贸易、旅游与娱乐、旅馆与饮食等；第四产业是指用户体验相关产业，包括金融、教育、科学研究、信息业、咨询业等。从消费场景角度观察，微信将手机、人工智能、大数据等高科技与实体经济充分结合，拉动了传统消费的转型升级，业务范畴延伸到了餐饮、旅游、交通、购物、天气等消费场景。据 2017 年统计数据显示，在生活、娱乐、交通出行等方面，微信带动传统消费超 3339 亿元，同比增长 22.2%。❸ 同时，微信的经济活动内容呈现出横向融合与纵向延伸的趋势。一方面，产业内的运作增多，公众号交易已经发展成为一个产业，大量微信公众号运营公司崭露头角，例如拥有 981

❶　豆丁网［EB/OL］. https://www.docin.com/p-419237745.html.

❷　喻国明，程思琪. 从"连接"到"场景"：互联网发展的重要进阶——试析微信小程序的价值逻辑与市场版图［J］. 媒介经营管理，2018（1）.

❸　2017 年微信社会经济影响力研究报告［EB/OL］. http://www.docin.com/p-2105263019.html.

个微信公众号的量子云公司。另一方面，第一产业农业与第二产业制造业皆开始走向与微信的融合实践之路，微信经济链日趋完善，目前已有超过 5000 个村庄入驻微信"为村"，利用平台为其提供的丰富的商业条件实现产销对接。❶

（3）微信经济活动空间组织

作为一个数字生态王国，微信的各种经济活动不是独立存在的，而是与各个功能相互关联的。从 2011 年至今，微信共经历了 1.0 到 6.6.6 近百个版本的更新，实现了从通信工具、社交工具，再到"长尾"平台的演进。公众号、微信支付、企业微信、小程序等经济生产性功能从无到有、从有到优，各类生产要素不断创新，微信的场景覆盖越发丰富全面，引爆了微信红包、知识付费、共享经济、小程序等现象。随着人、服务、组织、设备的互联互通程度的不断加深，微信平台已发展成为一个优质的经济活动空间。据统计，"截至 2017 年年底，微信支付生态体系中已涵盖 30000 多家服务商，覆盖超过 300 多个城市，企业微信已渗透超 50 个行业，注册企业超 150 万，公众账号超 1000 万"。❷

2. "小程序"：微信经济空间的革命

"随着'以人为本'的主观评价标准与价值体系逐渐主导技术与社会的发展，人们在产品的使用权而非所有权方面表现出越来越强的灵活性，用户对互联网的需求又开始超越双向互动的层面，更加强调媒介在地理环境融合提供特定场景下的适配信息和适配服务。"❸ 在场景价值不断凸显的背景下，微信开始对其经济活动空间进行改善优化，率先抢占场景市场红利，打造了内嵌于微信的"轻应用"——小程序。创始人张小龙定义小程序"是一种不需要下载、安装即可使用的应用，它实现了触手可及的梦想，用户扫一扫或者搜一下就能打开应用。也体现了用完即走的理念，用户不用安装太多应用，应用随处可用，但又无须安

❶ 2017 年微信社会经济影响力研究报告［EB/OL］. http://www.docin.com/p-2105263019.html.
❷ 2017 年微信社会经济影响力研究报告［EB/OL］. http://www.docin.com/p-2105263019.html.
❸ 喻国明，程思琪. 从"连接"到"场景"：互联网发展的重要进阶——试析微信小程序的价值逻辑与市场版图［J］. 媒介经营管理，2018（1）.

装卸载"。❶ 简而言之，小程序的核心目的在于建立人与服务连接的最短最优路径，即以时间、地点、人物、事件等场景因素为基础，迅速为人们找到匹配的个性化服务。小程序的出现对微信经济空间，甚至整个媒介经济生态都产生了巨大的影响。

（1）整合场景服务，便利消费空间

在小程序出现之前，我国的场景消费呈现出"分裂"的形态。比如人们最常使用的共享单车、滴滴出行、美团外卖等场景服务，皆以独立 App 的形态呈现。在不同的消费场景中，人们需要自己点开不同的 App 寻求服务。这样，过多 App 堆积导致部分 App 使用率低，手机运行速度慢等后遗症逐渐凸显。在此背景下，人们急需一个整合式的场景消费入口，小程序的出现很好地解决了这些问题。一方面，小程序内置于微信，无须安装，解决了手机内存的问题。另一方面，依靠微信巨大的活跃用户，小程序免去了流量的担忧。依靠"扫一扫"与"拉一拉"两个近场搜索功能作为服务的统一入口与周边环境进行互动，小程序将线下的商业场景直接搬到线上，为人们提供了便捷的整合性服务。

（2）扩大收入空间，延伸利益空间界限

小程序可以对消费垂直细分领域进行全面的关照，壮大经济新动能。由于 App 开发成本过高，大量小众、低频的生活场景应用发展困难，借用小程序这个免费的"轻应用"，上门服务、票务、邮政等不常使用的"长尾服务"有了发展的平台。小程序不仅是微信及其朋友圈和公众号经济区位的补充，更是三者的一个重要连接点。一方面，小程序可以嵌入公众号，将信息传达与商业服务相结合。在强化内容读者场景体验的同时，引导读者直接在公众号平台消费。比如，时尚类公众号可以在其文章中插入小程序卡片，在小程序里卖货；酒店类公众号直接引导用户在小程序下单而不是打开酒店的 App。另一方面，小程序带有很强的社交属性。借助于微信的本质基因——社交，大量"社交电商"开始试水小程序，"社交电商"的商业盈利模式是对人们在线社交互动分享行为的利用。比

---

❶ 和讯网. 张小龙首次全面阐述小程序 1 月 9 日上线 ［EB/OL］. http://news.hexun.com/2016-12-29/187550703.html.

如，"拼多多"以分享拼团、社交砍价、直播分享等社交关系运营作为其商业营运的核心，开创了小程序"拼团"消费新玩法，获得了巨大的经济收益。

（3）打通消费场景，融入微信时不可失

"空间信息流"是指"在特定的地理位置上产生或者与某一特定空间有关的所有信息的汇聚"。❶ 对空间信息流的把握是场景竞争时代的核心，因为只有对空间信息流做准确的解析才能理解特定场景用户的需求，为他们匹配精准的服务。小程序的商业模式并不是将消费场景从线下迁移到线上，而是消费场景线上与线下的互通与充分融合。小程序线上线下的融合互通主要有两个形态，一是线下向线上导流，主要是通过扫二维码的形式引导用户关注线上小程序商城，加强用户黏性。二是线上向线下导流，目的在于吸引更多用户去实体店消费，主流的做法是以红包或折扣小程序的形式激活线下消费场景。❷ 小程序通过对空间信息流与社交关系流的掌控反哺了服务流，成为早期错失与微信融合机会的实体商家最高效介入移动互联网的契机。永辉超市旗下的"永辉生活"小程序仅上线 3 个月就实现了用户数字化率从 30% 到 87% 的提升，这样的转化效率是其在"两微一端"的激烈竞争中短时间难以实现的。❸

3. 从"小程序"探微信经济空间的隐喻

"地理学研究分为可见的地理学与不可见的地理学两大部分，可见的地理学是指上文对微信经济空间生产要素、区位等的讨论，但空间不仅仅是实际文化关系的一个背景，不仅仅是物理学意义上的物质性存在，它具有社会意义，树立着新的文化角色，充满区域性的暗喻。"❹ 这就是地理学研究者们渴望寻找的不可见地理学。同理，作为微信经济空间搭建的重要一步棋，小程序的出现也充斥着隐喻，蕴含着整个互联网的发展逻辑。这种隐喻实现的逻辑是什么？对于这个问题，我们可以借助结构主义的核心——"关系思维"模式，即"在任何既定情境里、一种因素的本质就其本身而言是没有意义的，它的意义事实上由它和既定

❶ 彭兰. 场景：移动时代媒体的新要素 ［J］. 新闻记者，2015（3）.
❷ 王竹君. 小程序的红利期能持续多久 ［J］. 国际公关，2018（2）.
❸ 2017 年微信社会经济影响力研究报告 ［EB/OL］. http://www.docin.com/p-2105263019.html.
❹ 杰克逊·P，斯内夫特·N. 消费地理学 ［M］. 吕奕欣，译. 北京：中国社会科学出版社，2003：444.

情境中的其他因素之间的关系所决定"。❶ 简而言之，就是"主体间性"。基于这种思考，下面，笔者将从小程序的"关系"视角，对其价值的获得进行分析，进而对整个互联网经济的发展逻辑做出预测。

（1）共生共处，App 与小程序协同发展

从 2008 年 App Store 推出以来，我国 App 市场异常火热，众多开发商涌入，乱象层出，例如同质化严重、品质参差、山寨应用不断等。随着小程序的出现，App 市场热度似乎逐渐减弱，据数据分析平台 Appfigures 统计，2017 年，App Store 第一次出现应用数量下滑的情况，数量约降低了 5%。❷ 小程序正是 2017 年 1 月诞生，虽然我们没有确切证据指明 App 应用数量下滑与小程序的出现直接相关，但从长远趋势来看，小程序势必将重构整个 App 市场形态。这主要是因为小程序具有 App 类似的属性，都是基于移动终端的应用，而且从用户体验上看，具有无须下载安装、触手可及、用完即走、无须卸载四大优势，让用户体验更优化。

在这一背景下，App 的生死存亡问题值得细致探讨。互联网的发展从网站到移动 App 再到小程序，每一次媒介形态的进化都没有使前者完全消亡。因此，小程序与 App 也不会是一种颠覆与取代的关系，而是一种相辅相成、协同发展的形态。创始人张小龙对小程序的产品定位或许可以给我们对小程序与 App 的关系研究提供一些启示，他表示："小程序不同于 App，它是更灵活的组织形态。"而且，"小程序推出并不是为了改变 App 的存在模式，相反，而是去满足特定需求"。基于目前小程序的发展状态，可以看出，未来移动互联网市场将会是一个小程序与 App 共生的市场。首先，市场经济优胜劣汰的竞争形式会使一些低质的 App 离开市场，App 市场将在一定程度上得以规范。其次，App 与小程序将关注不同的用户市场。"App 解决人们高频度的集中化需求，小程序则满足低频度、

❶ 霍克斯·T. 结构主义和符号学［M］. 瞿铁鹏，译. 上海：上海译文出版社，1987：9.
❷ Appfigures Insights. Mobile Trends for 2018［EB/OL］. http://baijiahao.baidu.com/s?id=15971955301581 87331&wfr=spider&for=pc.

情境化的利基市场的需求。"❶ 小程序会以入口的形式，让大量小众 App 得以生存，作为对大体量 App 的拾遗补阙。最后，随着《人民日报》、新华社、南方报业等主流权威媒体入驻小程序，可以预测，目前"两微一端"为代表的媒介融合形式将被"两微一小"——微博、微信与小程序构成的格局取代。

（2）"社交+商业"共造媒介经济新生态

微信被广泛视为"强关系链"社交形态，但基于微信的小程序的使用场景却是强弱关系连接场景共存的。喻国明将"强关系连接场景"定义为：利用小程序将关系较为紧密、沟通互动较为频繁的强关系网络连接起来的场景，如同学、朋友、亲戚等。❷ 聊天互动类与工作办公类小程序是最典型的强关系连接场景，比如微信群聚会、会议活动报名小程序"举个手"，微信群投票小程序"群统计"，多人同时文档编辑小程序"集记"，简单便捷的电子名片管理小程序"递名片"等。与强关系连接场景相对，"弱关系连接场景"是指通过小程序的相关设定将关系较为疏远、沟通互动频率较低的弱关系网络连接起来的场景，如不常联系的同学、朋友，甚至陌生人、网友等。❸ 拍照识别、购物、交通出行等服务类场景是弱关系连接场景小程序的主要代表。

我们可以看到，无论是基于强关系链还是弱关系链，微信小程序的商业运营都带有很强的社交基因。首先，小程序可以推荐与分享，当一个有趣或实用的小程序被发现时，人们可以将它或者它的某一个页面分享给好友或群聊。小程序游戏"跳一跳"是小程序社交属性的典型代表，利用社交+游戏的模式，小程序游戏焕发出新的生命。据统计，在上线仅 1 个月的时间，累计玩过"跳一跳"的用户高达 3.1 亿。❹ 其次，小程序可以与公众号关联，公众号是小程序的入口之一。这样的设置使公众号运营者可以通过小程序将其积累的流量、影响力与信任度变现。"社交+商业"模式成为小程序商业活动的主流，主要包括："公众号文章+

---

❶ 喻国明. 小程序：微信生态级应用的一次大扩容 [J]. 教育传媒研究，2017（5）.

❷ 喻国明. 小程序与轻应用：基于场景的社会嵌入与群体互动 [J]. 武汉大学学报，2017（11）.

❸ 喻国明. 小程序与轻应用：基于场景的社会嵌入与群体互动 [J]. 武汉大学学报，2017（11）.

❹ 2018 微信公开课 PRO 版 [EB/OL]. http://daxue.qq.com/content/content/id/3819.

小程序"的自媒体商业模式、"社交电商"线上模式与"线上+线下"的零售模式。以社交电商"蘑菇街女装精选"为例，以拼团分享、直播分享等方式将社交关系运营与商业运营相结合，蘑菇街小程序的购买转化率是其 App 的 2 倍。❶基于此，我们可以预测，社交与商业的结合将成为未来我国媒介平台经济最主要的商业模式之一。

（3）已经到来的场景时代

在《即将到来的场景时代》一书中，罗伯特·斯考伯曾预测性地指出："了解场景，就站在了风口上；谁能占据场景，就能赢得未来。"同时，他总结出了构成场景的五种技术力量：移动设备、社交媒体、大数据、传感器和定位系统。❷ 微信在很早之前就开始对移动"场景"的探索，"面对面"建群、添加好友与雷达加好友都是利用移动场景社交增添微信关系链的来源方式，"近身功能"扫一扫的本质就是移动场景入口的搭建。

内嵌于微信，小程序享受着微信这个庞大的数字生态帝国的所有红利。首先，智能手机作为最主要的移动设备，微信每天占据着人们近 30% 的手机使用时间。❸ 其次，拥有近 10 亿月活跃用户的微信，已成为我国最大最具影响力的社交媒体平台。就场景的第三大技术原力大数据来看，微信朋友圈个性化定制广告表明微信已有能力辨析人们的数据流模式，能够根据实时需求提取用户数据。第四大技术原力传感器存在于智能手机与微信的各个部分，如手机触摸屏幕。最后一大原力定位系统更是微信的"拿手好戏"，腾讯公司不仅拥有本身的"腾讯地图"，还收购了一家拥有甲级地图测绘牌照的公司，不断加速其"街景战略"，打造完善的定位系统。我们可以看到，作为腾讯在场景时代竞争的重磅武器，微信已经聚集了场景竞争所需的五大技术原力，小程序作为场景连接的端口，它的出现表明：我国的场景时代已经到来。

---

❶ 搜狐新闻. 小程序让蘑菇街一个半月获客 300 万！你还不看好小程序吗？［EB/OL］. http://www. sohu. com/a/190220835_591784.

❷ 罗伯特·斯考伯，谢尔·伊斯雷尔. 即将到来的场景时代［M］. 赵乾坤，周宝曜，译. 北京：北京联合出版公司，2014：11.

❸ 2017 年互联网趋势报告［EB/OL］. http://www. sohu. com/a/145082322_425921.

二、微信营销的可持续发展路径

微信营销异化现象的产生是隐性因素与显性因素共同交织，内部因素与外部因素交互作用的复杂过程。由此可见，打造健康、绿色、可持续发展的微信营销空间是一个系统性的工程，需要多方主体的协同参与，坚持多措并举、全面谋划，多维度系统协同推进的治理路径。

（一）法制建设：微信营销乱象治理的有力支撑

明确法律监管条例，消除微信网络交易监管盲区，是治理微信营销异化现象的重要支撑。我国在 2013 年 12 月正式启动了《中华人民共和国电子商务法》的立法进程，直到 2018 年 8 月 31 日，党的十三届全国人大常委会第五次会议表决通过《电子商务法》，并于 2019 年 1 月 1 日开始正式施行，其第 2 条将电子商务界定为"通过互联网等信息网络销售商品或者提供服务的经营活动"，以微信为代表的社交电商自然包含其中，被正式纳入监管范围。针对微信电商营销中的"刷量"、数据造假等行为，《电子商务法》不仅明确规定了电子商务经营者信息披露要求全面、真实、准确、及时，禁止以虚构交易、编造用户评价等方式进行虚假、引人误解的商业宣传，欺骗、误导消费者，还要求电子商务平台经营者建立健全信用评价制度，公示信用评价规则，不得删除消费者评价信息。总的来看，《电子商务法》对微信电商发展过程中的一些问题做了较为详细的回应，给混乱的微信营销市场开出了一剂良药，但由于目前其真正落实的时间还很短，数据造假、"刷量"等现象在微信平台中仍未绝迹，对于广大微商主体的登记进展也很缓慢。可见，《电子商务法》的颁布只是对微信等社交电商营销行为进行规范的一个开端，微信营销的法制化之路还需要从强调微商从业者主体登记制度、强化社交平台责任、建立信用评级制度、加大执法力度、健全行业标准等方面进行更为全面、更为细致的规范。

（二）平台治理：微信营销乱象治理的现实依托

微信营销乱象的治理并非政府的"独角戏"，微信运营商的参与也格外重要，因为只有微信混乱的营销环境被净化，微信才能保持生态的长期繁荣。从

"限制好友人数""对凭空捏造事实的 20 几个大号进行封号""全面禁止公众账号集赞玩法"到严厉打击"微信营销"外挂，微信官方在规范平台营销行为方面做出了颇多努力，然而，只"堵"不"疏"以及事后"诸葛亮"的治理思路并非让微信营销实现真正规范化、阳光化的有效路径，"前端预防"的综合设计尤为重要。关于"前端预防"的综合设计方案可从以下几个方面展开思考：

第一，细化、区分用户和商户在微信平台中的身份，让社交圈与商业营销圈既相互交叉又有明显的差别。微信公众平台建立之初的传播乱象，很大程度上是用户依托其账号的匿名性、法不责众的心理，对虚假信息、低俗信息、垃圾营销甚至微信诈骗的肆意传播。无论是对普通用户还是未认证公众号来说，这都是他们逃避责任和惩罚的一个"保护壳"。很多认证公司会同时运营多个公众号，在一个公众号被举报封号之后，还会申请新的公众号来传播相关信息。这就要求公众平台必须明确账号主体的责任，对行为不良的主体实行实质性的处罚。这需要微信进一步完善与细化实名注册的管理，对已有的公众号和微商主体做一次全面的清理，将一些没有实名注册或虚假注册的漏网之鱼纳入严格的实名登记名录中来。平台方可以对于符合规定的微信商业用户、公众号设定其特别的身份标志，体现其能够展开商业营销的资质，在强化微信商户身份感与责任感的同时，让其余的社交用户一目了然，防止"被营销"。

第二，进一步完善投诉、举报机制，鼓励用户对违规、非法的营销账户进行举报。微信公众平台的消息推送是一个十分庞大的数据量，很多公众号为回避屏蔽规则会提醒用户回复关键字提取相关信息，来绕开后台的信息审核。这就需要用户积极举报加以配合，来封锁相关账号。然而，用户除了自身利益受损时会愤而举报传播不良信息的公众号外，日常缺乏把净化微信公众平台作为己任的主动性和积极性。对此，微信官方应努力打造健全的举报、投诉机制，鼓励广大人民通过网络、电话等多种形式对违规营销行为进行揭露，并设置奖励，充分发挥人民群众的监督作用，让营销异化乱象无所遁形。同时，健全、公正、权威的信用制度是遏制各类失信行为、规范网络媒体责任与义务的有效手段。微信官方可以为每个微信商户建立信用评级档案管理，制定失信主体认定标准，提高失信成本。对于那些多次被投诉、举报，并查明举报属实的账号进行"降级"、限制使用微信登录功能接口，或永久封禁账号、IP 地址等阶梯式的处理机制。如果影响恶劣，造成的损失较大，还可以依靠实名管理系统对相关责任人进行追责。

第三，协助建立微商用户的行业规范，充分发挥行业组织自律的作用。通过集中微信商户、微信运营商、社交用户等多方力量的智慧，围绕网络经营宗旨、营销基准、个人数据保护等事项协商制定微信商户自律规则与准入制度。同时还可通过开设举报网站、热线等方式对那些以开设微店之名行传销之实的违法行为、过度性诱导宣传行为、恶意欺诈行为等展开行业自我监管，以弥补法律监管的空白与不足。此外，微商行业协会还可设立年度审查计划，定期评估行业发展情况，防微杜渐，及时识别行业发展乱象。

（三）技术支持：微信营销乱象治理的坚强保证

在 Xposed、Substrate 等技术框架的支持下，一键点赞、一键转发评论、批量加好友、一键关注等"自动化营销"的外挂软件层出不穷，滋生并纵容了恶意营销行为，极大地提高了欺诈等团伙性质恶意行为发生的可能性，不仅给正常微信用户造成了骚扰及损失，还严重扰乱和破坏了微信平台的健康生态。针对这些利用技术作恶的行为，微信平台需要不断利用人工智能、大数据、物联网、云技术等新型信息技术，持续加强技术监测手段，提升其平台监管能力。例如，目前腾讯依托腾讯安全中心建立了 AI 营销风控模型，以及在腾讯防水墙团队的底层技术支持下，腾讯优码可以在营销活动中提供事前、事中、事后全方位安全服务，快速精准地识别出"黄牛党""羊毛党"。[1] 与此同时，微信平台还可利用关键词过滤、图片识别、来源追踪等技术性手段对恶意营销行为进行实时监测，提升自身"反刷单"技术，打击公众号刷粉和诱导分享行为等，以此加强对营销行为的管理及相关功能的规范。此外，微信还可以借鉴目前智能手机来电的"骚扰标记"功能，对微信公众号和推送的信息文章，用户可以选择标记是否为推销信息等，让用户能一目了然地对公众号和文章做出基本判断，杜绝

---

[1] 王涵. 群控外挂软件大揭秘［N］. 民主与法制时报，2019-09-08.

微信公众平台中不良营销信息的大肆传播，从而净化微信媒介生态环境与互联网生态环境。

（四）媒介素养教育：微信营销乱象治理的重要基石

对微信用户而言，如何增强对营销信息的辨别能力，不去有意识或无意识地充当"帮凶"是治理微信营销生态的重要一环。并且，这种由媒介素养能力不同带来的差异已成为网民之间新型的"信息鸿沟"。"21世纪真正的信息鸿沟不是接入互联网的和没有接入互联网的人群之间的差距，它是有能力创造知识的人和只会肯定先入之见、故步自封、不再学习的人之间的差距，这是理性与迷信之间的新鸿沟。"[1] 在社交媒体"赋权"时代的今天，为推进媒介素养教育，我国主流媒体应当率先担起重任，定期发布、揭示新型的商业宣传手段及公关技巧的内容，让网民懂得如何利用自己手中的媒介权力去生产、传播和消费信息，掌握在使用微信过程中识别恶意营销的各类技巧。应大力推广与普及培育受众的网络公民意识。媒介素养教育的核心本质是一种面对信息的批判性思维，即一种不轻信不盲从、善于质疑的思考习惯。在微信营销中，鉴于经济利益驱动是其中的强劲动力，加之营销信息发布的成本、门槛很低，面对各种充满诱惑的优惠链接、商品广告信息时，微信用户一定要保持清醒头脑，应当对营销的内容、发布方及其资质等进行全方位考量，并利用多方资源分析其可信度，不要轻易受其诱导和蛊惑，做一个积极的怀疑主义者、高媒介素养辨别者。同时，只有具备较高的媒介素养，才能避免让自己在不知不觉中成为商家不良营销广告中的"推手"或"打手"。总之，只有网民的媒介素养提高了，成为治理微信营销乱局的基石，才能给微信营销土壤一个洁净之源。

总的来看，治理微信营销乱象需要具备系统化思维与协同合作精神。基于微信独特的传播生态与我国网络生态环境，建设绿色、可持续发展的微信营销空间必须以相关法制建设为支撑，平台治理为依托，行业自律为辅助，技术支撑为保证。唯有系统化的治理格局，才能防范微信营销生态的进一步异化或恶化。

---

[1] 比尔·科瓦奇，汤姆·罗森斯蒂尔. 真相：信息超载时代如何知道该相信什么［M］. 陆佳怡，孙志刚，刘海龙，译. 北京：中国人民大学出版社，2014：207.

三、微信未来商业蓝图书写媒介经济新生态

（一）微信商业化的元年

在对微信版本梳理的过程中我们发现，2013 年是我们无法忽视的重要一年，因为这一年，微信 5.0 版本发布了支付中心、表情中心与游戏中心"三驾马车"，搭建了微信商业化的根基。

1. 支付中心

在微信支付出现之前，支付宝依靠淘宝与天猫的巨额流量，几乎垄断了我国的线上支付场景。诞生于"社交基因"中的微信支付，具有独特优势，对支付宝支付产生了巨大冲击。据 2017 年第二季度的数据显示，支付宝与微信分别占我国第三方移动支付交易规模市场的 54.5% 与 39.8%，❶ 但我们要明确的是，微信支付的主要作用是连接起了微信生态中用户所有的商业购买行为，包括之后火爆的微信红包，都是在微信支付的基础上产生的。因此，微信支付可以被看作微信商业版图的根基。

2. 表情中心

表情中心的建立一方面是为了丰富微信用户的聊天表达方式，另一方面是微信受到了韩国知名社交软件 Line（连我）商业模式的启发，期望能模拟它的"表情包生意"。Line 将表情商店打造成独立的平台服务，激发了大量的表情包购买行为，打造了一个表情包原创经济生态。另外，Line 还通过表情包塑造了众多 IP，通过线上线下的 IP 利用，收益颇丰。但微信表情中心上线后，一直采用的是免费使用模式。一方面可能是因为我国用户还没有培养出为"表情"付费的消费习惯，另一方面可能与微信本身的"工具性平台"定位有关，避免过早地暴露其商业意图，影响用户体验与评价。

3. 游戏中心

游戏一直以来就是腾讯公司的营收重点，目前已成为腾讯的主导性业务。据

---

❶ 艾媒咨询. 2017 上半年中国第三方移动支付市场研究报告 ［EB/OL］. http://www.iimedia.cn/53957.html.

2017 年数据统计，腾讯网络游戏收入同比增长 38%，达到 978.83 亿元，占总收入约 41.17%。❶ 与微信一贯的为产品"做减法"的思路一致，微信游戏中心不是依靠游戏入口获取流量，而是打造了"社交分享游戏"的新玩法，鼓励用户将小游戏分享给好友、社群与朋友圈。另外，微信游戏中心还秉持着"开放"思维，邀请广大的游戏开发者设计游戏在微信上线，再次印证了微信"工具平台"的产品定位。正是微信"社交+游戏"与"开放"的游戏生态环境，微信游戏中心成长为一个同时受到用户与开发者簇拥的平台，为其之后的商业变现奠定了优良的基础。

（二）微信的商业化架构

经过多年的发展，微信的商业化架构已逐渐成形，形成了三层架构的三角形模式（见图 4-4）。最底层是微信商业化的根基——社交平台，聚集了巨大的用户量。社交平台最初是由通信工具发展而来的，从最初的文字、图片及语音通信，到群、附近的人、摇一摇、朋友圈等，随着通信的范围不断扩展，微信成为一个完备的移动社交平台。中间层是微信的公众平台，连接了各类服务和内容提供者，包括企业号、订阅号、服务号等。这些多样的主体为微信的商业化提供了十分富饶的土壤。最上层就是微信的商业业务，包括广告、游戏、移动支付以及新兴的电商等。我们可以看到，微信商业化设计逻辑非常明晰，并且不是一蹴而就的，而是以海量的优质与忠诚用户为根基，"一砖一瓦"逐步搭建起来的，这在很大程度上确保了微信商业化的成功。

图 4-4　微信商业化架构

---

❶ 新浪财经 ［EB/OL］. http://finance.sina.com.cn/stock/hkstock/ggscyd/2018－03－22/doc－ifysns-fs9227627.shtml.

（三）微信未来商业化布局助推媒介经济生态建构

2017 年 1 月至 2018 年 3 月，微信功能的改动频率呈现了前所未有的速度。涉及 50 余处的改动，其中，小程序与微信公众号独立 App 的上线引发了广泛的讨论与关注。但通过对所有改动进行梳理，我们发现，微信的商业版图正在发生巨大的调整。

1. 打造新的流量入口

作为我国社交媒体巨头，微信还具有越来越强大的搜索功能。2018 年 4 月 6 日，微信在会话页面的上方增加了搜索功能，从它在微信页面的核心位置，可以发现，搜索功能正在作为微信新的流量被重点打造。微信"搜一搜"功能不仅包含朋友圈、公众号、小程序等微信系统内部资源的搜索，还打通了百科、视频、音乐、表情包等外部信息资源，用户可以轻松通过微信搜索到想要找的朋友、商品、歌曲、表情包等。目前，无论从资源的丰富程度还是搜索的种类都和"百度"搜索不相上下，甚至关注的角度更为全面。更重要的是，"搜一搜"功能充分利用微信的"社交"价值，在强大的社交数据支撑下，微信搜索具有"百度"搜索无法达到的个性化与精准度。

2. 进军内容分发

与"搜一搜"同期，微信推出了"看一看"功能。"看一看"的出现是微信开始进行内容分发的标志，在这之前，微信只是一个内容呈现平台的提供者，公众号聚集着大量的内容创作者。"看一看"在"今日头条"智能算法推荐的强大攻势下，走出了一条"社交数据"推荐的创新之路。基于微信的"看一看"功能具有"今日头条"无法比拟的"社交基因"优势，"看一看"内容推荐呈现于微信公众号的下方，在"今日头条"大数据算法推荐机制的基础上，"看一看"还加入了"社交圈子"辅助推荐机制，即"你的好友感兴趣的内容"。"看一看"内容推荐充分利用微信的社交数据优势，未来的发展不容小觑。

3. 打造微信个性化商业平台

微信公众平台的核心价值是如何更好地满足不同受众的不同需求，走个性化、精品化路线是其一直努力的方向。微信个性化服务可以体现在为品牌商提供的服务功能上，主要包括服务号和订阅号功能，服务号主要针对企业，订阅号主要针对媒体，微信可以根据账号属性实行不同的群发信息推送管理机制。在个性化平台打造上，微信发展早期就有针对大型企业的个性化特色服务，帮助其树立行业标杆。微信公众平台吸引了国家博物馆、招商银行、央视新闻及一些省市级公安机构等政府机构和大型企业的入驻，从资讯、政务、银行理财、生活等各方面为用户打造移动时代的"微生活"服务。例如，个性化服务的微信图书馆，为满足人们的个性化学习需要，进行了从"人找信息"向"信息找人"的转变；还有微信小程序专门针对微信群提供的个性化服务，"当用户在群聊中点击小程序的分享卡片，开发者可获取群 ID 和群名称，更好地针对群场景提供个性化服务"。商家可以获取到用户分享到群的基本信息，从而针对不同群进行不同的个性化推送服务。通过本接口获取的群 ID 和群名称，开发者可以知道用户是来自哪一个群。一方面可为不同微信群内的用户提供更个性化的服务，另一方面相同微信群内的用户之间可以共同编辑文档，进行多样的协同合作。

4. 微信广告全面开花

为了不影响用户体验，微信广告发展一直比较缓慢，自 2015 年 1 月 21 日，朋友圈广告初次上线后，微信的广告功能并没有出现什么大动作。直到 2018 年 3 月 22 日，微信广告团队发布了《微信广告新能力》的公告，宣布"微信广告从投放效率优化、广告能力提升及流量场景拓展等多维度升级广告能力，支持广告主更高效、便捷、多元地进行广告投放"。❶ 公告发布之后，微信落地了"新版自助投放端入口全量开放""小程序广告部分推广目标全量""公众号文中广告支持小程序落地页投放""朋友圈广告支持小程序落地页投放""公众号底部广告支持小程序落地页投放"等八项功能，全面贯通了微信公众号与小程序的广告投放。一方面，这些功能扩展了微信广告营收的路径。另一方面，微信亦为其商家用户、公众号运营者增加了更多变现途径。如今，微信广告更是全面开花，更

---

❶ 微信广告助手 ［EB/OL］. http://www.anyv.net/index.php/viewnews-49456.

加贴近用户生活，契合用户的使用场景，让微信营销实现最大化，从而能够更好地维系微信经济生态的优质内容资源。

基于对微信本质、历史演进的细致思考，我们可以推测出未来微信经济形态的一些重点。首先，无论是什么产品，"社交"一定是微信商业化的主打牌，在社交功能方面进行创新是微信产品研发的关键点。"社交+游戏""社交+小程序""社交+搜索""社交+内容分发"，各类新型的商业形态，都将会以"社交"作为根基。其次，从2018年频繁的功能调整来看，在多年"免费"商业模式积淀之后，微信将逐渐开启其盈利模式，而小程序、电商、公众号、小游戏、搜索引擎将成为未来微信发力的重点。无论微信怎样发展，微信的本质是社交工具，进一步提升其社交效应、提升用户体验感，将线上、线下服务更好地融合是它的核心竞争力。

由此可见，通过对微信商业化的主要功能的梳理与预测，微信生态在不断扩大其变现的可能及路径，其商业变现能力在不断增强。虽然"表情中心"的尝试不尽如人意，但其支付中心与游戏中心的设置，为之后增添流量入口、入驻内容分发、扩充广告服务等商业行为奠定了坚实的基础。作为一个用户体量巨大的超媒体王国，微信的商业化是一个绕不过去的主题，我们应该持续保持对微信媒介经济生态的关注。除了经济学视角以外，关于微信与商业关系中重要的政治和道德问题也应纳入对微信经济生态的研究中。

第五节　微信与媒介法律生态建构

一、构建微信法律生态是时代需要

2014年召开的十八届四中全会明确提出了全面推进依法治国，总目标是建设中国特色社会主义法治体系，建设社会主义法治国家，同时还指出法律是治国之重器，良法是善治之前提，把依法治国提到了新的国家战略高度。这一中国法治发展过程中"里程碑"式的事件，必将加快中国法治社会的进程，提升法律法规的高度，推进我国各项法律法规的完善。

由于我国目前并没有专门针对以微信为代表的社交媒体的法律法规，参考标准大多以之前的成文法为依据。早在 2013 年，在中国记者协会举办的第 42 期新闻茶座上，中国国家互联网信息办公室副主任任贤良就表示，针对微博、微信等社交媒体的出现，中国将制定新的法律法规。自 20 世纪 90 年代中国接入互联网后，为了规范互联网信息服务活动，促进其健康有序发展，我国在 2000 年出台了《互联网信息服务管理办法》。但随着社会、媒体技术与媒介生态的不断发展与扩容，原有的针对媒体的法律规范方式与约束机制表现出对以微信为代表的社交媒体的不适应性。有学者指出，"网络社交媒体的传播方式和特点决定了在网络传播中没有统一管理及控制信息系统的'把关人'，不存在可以对信息进行监控、审查的中心阻塞点……对于网络社交媒体传播的'信息把关''信息过滤'，实际上已经成为不可能完成的任务"。❶ 而随着社交媒体自我"把关"越发难以展开，作为社交媒体规范"硬性保障"的法律规范的作用凸显了出来。近年来，针对新兴媒体的问题，有关部门也相继出台了一些条例来规范媒介生态的良性发展。比如，"2013 年 9 月，最高人民法院以及最高人民检察院公布了关于办理利用信息网络实施诽谤等刑事案件的司法解释，明确了利用信息诽谤他人，同一诽谤信息实际被点击、浏览次数达到 5000 次以上，或者被转发次数达到 500 次以上，应当认定为刑法第 246 条第 1 款规定的'情节严重'，可构成诽谤罪"。❷ 根据转发次数来量刑，其制定目的正是指向当前社交媒体中不断出现的新情况而对法律法规做出的修正与补充。纵然这几年随着微信为代表的新兴社交媒体的迅速发展，我国相继制定出台了一些法律规章，包括各种行政性规章以及企业自身制定的行业规范，但我国针对社交媒体在内的新媒体法制建设还处于起步阶段，尚未形成较为完整而明确的法律法规体系。显然，建立新的法律规范体系已迫在眉睫。

---

❶ 魏超. 新媒体的"双刃剑"性质——论网络社交媒体对中东变局的影响 [J]. 新闻界, 2011 (8).

❷ 新华. 网络谣言转发超 500 次可构成诽谤罪 [EB/OL]. http://news. xinhuanet. com/tech/2013-09/10/c_125355073. htm.

二、现行法律法规对微信平台的规制

总体来看，我国目前针对互联网的法律法规层次尚不完善，虽然从基本层面的法律法规到部门规章都有相应的立法，但是结构失衡严重。专门的法律层面上的立法，严格意义上来讲只有一部，即 2000 年 12 月 28 日第九届全国人民代表大会常务委员会第十九次会议通过的《全国人民代表大会常务委员会关于维护互联网安全的决定》。这成为我国互联网法的基础性法律法规。纵然此法相对而言比较笼统，大多数罪行还都是回归到刑法基本法中。比如，该规定："利用互联网侵犯他人知识产权；利用互联网侮辱他人或者捏造事实诽谤他人；利用互联网进行盗窃、诈骗、敲诈勒索等行为，构成犯罪的，依照刑法有关规定追究刑事责任。"但作为一项专门的互联网立法，其重要意义不言而喻。北京大学互联网法律中心自行统计整理的《互联网法律法规汇编》，把《中华人民共和国电子签名法》也规定为专门性法律，[1] 但该法旨在规范电子交易中电子签名的法律效力，与真正意义上形成对国内具体网络媒体特别是微信、微博等新兴社交媒体的规制还有一定距离，而且有学者认为，相较于现实意义，当前的"电子签名法"标志性意义更大一些。

相对于较为缺失的专门性法律，部门规章、行业性规范等文件繁乱而庞杂，这是由于我国法律法规的制定主体较多所致。目前我国公安部、工信部、机械工业部、邮电部、卫生健康委员会、国务院新闻办、新闻出版署、国家版权局、科技部、国家广播电视总局、中国证监会、国家保密局、国务院信息化工作领导小组等都有制定相关部门规章、行政规章的权力。[2] 比如由国家互联网信息办公室发布的《互联网新闻信息服务管理规定》。据统计，这一部分涉及的互联网法律法规是最多的，有八百多部，同时也直接参与到包括微信在内的互联网媒体管理中，这部分规范类文件涉及互联网的经济、社会、文化等各个领域。

---

❶ 张平，郭凯天. 互联网法律法规汇编［M］. 北京：北京大学出版，2012：9.
❷ 找法网. 我国网络法律法规的缺陷［EB/OL］. http://china.findlaw.cn/jingjifa/wangluofalv/wlaqyfz/20140927/1147972.html.

最后，还有一些相关法对微信等新媒体作出了一定程度上的规制，比如《刑法》《民法通则》《侵权责任法》《治安管理处罚法》等，这都是处理微信等新媒体法律案件最终回归的成文法。特别是在 2010 年 7 月 1 日起施行的《侵权责任法》第 36 条规定："网络用户、网络服务提供者利用网络侵害他人民事权益的，应当承担侵权责任。网络用户利用网络服务实施侵权行为的，被侵权人有权通知网络服务提供者采取删除、屏蔽、断开链接等必要措施。网络服务提供者接到通知后未及时采取必要措施的，对损害的扩大部分与该网络用户承担连带责任。"该条款明确了侵权行为发生时的责任主体，对网络用户以及网络提供商都作出了责任认定，这对于当下新媒体行业中日趋严重的对隐私权、肖像权、名誉权等侵害产生了很大程度上的规制作用。《治安管理处罚法》也有涉及社交媒体的相关规范法律法规，如第 25 条规定"散布谣言，谎报险情、疫情、警情或者以其他方法故意扰乱公共秩序的"；第 42 条针对"公然侮辱他人或者捏造事实诽谤他人的；捏造事实诬告陷害他人，企图使他人受到刑事追究或者受到治安管理处罚的；多次发送淫秽、侮辱、恐吓或者其他信息，干扰他人正常生活的；偷窥、偷拍、窃听、散布他人隐私"等行为将处以短时间拘留或小额罚款。据统计，截至2011 年 12 月，我国互联网法的整体状况如表 4-1 所示❶（随着这几年立法规章制度的加快，新的法律法规也不断出现，此表仅作参考）。

表 4-1　我国互联网立法情况统计表

类型	数量	所占比例
法律	2 部专门性法律	0.20%
法律	21 部相关性法律	2.09%
行政法规	51 部	5.07%
部门规章、规范性文件	843 部	83.80%
司法解释及司法性文件	43 部	4.27%
行业资质规范	46 部	4.57%
合计	1006 部	100%

❶ 张平. 互联网法律规制的若干问题探讨［J］. 知识产权，2012（8）.

三、优化微信法律生态环境的进路

从某种程度来看，我国现行的社交媒体法制体制相对于社交媒体的发展速度而言是滞后的，而历史的发展与现实具体情况已经表明，完善法制制度的建设是建立媒体规范体制，优化媒介法律生态的必由之路。更为重要的是，知法、守法以及内化法律不仅是治理微信法律生态乱象的根本手段，更是树立正确责任观，推进我国法制化建设的重要途径。在制定和完善适用于社交媒体的法律体系时，我们的思考逻辑应该是多面向的，从各类传播主体，到具体的媒体活动，再到技术因素，每个面向都应该有法律的指引，应建构有法可依、有法可循的媒介法律生态系统。

（一）明确立法主体，建立边界清晰的法律体系

责任人的明确性是法律边界明确性的首要前提。社交媒体时代，传播活动参与者的类型异常复杂，仅从内容生产角度来看，微信空间中就有公众号运营者、微信官方、个体用户三大参与主体。针对这一现实情况，社交媒体立法的首要任务就是要将这些参与主体进行明确定位，根据具体标准，将不同类型的参与者区分开来，进而对其权利与义务作出明晰划分，建立起一套角色分明、责任明确的社交媒体法律体系。目前，我们对于社交媒体本身的身份界定尚未明确，这一问题严重制约了对其的法律监管。以微信为代表的社交平台是否算媒体机构？数以千万计的公众号自媒体应被纳入传统的"媒体"范畴中来吗？这些问题对于社交媒体立法至关重要，因为如果是媒体机构，它们则将承担起作为媒体机构的社会责任，应该遵守媒体机构理应遵守的规则限制。"新媒体""自媒体""新兴媒体"，这些模糊且不明不白的界定方式使在法律边缘打"擦边球"的行为层出不穷，导致微信空间中的异化现象始终难以根除并容易死灰复燃。因此，国家在进行社交媒体立法的过程中，应该尽早对微信空间中的各类传播主体"下定义"。如果将它们纳入媒体机构的行列，就应该依照媒体机构的管理制度对其进行严格监管，不然，则应该为它们设立专门的管理规范，对其信息生产与传播行为实施有针对性的监督管理。

（二）明确、细化微信立法条文，制定专门性法规

当微信传播空间成为一个"无法律、无管制、无国界"的"三无世界"时，各类乱象将会大肆泛滥。法制建设是净化微信空间的重中之重，虽然我国法律法规已对主要的网络传播问题作出了规范，但有关社交媒体传播的法律结构还存在漏洞。微信空间中传播活动形成的社会关系十分复杂，如果没有专门、明确且清晰的法律法规，一些负面的传播行为极易出现"无法可依"的局面。目前，我国互联网法律存在的一大问题是，缺乏细化对互联网中各种新兴事物的具体规制，尤其是对社交媒体微博、微信的具体规制。虽然国信办也发表声明将尽快出台相关的专门性法律，但至今还未落实。尽管在互联网领域有一些专门性的法规，诸如《全国人民代表大会常务委员会关于维护互联网安全的决定》，但其他相关法律都是行政性法规，比如《互联网信息服务管理办法》《计算机信息系统安全保护条例》《信息网络传播权保护条例》等，其立法的阶位不高，对侵权、犯罪行为的惩罚力度不够，难以形成对公民信息财产的全方位保护。而对于微博、微信等新媒体的法律条文规范不够严谨细密，极易导致不法分子利用法律漏洞来进行相应的违法犯罪活动。

针对微信等新兴媒体的立法必须具体、细化，比如微博谣言传播转发次数达到 500 条可入刑一样。利用微信等移动媒体平台来牟取不正当利益的传播谣言、色情信息、诈骗、侵权等行为，需要以明确的法律条文规定以处罚，才能达到真正意义上的震慑效果。以我国之前实行的"酒驾入刑"为例，2011 年 5 月 1 日起，《中华人民共和国刑法修正案（八）》正式实施，醉酒驾驶作为危险醉驾入刑，重在执行驾驶罪被追究驾驶人刑事责任。发现醉酒驾驶者，即对其刑事拘役，醉驾者一旦被查实，将面临最高半年拘役的处罚。从 2011 年首例"醉驾入刑"案件以来，在"醉驾入刑"实施的一年当中，"公安部副部长黄明透露，全国警方共查处酒驾案件 36.8 万起，同比下降四成。北京、上海两座一线城市的醉驾下降幅度达七成"。❶ 法律条文的震慑效果和执行效果都显而易见。当惩罚

---

❶ 百晓法律. 醉驾量刑最新司法解释，关于醉驾最新司法解释 [EB/OL]. http://www.baixiaopc.com/ask/241810.html.

的筹码远大于冒险触犯法律的筹码时，法律维护社会公平正义、维护人民群众生命财产安全的作用才能真正得到彰显。

同样，国家信息网络办公室在 2015 年 3 月发布了《互联网用户账号名称管理规定》，被媒体解读为国信办十条。其中规定了公众使用微博、微信等上网账号的名称使用，明确指出"网上昵称不准违反法律、危害国家安全、破坏民族团结、侮辱诽谤他人等"。比如，假冒外国元首"普京""奥巴马"等名称；包含色情淫秽内容的匿名等。这就在法律规范层面细化了具体用户行为，更明确地规定了违规行为。因此，我们需要在微信等社交媒体的专门法领域，对微信中产生的侵权、犯罪行为作出明确的条文规定，对利用微信传播色情信息、谣言信息的级量作出量化处罚，让司法裁判有切实可操作的法律规则，这样才能让微信侵权、犯罪以及不规范行为有法可依、违法必究，更好地维护微信及整个网络媒介生态环境。

（三）将对技术的思考纳入立法考量

当今时代，科学技术无疑是人们生活不断求新求变的根本推动力。关于技术具有两面性的探讨一直以来都存在。但如果上升到立法层面，技术必定是立法层面比较特殊的一块。1984 年，美国最高法院在"环球电影制片公司诉索尼公司案"中确立的"技术中立"原则，即"实质性非侵权用途原则"，是指"提供商的产品兼有合法与非合法用途，当该产品或者技术被不法分子用作侵权、犯罪工具时，提供者即使知道可能存在侵权风险，但在无法控制的情况下，技术或者产品提供商无须承担此侵权伤害"。❶ 这是在最大限度地保证科技的进步，因为技术本来就是中立性的东西，并无好坏之分，关键看用在哪里、怎么用。虽然微信空间中涌现出了无数乱象，但不可否认的是，微信的出现使得人们的生活更趋即时性、便捷性与丰富性。因此，无论是网络立法，还是专门对于微信等社交媒体的针对性立法，我们都不能因噎废食地限制互联网企业的创造研发能力，阻碍微信等社交媒体的技术创新与使用，而是应该持续、准确地认识、理解技术的发

❶ 谢雪凯，张娇东. 网络侵权立法及方法论问题探析［J］. 人民法院报，2013（7）.

展，树立走在技术前面的立法意识，提高立法效率，及时识别技术异化可能带来的风险，然后在立法过程中给予准确、有效的规范。与此同时，在执法过程中也应融入技术因素，让技术成为执法的有力帮手，提升执法效率，共同建构绿色微信法律生态。

（四）提高受众媒介素质，强化受众法律意识

结合微信用户的年龄结构，对于不同的用户群体，微信官方可以有针对性地给予相应的微信用户"使用说明"。

用户在微信平台的交互中，会涉及很多法律、技术无法有效规避和限制冲突的局面和领域。比如，不少用户对平台上的谣言、有煽动性的文章缺乏自己理性的辨识、判断能力，而随意转发、扩散。尤其是那些媒介素养不高的年轻人，他们很容易转发一些未经证实的谣言、虚假新闻、煽动性文章。比如，"不转不是中国人""震惊，原来××××""删前速转、速看"等之类的文章所引导，而转发这些没有被证实过的信息源，由于本身对技术不敏感，受教育程度低，缺乏相关法律意识，这类人群成为在微信平台中易受伤害的弱势群体。

因此，第一，必须加强对微信用户的理性思维教育，提升其辨析信息真假、虚实的能力。加强微信安全使用的宣传，培养公众的媒介批判能力，提高用户对微信诈骗、犯罪的警惕性。第二，加强微信用户的法律意识，加强微信等网络文化的普法宣传，提高用户对微信侵权、犯罪等具体行为的认识，自觉遵守相关法律法规。第三，需要提高用户自身媒介素养和道德素质，加强用户的媒介选择、识读、理解、鉴别能力，自觉维护健康良好的微信生态环境，不传播谣言、色情信息；不存侥幸心理利用新技术进行违法犯罪行为，成为新媒体的主动驾驭者；同时要引导网民约束自我道德，懂得尊重他人合法权益，由此共同维护网络大众的合法权益，维护网络公共秩序和法律秩序，维护微信网络平台的良好生态环境。第四，坚持法治思维，强化法律意识。媒体是社会的公器，"法者，天下之公器"。微信网络社会如同现实社会，若要保障其健康有序地运行，维护网络空间、网络文化安全，需要建立高效的网络法律法规实施体系，要建构网络社会法治的制度与体系，将网络社会治理的文化、理论、制度、模式都纳入法治的运行轨道。

结　语

结　语

　　"大知闲闲，小知间间。"❶ 本研究将"大知"与"小知"、整体与部分有机结合，在复杂思维范式的指引下超越了大多数微信研究难以跳出的简单化拆分的框架。

　　"小知"维度，从自我生产与自我组织的逻辑出发，本书第二章一步步解析了微信人际传播与大众传播形态，揭示了一个人际传播与大众传播结构性共在的复杂的微信传播系统。一方面，人际传播、大众传播与传播主体的各个形式相互融合、连接与影响，生成了单一传播模式独立于结构之外的新属性。同时，以技术开源的微信传播系统不停地运转，富有极强的生命力，进一步加剧了其丰富性与不确定性。对于微信带来的传播模式的改变，本研究并不是单一地对它歌功颂德，而是摒弃片面夸大或贬低微信对媒介生态环境"左右"力的思维方式，站在一种较为均衡、中立的立场去解释这种变化。微信传播对整个媒介生态行为规则与阐释规律的形塑有很强的作用力与影响力，但与此同时，微信也是媒介生态的重要成员，其传播模式是互联网逻辑的生成物。

　　同一层面，本书在第一章中引入传记研究范式，将微信视为一个动态的文化过程，聚焦其历时性和共时性特征，把握历时与共时这两个向度相互作用的力量。通过将微信放入七年的时间框架中，去衡量、评估并理解微信生态的变迁。从微信 1.0 到 6.6.7 版本，微信定期自我更新，不断拓展自己的疆界，实现了从

---

❶　语见《庄子》第二章《齐物论》。

通信工具、社交工具到一个超平台帝国的演进。研究发现，其中既有"天时地利"的助攻，又彰显了微信本身的一种十分超前的自我意识与自我认识，也正是这种超前的意识与认识帮助微信在短短七年的时间里将同类、同期产品远远地甩在了身后。

但这是否意味着微信将长期性地保持其优势地位？本书从宏观与微观双重性逻辑的思路对这个问题进行了探究。宏观维度聚焦于我国整个媒介生态环境的发展样态。在互联网时代，各类商业元素与流行元素"你方唱罢我登场"，如同潮去潮来。在横向集团化与纵向一体化趋势下杀出重围的今日头条、抖音短视频、旅行青蛙等黑马产品让我们对微信今后的霸主地位秉持怀疑态度。微观层面，透过细致的梳理，我们发现 2017 年 1 月至 2018 年 3 月，仅一年多时间里，微信功能的改动频率前所未有地加快，涉及的改动超过 50 余处。微信的商业版图正在发生巨大的整合与改变，这些巨变给微信生态增添了些许不稳定因素，新增的信息流功能、公众号改版等皆引发了不少批判。第三章则从微信本身的异化表征，微信作用下人的异化行为与微信营销实践异化现象三个方面进行了分析，这一探究加剧了我们的担忧。宏观与微观向度的共同作用将我们引向了对权力问题的思索。研究主张，微信作为我国"第四权力"的主要代表与行使者，我们应该对微信平台经济价值创造的生产方式和价值分配的生产关系进行深入研究，进而对平台权力进行规范。当社会经济规则的制定权从政府手中转移至巨型平台手中时，当少数巨型平台决定社会的价值分配时，整个媒介生态的秩序有可能陷入混乱。

微信与其他媒介的融合格局中相互关联的多面性成为微信重要性日益增加的标志。但这种融合并不像一些学者所声称的那样乐观与统一。我们在第一章中已经看到，四大传统媒体与微信的融合形式呈现出明显的差别，呈现出了一种紧张关系。媒介本身特性、组织制度与历史等内外部原因皆牵制着传统媒体与微信的融合实践程度。在新媒体领域，微博与微信之间的相互竞争、反馈、干扰与协同作用更是进一步证实了媒介生态复杂的关系结构。并且，研究发现，随着技术的更新、时间的演进与潮流的转向，这些融合活动也是日新月异，"两微一抖"对

"两微一端"的逐渐覆盖，展示了一个动态开放式的融媒格局。对此，笔者认为，微信与其他媒介的融合问题应该被视为一个常谈常新的议题，需要学者们持续性地追踪研究。

从"大知"层面上看，本书的最后一章在"小知"的基础上从关系的视角着力探讨了微信与媒介政治生态、社会生态、文化生态、经济生态、法律生态的建构，发现了微信的发展壮大对构建绿色舆论环境，塑造新型网络交往观、传播微信文化正能量、发挥微信经济新动能与重塑法制伦理新秩序带来的新机遇、新变革，提出了新挑战与引发的新思维、新实践。

在政治方面，公共舆论生成的传播主体、形式、路径的转变与相互之间的纠葛对网络传播活动与网络政治、宣传的开展带来了新的挑战与困难，舆情管理、数据管理、秩序维护与国家安全维护等古老的议题发出了"新芽"。而我国各级政府部门也在积极应对这些新挑战，注重新媒体舆论引导，微信被打造成为提供正面宣传、民生服务和信息服务等多元功能的平台，成效喜人。在社会方面，透过对社会交往空间的分析，我们发现，网络空间的建设应该是一个"内外结合"的过程，在遵循交往规律的同时，对交往行动主体理性的培养、空间组织的治理、法律法规与道德准则的建设以及传统精神文化力量的协助也必不可少。在文化方面，微信自产的"点赞"文化与红包文化改写着人们的生存方式、文化表达方式，再加上渗透在微信空间中的后现代文化，一起建构着新的文化自觉环境，而这些新型的文化形式成为现代个体说明、表达与呈现自我的主要文化背景。在经济方面，本书从整体到部分再到整体，从媒介经济学的观察视角俯瞰了整个媒介经济生态的变迁，然后以小程序为透视点绘制了一幅较为全面的微信经济场所的力学地图，在这一过程中发现了微信经济的"礼品"与"商品"形态的相互作用关系，为"高科技礼品经济"理论的发展提供了一些具有我国本土文化语境的研究经验。在法律方面，透过多个具体的案例，本书对微信日渐暴露出法律问题进行了透过现象看本质的探析，结合当前的法律规范，为构建良好的微信法律生态环境提供了一些建议和启示。

本书中使用的机遇、变革、挑战和实践等概念代表了一种思考微信与其他因素关系连接的方式，即从微信对整个社会方方面面带来的改变出发，仔细考量微信赋予人们、国家、业者、媒介机构等的新评价标准，以及这些变革与挑战激发出来的实践活动。这样，我们就将正面与负面、整体与部分、微信与社会的各个层面交织成一体，它们之间千丝万缕的联动关系也就自然显现了出来。

"复杂范式既不生产也不确定具体的理解方式……它促使在做出区分之后再进行沟通，而不是仅仅限于分离与孤立；承认现象的特殊的、独特的、历史的特点，而不是单纯把它们与普遍的规定性或规律联系起来；认识任何实体的统一性或多样性，而不是把它异质化为分离的范畴或同质化清一色的整体。"❶ 本书对微信生态的分析，凸显出了大多数对微信的未来持乐观及悲观态度的问题。任何对微信媒介生态的研究都需要顾及媒介生态与微信本身的复杂性、统一性与矛盾性。将"小知"放入"大知"之中，弄清楚整个媒介生态环境中的关系连接与结构特征甚是重要，同时，将"小知"从"大知"中单独拎出来仔细检视也颇具价值，不可或缺。

期待本书有助于启示未来的研究者们进一步探索微信在人们生活以及媒介生态中的特殊地位，以更好地处理其与我国政治、社会、文化、经济以及法律之间的关系。

---

❶ 黄欣荣. 复杂性范式的兴起与科学世界观的变革 [J]. 河北师范大学学报（哲学社会科学版），2009（5）.

参考文献

参考文献

一、专著

[1] 郑保卫. 中国共产党新闻思想史 [M]. 福建：福建人民出版社，2004.

[2] 费孝通. 乡土中国 [M]. 上海：观察社，1949.

[3] 阎云翔. 礼物的流动 [M]. 上海：上海人民出版社，2000.

[4] 洪浚浩. 传播学新趋势（下）[M]. 北京：清华大学出版社，2014.

[5] 李沁. 沉浸传播 [M]. 北京：清华大学出版社，2013.

[6] 李永刚. 我们的防火墙 [M]. 桂林：广西师范大学出版社，2009.

[7] 李小建. 经济地理学 [M]. 北京：高等教育出版社，2006.

[8] 冯俊. 后现代主义哲学讲演录 [M]. 北京：商务印书馆，2003.

[9] 陆高峰. 微传播时代的媒体生态 [M]. 北京：知识产权出版社，2015.

[10] 邵培仁. 媒介生态学：媒介作为绿色生态的研究 [M]. 北京：中国传媒大学出版社，2008.

[11] 支庭荣. 大众传播生态学 [M]. 浙江：浙江大学出版社，2004.

[12] 孙发友. 新闻文本与文化生态：媒介话语的框架性解读 [M]. 北京：人民出版社，2009.

[13] 罗钢，王中忱. 消费文化读本 [M]. 北京：中国社会科学出版社，2003.

[14] 张平，郭凯天. 互联网法律法规汇编 [M]. 北京：北京大学出版，2012.

[15] 喻国明，欧亚，张佰明，等. 微博：一种新传播形态的考察影响力模型和社会性应用 [M]. 北京：人民日报出版社，2011.

[16] 喻国明，李彪. 社交网络时代的舆情管理 ［M］. 南京：江苏人民出版社，2015.

[17] 于德山. 当代媒介文化 ［M］. 北京：新华出版社，2005.

[18] 陈卫星. 传播的观念 ［M］. 北京：人民出版社，2004.

[19] 胡泳. 众生喧哗：网络时代的个人表达与公共讨论 ［M］. 广西：广西师范大学出版社，2008.

[20] 张冠文. 人与互联网的同构：媒介环境学视阈下互联网交往形态的演化 ［M］. 北京：中国广播影视出版社，2015.

[21] 哈贝马斯. 现代性的哲学话语 ［M］. 曹卫东，译. 南京：译林出版社，2004.

[22] 汉斯·罗伯特·尧斯. 审美经验论 ［M］. 朱立元，译. 北京：作家出版社，1992.

[23] 彼得科斯洛夫斯基. 后现代文化：技术发展的社会文化后果 ［M］. 毛怡红，译. 北京：中央编译出版社，1999.

[24] 尼尔·波兹曼. 技术垄断：文化向技术投降 ［M］. 何道宽，译. 北京：北京大学出版社，2007.

[25] 埃弗雷特·罗杰斯. 创新的扩散 ［M］. 辛欣，译. 北京：中央编译出版社，2002.

[26] 尼葛洛庞帝. 数字化生存 ［M］. 胡泳，范海燕，译. 海口：海南出版社，1997.

[27] 杰姆逊. 后现代主义与文化理论 ［M］. 唐小兵，译. 北京：北京大学出版社，2005.

[28] 罗杰斯. 传播学史：一种传记研究方法 ［M］. 殷晓蓉，译. 上海：译文出版社，2002.

[29] 尼尔·波兹曼. 娱乐至死 ［M］. 章艳，译. 广西：广西师范大学出版社，2004.

[30] 威尔伯·施拉姆. 传播学概论 ［M］. 陈亮，等译. 北京：新华出版社，1984.

[31] 阿伦特. 人的境况 ［M］. 王寅丽，译. 上海：上海人民出版社，2009.

[32] 马克·哈奇. 创客运动：互联网+与工业4.0时代的创新法则 ［M］. 杨宁，

译. 北京：机械工业出版社，2015.

[33] 大卫·赫斯蒙德夫. 文化产业 ［M］. 张菲娜，译. 北京：中国人民大学出版社，2016.

[34] 罗伯特·皮卡特. 媒介经济学 ［M］. 冯建三，译. 台北：台湾远流出版事业股份有限公司，1994.

[35] 弗雷德里克·詹姆逊. 论作为一个哲学问题的全球化 ［M］ //全球化的诸种文化. 陈永国，译. 杜克大学出版社，1998.

[36] 罗伯特·斯考伯，谢尔·伊斯雷尔. 即将到来的场景时代 ［M］. 赵乾坤，周宝曜，译. 北京：北京联合出版公司，2014.

[37] 菲利普·南波利. 受众经济学：传媒机构与受众市场 ［M］. 吴训信，译. 北京：清华大学出版社，2007.

[38] 曼纽尔·卡斯特. 网络社会的崛起 ［M］. 夏九铸，等译. 北京：社会科学文献出版社，2003.

[39] 皮埃尔·布迪厄. 实践与反思 ［M］. 李猛，等译. 北京：中央编译出版社，2004.

[40] 埃德加·莫兰. 复杂思想：自觉的科学 ［M］. 陈一壮，译. 北京：北京大学出版社，2001.

[41] 古斯塔夫·勒庞. 乌合之众：大众心理研究 ［M］. 李隽文，译. 南京：江苏凤凰文艺出版社，2017.

[42] 让·鲍德里亚. 消费社会 ［M］. 刘成富，全志钢，译. 南京：南京大学出版社，2006.

[43] 赫伯特·阿特休尔. 权力的媒介 ［M］. 黄煜，裴志康，译. 北京：华夏出版社，1988.

[44] 迈克·费瑟斯通. 消费文化与后现代主义 ［M］. 刘精明，译. 南京：译林出版社，2000.

[45] 霍克斯·T. 结构主义和符号学 ［M］. 瞿铁鹏，译. 上海：上海译文出版社，1987.

[46] 奥利弗·博伊德-巴雷特，克里斯·纽博尔德. 媒介研究的进路：经典文献读

本［M］. 汪凯，刘晓红，译. 北京：新华出版社，2004.

［47］埃里克·麦克卢汉，弗兰克·秦格龙. 麦克卢汉精粹［M］. 何道宽，译. 南京：南京大学出版社，2000.

［48］哈罗德·英尼斯. 传播的偏向［M］. 何道宽，译. 北京：北京大学出版社，2003.

［49］马歇尔·麦克卢汉. 理解媒介：论人的延伸［M］. 何道宽，译. 北京：商务印书馆，2000.

［50］劳克斯·布鲁恩·延森. 媒介融合：网络传播、大众传播和人际传播的三种维度［M］. 刘君，译. 上海：复旦大学出版社，2015.

［51］休·史卓顿，莱昂内尔·奥查德. 公共物品、公共企业和公共选择：对政府功能的批评与反批评的理论纷争［M］. 费朝晖，译. 北京：经济科学出版社，2000.

［52］爱弥尔·涂尔干，莫斯. 原始分类［M］. 汲喆，译. 上海：上海世纪出版集团，2005.

［53］约翰·菲斯克. 电视文化［M］. 祁阿红，张鲲，译. 北京：商务印书馆，2005.

［54］克莱·舍基. 认知盈余：自由时间的力量［M］. 胡泳，译. 北京：中国人民大学出版社，2012.

［55］克里斯·安德森. 免费：商业的未来［M］. 蒋旭峰，冯斌，璩静，译. 北京：中信出版社，2009.

［56］丹尼斯·麦奎尔，斯文·温德尔. 大众传播模式论［M］. 祝建华，武伟，译. 上海：上海译文出版社，1981.

［57］马塞尔·莫斯. 礼物：古代社会中交换的形式及理由［M］. 汲喆，译. 上海：上海人民出版社，2002.

［58］达米安·瑞安. 理解社交媒体［M］. 明月，译. 北京：电子工业出版社，2017.

［59］罗杰·菲得勒. 媒介形态变化：认识新媒介［M］. 明安香，译. 北京：华夏出版社，2000.

［60］克莱・舍基. 未来是湿的 ［M］. 胡泳，沈满琳，译. 北京：中国人民大学出版社，2009.

［61］尼古拉斯・克里斯塔基斯，詹姆斯・富勒. 大连接 ［M］. 简学，译. 北京：中国人民大学出版社，2013.

［62］托尼・索恩. 奇点来临 ［M］. 赵俐，译. 北京：人民邮电出版社，2016.

［63］杰瑞・卡普兰. 人工智能时代 ［M］. 李盼，译. 杭州：浙江人民出版社，2016.

［64］凯文・凯利. 必然 ［M］. 周峰，董理，金阳，译. 北京：电子工业出版社，2016.

［65］大卫・阿什德. 传播生态学：控制的文化范式 ［M］. 邵志择，译. 北京：华夏出版社，2003.

［66］保罗・莱文森. 新新媒介 ［M］. 何道宽，译. 上海：复旦大学出版社，2011.

［67］上官子木. 网络交往与社会变迁 ［M］. 北京：社会科学文献出版社，2010.

［68］马修・佛雷泽，苏米特拉・杜塔. 社交网络改变世界 ［M］. 谈冠华，郭小花，译. 北京：中国人民大学出版社，2013.

［69］乔纳森・齐特林. 互联网的未来：光荣、毁灭与救赎的预言 ［M］. 康国平，译. 北京：东方出版社，2011.

［70］朱莉娅・卡热. 媒体的未来：数字时代的困境与重生 ［M］. 洪晖，申华明，译. 北京：中信出版社，2018.

［71］科普托夫. 物的文化传记：商品化过程 ［M］//罗钢，王中忱. 消费文化读本. 北京：中国社会科学出版社，2003.

［72］林文刚. 媒介环境学：思想沿革与多维视野 ［M］. 何道宽，译. 北京：北京大学出版社，2007.

［73］王冰. 北美媒介环境学的理论想象 ［M］. 北京：光明日报出版社，2010.

［74］约书亚・梅罗维茨. 消失的地域：电子媒介对社会行为的影响 ［M］. 肖志军，译. 北京：清华大学出版社，2002.

［75］刘建明，纪忠慧. 舆论学概论 ［M］. 北京：中国传媒大学出版社，2009.

［76］比尔・科瓦奇，汤姆・罗森斯蒂尔. 真相：信息超载时代如何知道该相信什么

［M］. 陆佳怡，孙志刚，刘海龙，译. 北京：中国人民大学出版社，2014.

［77］郭庆光. 传播学教程［M］. 北京：中国人民大学出版社，1999.

二、期刊

［1］周蕾. 传统媒体微信公号影响力测评——以前100名为分析样本［J］. 新闻记者，2017（2）.

［2］张永恒，何鹏德. "学习小组"内容生产"供给侧"结构改革研究［J］. 现代传播，2017（5）.

［3］岳森，黄琬丽.《人民日报》微信公众平台的传播与用户行为研究［J］. 现代传播，2017（5）.

［4］樊茗玥，王若楠，覃睿，等. 基于MAIN模型的社会化媒体信息可信度影响因素研究——以微信公众号为例［J］. 情报科学，2017（7）.

［5］陈韵强，赵亚光. 电视大屏与手机小屏的融合与共振——以扬州广播电视台手机App"扬帆"建设为例［J］. 中国广播电视学刊，2017（1）.

［6］赵凡，林慧. 融媒体广播生态业务体系的建设思路［J］. 中国广播电视学刊，2017（2）.

［7］冯韶丹. 从两微一端角度审视媒介联动的报道优势——以里约奥运会为例［J］. 新闻战线，2018（2）.

［8］郭红斌，江德能. 全媒体时代大型会议报道的对台传播策略——以海峡之声2018年全国两会报道为例［J］. 中国广播电视学刊，2018（6）.

［9］卢剑锋. 报业集团两微一端协同传播初探［J］. 编辑之友，2017（10）.

［10］朱烨. 新媒体背景下内容生产平台盈利模式探析——以两微一端为例［J］. 中国报业，2018（6）.

［11］胡翼青，沈伟民. 艰难的嵌入：反思两微一端的当代社会实践［J］. 编辑之友，2018（6）.

［12］黄良奇. 从平台经场域到生命体：媒体融合的实践范式与路径［J］. 西南民族大学学报（人文社会科学版），2018（3）.

［13］周勇，赵璇. 融媒体传播环境下视听传播效果评估的指标体系建构——基于

VAR 模型的大数据计算及分析［J］. 国际新闻界，2017（10）.

［14］赵彤. 媒体融合传播效果评估的路径、模型与验证［J］. 新闻记者，2018（3）.

［15］张放，杨颖. 分层与聚合：符号叙述学透视下的两微一端融合策略［J］. 编辑之友，2018（6）.

［16］陈昌凤，霍婕. 权力迁移与关系重构：新闻媒体与社交平台的合作转型［J］. 新闻写作，2018（4）.

［17］张辉刚，朱亚希. 社会嵌入理论视角下媒体融合的行动框架构建［J］. 新闻与传播研究，2018（1）.

［18］申琦. 风险与成本的权衡：社交网络中的"隐私悖论"［J］. 新闻与传播研究，2018（8）.

［19］李静，谢耕耘. 大学生在社会热点事件中的社交媒体传播行为研究［J］. 新闻记者，2018（1）.

［20］匡文波，邱水梅. 大学生的微信表情使用行为研究［J］. 国际新闻界，2017（12）.

［21］林枫，周裕琼，李博. 同一个家庭不同的微信：大学生 VS 父母的数字代沟研究［J］. 新闻大学，2017（3）.

［22］刘谦，陈香茗. 微信中的生命时间——对大学生和新生代农民工群体数字鸿沟研究的一个维度［J］. 社会学评论，2017（2）.

［23］张卫良，张平. 大学生对学校微信公众号的信息接受、认同差异及成因探讨——基于对 91 个高校共青团微信公众号推文的分析［J］. 现代传播，2017（12）.

［24］刘虹，李煜，孙建军. 基于微博微信的高校社交网络信息传播特征与效率对比分析［J］. 现代情报，2018（4）.

［25］李琪，王璐瑶，乔志林. 隐私计算与社会资本对移动社交用户自我披露意愿的影响研究——基于微信与微博的比较分析［J］. 情报杂志，2018（5）.

［26］辛晓进，徐蔓，张鑫瑶. 作为报业转型突破口的社交媒体战略——基于国内 104 家代表性报纸"两微"的表现［J］. 新闻与传播研究，2017（7）.

［27］张传香. 新媒体下的社群组织类型、社会动员及舆论引导——以山东于欢刺死辱母者案为例［J］. 现代传播，2017（8）.

［28］靖鸣，朱燕丹. 模式、特征与问题：微信舆论监督研究［J］. 现代传播，2017（7）.

［29］韩运荣，张欢. 当前网络慈善舆情的特点、解析与前瞻——以"罗尔事件"为例［J］. 现代传播，2018（4）.

［30］吴尤可. 微信舆情"涌现"机制及控制方法研究［J］. 情报理论与实践，2017（3）.

［31］赵鹏飞，马民，谈依箴. 基于 SIR 模型的微信舆情传播研究［J］. 情报探索，2017（10）.

［32］李明德，柴海鹏，龙晓，等. "互联网+政务微信"实践特征的探究——基于 2016 陕西政务微信发展的考察［J］. 汕头大学学报（人文社会科学版），网络空间研究 2017（5）.

［33］闫奕文，张海涛，孙思阳，等. 基于 BP 神经网络的政务微信公众号信息传播效果评价研究［J］. 图书情报工作，2017（20）.

［34］张志安，章震. 政务机构媒体的兴起动因与社会功能［J］. 新闻与写作，2018（7）.

［35］彭兰. 连接与跨越［J］. 新闻与写作，2014（3）.

［36］喻国明. 互联网逻辑与传媒产业发展关键［J］. 南方电视学刊，2014（3）.

［37］余秀才，童石石. 微信的发展现状与传播问题［J］. 新闻与写作，2015（9）.

［38］邵培仁. 媒介生态学研究的新视野［J］. 徐州师范大学学报，2008（1）.

［39］孟威. 2017 年新媒体研究热点、新意与趋势［J］. 当代传播，2018（1）.

［40］谭天，张子俊. 我国社交媒体的现状、发展与趋势［J］. 编辑之友，2017（1）.

［41］林晖. 从"新闻人"到"产品经理"，从"受众中心"到"用户驱动"：网络时代的媒体转型与"大众新闻"危机——兼谈财经新闻教育改革［J］. 新闻大学，2015（2）.

［42］张利洁，张艳彬. 从免费惯性到付费变现——数字环境下知识传播模式的变化研究［J］. 编辑之友，2017（12）.

［43］肖琳，徐升华，王琪. 社交媒体发展与研究述评［J］. 图书馆学研究，2016（14）.

［44］周琼. 融合还是转型？传统纸媒的媒介创新探索及启示［J］. 编辑之友，

2017（12）.

［45］陈昌凤，仇筠茜. 微博传播："弱关系"与群体智慧的力量［J］. 新闻爱好者，
2013（3）.

［46］刘建明. 关于报纸消亡的对话［J］. 新闻界，2016（1）.

［47］刘小燕. 把握趋势　寻求对策——"媒介经济与传媒集团化发展学术研讨会"
综述［J］. 国际新闻界，2002（6）.

［48］丁柏栓. 自媒体语境中舆论特点及政府与之关系辨析［J］. 中国出版，2013（5）.

［49］彭兰. 连接的演进——互联网进化的基本逻辑［J］. 国际新闻界，2013（12）.

［50］喻国明，程思琪. 从"连接"到"场景"：互联网发展的重要进阶——试析微
信小程序的价值逻辑与市场版图［J］. 媒介经营管理，2018（1）.

［51］田园. 广播与类微信 App 的融合探析——基于中国广播媒体与微信互动实践的
思考［J］. 当代传播，2015（3）.

［52］马正兵，杨胜. 从哲学思辨到科学实验——原子论的发展历程与启示［J］. 湖
南社会科学，2007（2）.

［53］代玉梅. 自媒体的传播学解读［J］. 新闻与传播研究，2011（5）.

［54］沈芸，王学成. 新媒体人际传播的议题、理论与方法选择——以美国三大传播
学期刊为样本的分析［J］. 新闻与传播研究，2015（12）.

［55］王怡红. 论"人际传播"的定名与定义问题［J］. 新闻与传播研究，2015（7）.

［56］胡春阳. 经由社交媒体的人际传播研究述评——以 EBSCO 传播学全文数据库
相关文献为样本［J］. 新闻与传播研究，2015（11）.

［57］罗昆. 道德、法律与"人肉搜索"中的隐私权［N］. 人民法院报，2018-
08-12（05）.

［58］魏少华. "媒介环境学派"的分歧与当代媒介技术发展路向选择［J］. 郑州大
学学报（哲学社会科学版），2013（5）.

［59］梁颐，刘华. 媒介技术决定论的生态视角——基于媒介进化小生境理论的思考
［J］. 新闻界，2013（7）.

［60］童清艳，唐寒立. "二度空间"的微信群用户参与行为研究［J］. 西南民族大
学学报，2017（10）.

[61] 禹卫华. 微信群的传播分析：节点、文本与社交网络 [J]. 新闻记者, 2016 (10).

[62] 方兴东, 石现升, 张笑容, 等. 微信传播机制与治理问题研究 [J]. 现代传播, 2013 (6).

[63] 朱月荣. 微信对人际传播的新型建构——以 "点赞" 功能为例 [J]. 东南传播, 2014 (11).

[64] 宋建武, 张琦悦. 互文视阈下的媒体公众号：同质化表征及成因 [J]. 编辑之友, 2016 (8).

[65] 段媛媛, 徐世甫. 论微博场域中政府舆论引导的主体客体化 [J]. 南京社会科学, 2014 (10).

[66] 王艳玲, 王洁. 自媒体时代舆论倒逼现象的有效引导 [J]. 现代传播, 2015 (1).

[67] 丁柏铨. 略论 "舆论倒逼" [J]. 新闻记者, 2013 (4).

[68] 陈亦玲, 李艳玲. 构建融通中外的新概念、新范畴、新表述——中国政治话语传播研讨会综述 [J]. 红旗文稿, 2014 (1).

[69] 金萍华, 芮必峰. "身体在场"：网络交往研究的新视角 [J]. 新闻与传播研究, 2011 (5).

[70] 孙曼曼. 新媒体侵权怎热问题探析——以微信传播中的侵权责任为视角 [J]. 新闻知识, 2014 (12).

[71] 喻国明. 小程序与轻应用：基于场景的社会嵌入与群体互动 [J]. 武汉大学学报, 2017 (11).

[72] 林翔. 新媒介经济发展逻辑的理论破题：平台概念和运作分析框架 [J]. 新闻界, 2014 (17).

[73] 陈先红. 论媒介即关系 [J]. 中国传媒大学学报, 2006 (3).

[74] 谭天. 新媒体经济是一种关系经济 [J]. 现代传播, 2017 (6).

[75] 聂磊, 傅翠晓, 程丹. 微信朋友圈：社会网络视角下的虚拟社区 [J]. 新闻记者, 2013 (5).

[76] 麦尚文. "关系" 编织与传媒聚合发展——社会嵌入视野中的传媒产业本质诠释 [J]. 国际新闻界, 2010 (1).

[77] 谭天. 基于关系视角的媒介平台 [J]. 国际新闻界, 2011 (9).

［78］彭兰. 场景：移动时代媒体的新要素［J］. 新闻记者，2015（3）.

［79］孙玮. 微信：中国人的"在世存有"［J］. 学术月刊，2015（12）.

［80］杨丽萍. 转向空间：媒介地理中的空间与景观研究［J］. 山东理工大学学报（社会科学版），2010（3）.

［81］匡文波，周侗. 2018年网络舆情的特征研究［J］. 新闻与写作，2019（2）.

［82］崔梁凡，张晓. 网络舆论群体极化现象的分析与引导［J］. 新闻研究导刊，2015（6）.

［83］陈福集，陈婷. 舆情突发事件演化探析——基于意见领袖引导作用视角［J］. 情报资料工作，2015（2）.

［84］林海涛，许骏，吴梦荺. 基于用户需求的政务微信舆情处置功能的实现和效果提升研究［J］. 情报科学，2019（6）.

［85］蔡骐，卞寒月. 透视微信公众号传播［J］. 新闻与传播，2019（4）.

［86］彭兰. 微信红包中的社会图景［J］. 山西大学学报：哲学社会科学版，2017（4）.

［87］刘方喜. 文学性·碎片化·分享主义平台：微信的技术文化哲学分析［J］. 文艺理论，2017（2）.

［88］方师师. 社交媒体操纵的混合宣传模式研究［J］. 现代传播（中国传媒大学学报），2018（10）.

［89］刘鲁川，张冰倩，李旭. 社交媒体用户焦虑和潜水行为成因及与信息隐私关注的关系［J］. 情报资料工作，2018（5）.

［90］张洪忠，段泽宁，韩秀. 异类还是共生：社交媒体中的社交机器人研究路径探讨［J］. 新闻界，2019（2）.

［91］邵培仁. 新闻媒体同质化的根源及突破［J］. 传媒评论，2014（4）.

三、学位论文

［1］周音孜. 微信的媒介生态研究［D］. 南京：南京师范大学，2015.

［2］王亚红. 国内手机媒介生态研究［D］. 西安：西北大学，2008.

［3］王潇雨. 微信使用者使用行为及意图探讨［D］. 兰州：兰州大学，2013.

［4］陈攀. 基于移动互联网的微信用户采纳研究［D］. 武汉：华中科技大

学，2012.

[5] 田甜. 创新扩散理论下的微信扩散和使用影响因子分析 [D]. 合肥：安徽大学，2014.

[6] 路唯怡. "全媒体" 时代的媒介生态环境变革——以郭美美事件为例 [D]. 上海：华东师范大学，2012.

[7] 陈瑞群. 传媒成长的生态学分析 [D]. 武汉：华中科技大学，2012.

[8] 康燕. 中国传媒产业发展方向与策略选择 [D]. 上海：复旦大学，2010.

[9] 王国珍. 入世以来中国传媒市场生态研究 [D]. 上海：复旦大学，2005.

四、外文文献

[1] MAY LWIN, JOCHEN WIRTZ, JEROME D. Williams：Consumer online privacy concerns and responses：a power-responsibility equilibrium perspective [J]. Journal of the Academy of Marketing Science，2007，35（4）：572-585.

[2] ANDREAS M. Kaplan, Michael Haenlein：Users of the world，unite！The challenges and opportunities of Social Media [J]. Elsevierjournal，2009，09（3）：59-68.

[3] ANDREAS M. KAPLAN, MICHAEL HAENLEIN. The fairyland of Second Life：Virtual social worlds and how to use them [J]. Elsevierjournal，2009，07（2）：563-572.

[4] HONG NGA NGUYEN VU. Volker Gehrau：Agenda setting：An integrated model of agenda setting of interpersonal communication [J/OL]. Journalism & Mass Communication Quarterly. 2001，87（1）. http://doi. org/10. 1177/107769901008700106.

[5] ROBIN HAMMAN. Cybersex Amongst Multiple-Selves and Cyborgs in the Narrow—Bandwidth Space of America Online Rooms [J]. MA Dissertation by Robin Hamman，Department of Sociology University of Essex，Colchester. UK30，1996，09（13）.

[6] ELLISON N. B, STEINFIELD C et al. The Benefits of Facebook "Friends" Social Capital and College Students Use of Online Social Network Sites [J]. Journal of Computer-Mediated Communication，2007，12：1143-1168.

[7] KAY PETERS, YUBO CHEN, ANDREAS M. Kaplan：Social Media Metrics—A

Framework and Guidelines for Managing Social Media [J]. Journal of Interactive Marketing, 2013, 09 (7): 281-298.

[8] STAIGER. J, HAKE. S (eds). Convergence Media History [M]. New York & London: Routledge, 2009: 201.

[9] DWYER. T. Media Convergence [M]. Maidenhead & New York: McGraw-Hill/ Open University Press, 2010: 200.

[10] MARSHALL MCLUHAN. Understanding Media [M]. NewYork: McGraw-Hill, 1964: 7.

[11] JORDI VALLVERDÚ, MAX TALANOV. Airat Khasianov: Swarm Intelligence via the Internet of Things and the Phenomenological Turn [J]. Philosophies, 2017, 02 (3).

[12] DON D SMITH. Melvin L de Fleur: Review of Theories of Mass Communication [M]. Social Forces, 1967: 450-451.

[13] ALBERT BANDURA. Social Cognitive Theory of Mass Communication [J]. Media Psychology, 2001, 03 (3): 265-299.

[14] LEE LOEVINGER. The ambiguous mirror: The reflective-projective theory of broadcasting and mass communications [J]. Journal of Broadcasting & Electronic Media, 1968, 12 (2): 97-116.

[15] LANCE STRATE. Counting Electric Sheep: Understanding Information in the Context of Media Ecology [J]. Information, 2012, 03 (3): 442-471.

[16] JACK QIU. Social media on the picket line [J]. Media, Culture & Society, 2016, 38 (4): 619-633.

[17] SREČKO ZAKRAJŠEK, PETER PURG. Sustainable Development and ICT in Slovenian Primary and Secondary Schools: Media-Ecological Perspective [J]. Discourse and Communication for Sustainable Education, 2010, 01 (1): 79-92.

[18] ROWLAND, FRED. The Filter Bubble: What the Internet is Hiding from You [J]. EN, 2011, 11 (4): 1009-1011.

[19] DAVID KURT HEROLD. Mediating Media Studies—Stimulating critical awareness in

a virtual environment ［J］. Computers & Education, 2009, 10（09）：791-798.

［20］ JEHANGIR BHARUCHA. Exploring education—related use of social media：business students perspectives in a changing India ［J］. Education+Training, 2018, 60（2）：198-212.

［21］ JOHN CHRIS JONES. The global village：Transformations in world life and media in the 21st century ［J］. Futures, 1992, 24（1）：93-95.

后　记

后 记

时间常常会带来两种令人惊喜的礼物：知识和朋友。前者充实大脑，后者温暖心房。我常常觉得自己是幸运的，总能在不经意间认识一些朋友，结识一些精英，遇到一些恩师与贵人。

在此书终稿之际，浮现在我脑海中的不是书中的内容，而是老师、朋友、兄弟姐妹们的帮助，是他们的鼓励与支持，才有了这本书的出版。

在此，首先我要特别感谢西南政法大学全球新闻与传播学院院长李珮教授。长期以来，李珮院长不仅以其高屋建瓴的远见卓识引领着新闻学科发展的前沿和方向，而且以一种大知识分子的情怀和格局鼓励学者们积极探索日新月异的新闻传播变革。2018年，在李珮院长的带领和全体同事的共同努力下，西南政法大学"新闻传播学"获批一级学科博士学位授权点，实现了重庆市新闻传播学科博士点零的突破。此外，在日常生活中，一向热情、豁达、善良的珮院更像一位知心姐姐时常帮我指点迷津，是她温暖的关怀，殷切的期盼，让我在人生道路上充满力量，勇敢前行。

与此同时，我还要深深感谢我的导师欧阳宏生教授，先生是从事广播电视研究领域的著名学者，多年来对我的提携和帮助甚多。在先生那里，我不仅了解到诸多前沿专业理论，更习得了从事学术研究的态度和精神以及珍贵的为人、为师之道。

本书是国家社科基金项目的主要研究成果。在本课题完成过程中，正值我招收的第一名新闻传播学博士生陈成入校，关于课题的讨论与推进成为师生相长的重要助推器，陈成的聪慧和新锐思维常常给我带来惊喜，令我耳目一新。同时，感谢河南大学新闻与传播学院的赵红勋副教授为课题成果做出的努力与贡献！此外，我的研究生任晏瑶亦对本研究成果进行了梳理与校对，她的勤学好问、严谨务实让我倍感欣慰，还有热情参与过本课题的李琛、王约翰同学等。可以说，本书得以顺利出版，是大家一起努力的结果。

本书的研究过程犹如一段充实的人生旅程，感谢所有助力本书完成的人。我可能无法在此列出所有人的名字，所以即使您的名字没有出现在这里，也请接受我诚挚的谢意！

李林容

2020 年 3 月